이한우의 주역

시대를 초월한 리더십 교과서

이한우의

주역

周 易

입문

이한우 옮기고 풀다

21세기북스

한 서양 철학도의 『주역』 등반기

전공(專攻)이 뭔지, 나는 2001년부터 『조선왕조실록(朝鮮王朝實錄)』과 『논어(論語)』를 거쳐 이제 『주역(周易)』에 이르렀으나 여전히 서양 철학 '전공'자로 분류되고 있다. 과연 20년을 공부해도 넘을 수 없는 '진입장벽'은 무엇일까?

물론 나는 그 장벽을 넘어 그들의 '학문 공화국'으로 들어가고 싶은 생각은 추호도 없다. 그 학문은 내용이 빈약하고 그 공화국은 지적으로 너무나도 척박하기 때문이다. 무엇보다 그 '학문 공화국'으로부터 우리의 다음 세대가 얻어낼 수 있는 것은 불행하게도 별로 없다고 여긴다. 거기에는 탐구(探究)는 별로 없고 답습(踏襲)만이 미덕인 듯이 보이기 때문이다.

그러니 그들에 대해 이러쿵저러쿵하는 것 자체가 일종의 시간 낭비다. 이에 바로 본론으로 들어가고자 한다.

공자(孔子)의 공부 세계를 우리나라 경복궁에 비유하자면 『주역』은 근정전(勤政殿)과 같고 『논어』는 그 바로 뒤에 있는 사정전(思正殿)과 같다. 근정전은 엄정하고 사정전은 다소 편안하다. 둘 다 정사(政事)를 논하던 곳이지만, 근정전은 의례(儀禮)가 행해지던 곳인 반면 사정전은 활발한 토론이 있던 공간이다.

그런데 비유의 방향을 조금 바꿔서 다시 살펴보자. 다산(茶山) 정약용(丁若鏞)은 자신의 『주역』 풀이를 위한 핵심 이론을 이렇게 말했다.

효변(爻變)은 궁궐의 천문만호(千門萬戶)를 모두 열 수 있는 열쇠다.

궁전 속에는 종묘의 아름다움과 백관의 풍부함이 모두 갖춰져 있으나, 단지 자물 쇠가 견고히 채워져 있어서 그 문 앞에 누가 이르더라도 아무도 감히 내부를 엿볼 수 없다. 그런데 여기에 만능열쇠가 있어 그 열쇠만 손에 쥔다면 궁전의 모든 문을 열 수 있으니, 그 열쇠로 외문을 열면 외문이 열리고 중문을 열면 중문이 열리고, 이렇게 나머지 문도 모두 열 수 있어 전부 감상할 수 있다는 것이다. 이는 정약용의『주역사전 (周易四箋)』(소명출판)이라는 책이 갖는 의의를 아주 정확하게 표현한 비유라 여긴다. 효변이란 괘를 이루는 효를 고정된 것으로 생각하는 기존 학설과 달리 효 자체를 늘 변화하는 것으로 보고서 그 뜻을 풀어낸 정약용의 독자적인 학설이다. 마치 물리학에서 원자를 더는 쪼갤 수 없는 최후의 단위로 여겼으나 19세기 말 20세기 초 원자보다 더 작은 물질의 존재를 상정한 양자 역학이 등장한 것과도 같다고 보면 된다.

다만 이번에 내가 했던 작업과 비교할 경우 조금은 다른 비유를 쓰는 것이 적확할 듯하다.『논어』「자장(子張)」편에는 아주 흥미로운 비유 하나가 나온다.

(노나라 대부) 숙손무숙(叔孫武叔)이 조정에서 말하기를 "자공(子貢)이 공자보다 뛰어나다 [賢]"고 했다.
현
자복경백(子服景伯)이 그 말을 자공에게 전하자 자공은 이렇게 말했다.
"궁궐의 담장에 비유하자면, 나의 담장은 어깨에 미쳐 집 안의 좋은 것들을 들여다볼 수 있지만, 스승의 담장은 여러 길이어서 그 문을 얻어 들어가지 못하면 종묘의 아름다움과 백관의 많음을 볼 수 없다. 그 문을 얻는 자가 드무니, 그 사람의 말이 당연하지 않은가?"

정약용이 궁궐과 열쇠의 비유를 든 것은 바로 이 일화에서 가져온 것이다. 그런데 『주역사전』이라는 책은 단순히 열쇠에 머무는 것이 아니라『주역』이라는 궁궐의 설계 도를 복원하려는 작업이었다. 반면에 나는 말 그대로 그 궁궐을 돌아보고 그 안내도를 정리한 것이라 할 수 있다. 방향이 전혀 다른 것이다. 정약용이 주역학을 하려 했다면 나의 이 작업은『주역』풀이에 초점을 맞춘다. 이를 기반으로 다음에 더 정교하고 친절한 안내서들이 나오기를 기대한다.

마침 '열쇠' 이야기가 나왔으니 내가 『주역』을 풀어낸 열쇠를 소개할까 한다. 예전에 『논어로 논어를 풀다』(해냄)를 쓸 때 『논어』라는 실타래를 풀어내는 실마리가 되어준 구절이 있었다. 「이인(里仁)」편에 나오는 다음 구절이다. 오래감[止=恒=壽=長]이 어짊[仁]의 핵심임을 일깨워주었기 때문이다.

> 어질지 못한 사람은 (인이나 예를 통해 자신을) 다잡는[約] 데 (잠시 처해 있을 수는 있어도) 오랫동안[久] 처해 있을 수 없고, 좋은 것을 즐기는 데도 (조금 지나면 극단으로 흘러) 오랫동안[長] 처해 있을 수 없다.

이 구절이 없었다면 『논어』를 그만큼이라도 쉽고 명료하게 풀어낼 수 없었을 것이라 여긴다. 그런데 이번에 『주역』을 『논어』로 풀고 다시 『조선왕조실록』과 반고(班固)의 『한서(漢書)』를 비롯한 중국사의 사례를 통해 검증하는 작업을 하다 보니 자연스럽게 자주 사용하게 되는 열쇠가 있었다. 「자로(子路)」편에 나오는 공자의 다음과 같은 말이다.

> 군자는 섬기기는 쉬워도 기쁘게 하기는 어려우니, 기쁘게 하기를 도리로써 하지 않으면 기뻐하지 아니하고, 사람을 부릴 때는 그 그릇에 맞게 부린다[器之]. 소인은 섬기기는 어려워도 기쁘게 하기는 쉬우니, 기쁘게 하기를 비록 도리로써 하지 않아도 기뻐하고, 사람을 부릴 때는 한 사람에게 모든 능력이 완비되기를 요구한다[求備].

짧지만 여기에는 참으로 많은 주제가 녹아들어 있다. 군자와 소인의 대비, 섬김과 기쁘게 하기의 대비, 도리의 문제, 그 그릇에 맞게 부리는 군자형 지도자의 너그러움[寬]과 아랫사람 한 사람에게 모든 것이 다 갖춰져 있기를 바라는 소인형 지도자의 게으름[倦] 등이 그것이다. 이 구절은 『주역』의 내용을 가장 압축적으로 잘 표현하고 있다. 그중에서 일단 한 가지 문제는 여기서 짚고 넘어가자. 군자와 소인의 대비가 그것이다. 『주역』은 한마디로 군자가 되는 공부이자 군자가 일을 잘 풀어가는 지침이며 군자가 자신의 삶을 공명정대하게 살려고 방향을 잡아가는 채찍이다. 적어도 공자가 풀어낸 『주역』은 그렇다. 한마디로 점서(占書)와는 전혀 무관한 책이라는 말이다.

그런데 우리나라에는 『주역』에 대한 오해가 너무도 뿌리 깊다. 그저 운명을 점치는 점서 정도로 여기는 것이다. 이는 한마디로 사기(詐欺)다. 애당초 『주역』은 소인의 사사로운 이익[利]과는 무관한 책이다. 그런데도 『주역』으로 점을 쳐서 아이를 좋은 학교에 보냈고 돈을 벌었고 하는 이야기를 하며 혹세무민하는 자들이 아직도 적지 않다. 참으로 부끄러운 일이다.

그렇다면 『주역』은 어떤 책인가? 반고의 『한서』「예문지(藝文志)」편에서는 요즘 흔히 말하는 성리학이나 주자학의 '사서삼경(四書三經)' 틀에서 벗어난 원형 그대로의 공자의 학문 세계, 즉 육예(六藝)를 이렇게 정리해 보여주고 있다.

육예의 애씀[文]이란 (첫째) 악(樂-음악, 악기(樂記))은 정신을 조화시키는 것이기 때문에 어짊의 드러남[仁之表]이요, (둘째) 시(詩-시경(詩經))는 말을 바르게 하는 것이기 때문에 마땅함의 쓰임[義之用]이요, (셋째) 예(禮-예기(禮記))는 몸을 밝혀 그 밝힌 것을 겉으로 드러내는 것이기 때문에 별도의 뜻풀이가 필요 없는 것이요, (넷째) 서(書-서경(書經))는 듣는 바를 넓히는 것[廣聽]이기 때문에 사람과 사리를 아는 방법[知之術]이요, (다섯째) 춘추(春秋)는 일을 판단하는 것[斷事]이기 때문에 믿음의 상징[信之符]이다. 이 다섯 가지는 대개 오상(五常-인의예지신)의 도리로 서로 응하여 갖춰지고 역(易-『주역(周易)』)은 이 다섯 가지의 근원이 된다. 그래서 이르기를 "역(易)의 뜻을 볼 줄 모른다면 건곤(乾坤)은 혹 멈추거나 사라지는 것에 가깝다[幾=近]"[1]고 했는데 이는 하늘과 땅과 더불어 시작과 끝[終始]이 이뤄진다는 말이다.

한마디로 근본 중의 근본이라는 말이다. 『주역』을 가장 짧게 압축하면 제왕의 일을 하는 책이다. 일[事]을 공자는 『주역』에서 '그 달라짐을 통하게 하는 것[通其變]'이라고 정의한다. 지도자가 일한다는 것은 바로 그때마다의 달라진 상황에 맞게 그에 가장 마땅한 도리를 찾아내 일을 풀어가는 것이다. 간혹 날 때부터 일을 잘하는 사람이 있다. 그러나 대부분은 배우지 않고서는 그 일을 극진히 잘 해낼 수 없다. 그 훈련서가

---

1   안사고(顔師古)가 말했다. "「계사전(繫辭傳)」상(上)에 나오는 말이다."

바로 『주역』이다. 한문을 조금 안다고 해서 얼기설기 엮어 나라의 운세 운운하는 사람들이 입에 담을 수 있는 책이 아니라는 말이다.

　공자가 말하는 예(禮) 또한 예법이나 예절보다는 일의 이치[事理]와 깊이 연결돼 있음에도 이에 대한 우리의 인식은 전무하다시피 하다. 그들만의 '학문 공화국' 아니 '한문 공화국'이 빚어낸 '한학 신비주의' 때문이다. 한문이 다른 언어에 비해 배우기에 조금 더 어려운 것은 사실이지만 결코 뛰어넘을 수 없는 장벽은 아니며, 결국 그것도 하나의 언어일 뿐이다. 조금 어렵고 함축성이 강한 문자일 뿐이다. 그런데 미처 그 장벽을 뛰어넘지도 못한 사람들이 벽 한구석을 더듬거리며 얻어낸 몇 가지 담벼락의 흙 부스러기를 들고서 마치 그것이 동양학인 양, 한문인 양, 한학인 양 해온 것이 지난 20세기 우리나라 전통 학문의 수준이다. 『예기(禮記)』 「중니연거(仲尼燕居)」편에서 공자는 이렇게 말하고 있다.

　예(禮)란 무엇인가? 그것은 일에 임해서 그것을 다스리는 것[治事]이다. 군자는 자신의 일이 생기면 그것을 다스리게 되는데, 나라를 다스림에 있어 예가 없으면 비유컨대 장님에게 옆에서 돕는 자가 없는 것[無相=無助]과 같다.

　예를 이처럼 공자 자신이 명확하게 일을 다스리는 것[治事]이라고 말하는데도 한사코 퇴행적으로 예절이나 가례(家禮)에 국한시켜서 이해하려는 이유는 무엇일까? 하나는 무지(無知) 때문이고 또 하나는 주자학의 체계적인 왜곡 때문이다.

　우리는 300년 이상 주자학이라는 기괴한 사상 체계에 푹 젖어 있었기 때문에 그것이 공자의 원래 유학과 얼마나 다른지조차 모른다. 게다가 주자학 자체가 어떤 것인지도 제대로 인식하지 못하고 있다.

　이 문제는 별도의 책을 한 권 써야 할 만큼 중대한 학술적 사안이기는 하지만, 여기서는 간략하게나마 주희(朱熹)라는 사람이 공자의 학문을 어떻게 왜곡했고 우리는 그 영향권 속에 얼마나 오랫동안 젖어 있었는지 짚어보려고 한다. 그것은 내가 『주역』을 가능한 한 본래의 모습대로 풀어내려고 한 이번 작업의 중요한 의도 중 하나이기도 하기 때문이다.

　우선 사서(四書)의 집대성이다. 원래 송나라 이전까지는 사서라는 말은 없었다. 『예기』에 포함된 하나의 장(章)에 불과했던『대학(大學)』과『중용(中庸)』은 일찍부터 유학자들의 주목을 받아 별도로 경(經) 취급을 받았다. 당나라 때의 한유(韓愈)와 이고(李翶)가 거기에 앞장섰다. 당나라 문종(文宗) 때 12경(經)을 간행하면서『논어』가 경의 지위를 얻었고 북송 때 13경을 간행하면서 비로소『맹자(孟子)』도 경으로 승격됐다.

여기까지는 그나마 건강했다. 그러나 정호(程顥-정명도(程明道))·정이(程頤-정이천(程伊川)) 형제가 오경(五經)보다는 사서(四書)를 강조하면서 남송에서는 새로운 흐름이 생겨났다. 흔히 말하는 성리학(性理學)이다. 일[事]보다는 말[言]을 중시하는 '신권(臣權) 이론' 혹은 '반(反)왕권 이론'으로의 변형 혹은 왜곡된 유학이 생겨나는 순간이다. 그 후에 주희가 나와서 이런 경향을 더욱 심화시켰다. 이 과정을 중국의 수징난 교수는『주자평전』(김태완 옮김, 역사비평사)에서 다음과 같이 간결하게 정리했다.

사서에 대한 연구는 정호와 정이가 창도한 뒤로 정문(程門)의 뛰어난 수많은 제자와 다른 이학가들의 동조를 거쳐 비로소 세상을 떠들썩하게 한 사서학을 형성함으로써 점차 오경학을 능가하는 추세를 보였다.

주희 스스로『사서집해(四書集解)』에서『사서집주(四書集註)』로 비약한 것은 한편으로는 유가 문화의 역사적 거울처럼 경학의 역사적 변화 과정을 반영한다.『사서집주』에서 그는 한·위·수·당 주석가들의 설은 극히 적게 인용하고 정호와 정이 이래 이학자(理學者)들의 설을 대량으로 인용하면서 이들의 설을 세 등급으로 나눴다. 곧 정호와 정이의 설을 인용할 때는 정자(程子)라 일컫고, 정문 제자들의 설을 인용할 때는 아무개 씨라 일컬었으며, 정문 제자가 아닌 사람들의 설이나 후배 이학가들의 설을 인용할 때는 성과 이름을 함께 일컬었다.

예전에 주희의『사서집주』가 갖는 도그마적 성격을 제대로 이해하지 못했을 때 나는 내가 쓴『논어로 대학을 풀다』(해냄)에서 이렇게 밝힌 바가 있었다.

"『대학』을 보고 또 힘을 붙여『논어』를 보고 또 힘을 붙여『맹자』를 보아 이 세 책을 보고 나면『중용』은 절반은 모두 마치게 된다"고 했다. 그러나 나는『논어』·『중용』·『대학』·『맹자』순(順)으로 읽어나갈 것이다. 이유는 잠시 후에 설명할 것이다.

주희의 '사서' 읽기 순서는 스승의 도움을 전제로 한 것이다. 곁에서 지도해주는 스승이 있다면 주희의 말대로 『대학』을 먼저 보면서 전반적인 개요를 살피고, 이어 『논어』를 통해 그 내용을 풍부하게 한 다음, 다시 『중용』으로 요약하고, 끝으로 『맹자』를 읽어 총정리를 하는 것도 나름대로 '사서'를 읽어내는 훌륭한 방법이 될 수 있을 것이다.

그러나 나는 혼자서 읽어나가는 것을 전제로 했다. 그럴 경우 책의 난이도만 놓고 본다면 『맹자』에서 출발해 『논어』를 읽고 이어 『대학』과 『중용』으로 마무리할 수도 있다. 그런데 이 방법이나 주희의 방법에는 근본적인 문제가 하나 있다. 그것은 공자 자체보다는 공자-맹자-주희로 이어지는 도통(道統)의 맥락에서 '사서'를 읽어가려는 경직된 태도에 물들 수 있다. 『논어』를 제외하면 나머지 세 책은 도통을 세우려는 의도가 뚜렷해서 주희가 고른 책이라는 점을 항상 주의할 필요가 있다.

주희의 사고방식이 갖는 위험성은 그때보다 지금 더 심각하고, 우리는 서둘러 거기서 벗어나지 않으면 안 된다고 여긴다. 다시 수징난 교수의 말이다.

사서학 체계의 완성이 유가의 전통문화사에서 차지하는 의의는 동중서(董仲舒)가 한 무제에게 홀로 유술을 높이고 백가를 파출하라고 건의했던 것과 같은 차원으로 거론할 만하다. 동중서가 육예(六藝)를 표창하여서 공학(孔學)을 경학화하고 육경에 통치 사상의 지위를 얻게끔 했다고 한다면 정호와 정이, 주희가 사서를 표창한 것은 경학을 이학화하여서 사서가 육경의 독점적 지위를 빼앗게끔 했다.

주희의 이 같은 의도는 어느 곳보다 조선에서 철저하게 관철됐다. 말이 '사서삼경'이지 삼경(三經), 즉 『주역』·『서경』·『시경』은 흐지부지 읽지 않아도 되는 책으로 내몰렸다. 게다가 주희는 『주역』에 대해서는 일관되게 점서(占書)라는 혐의를 덧붙여 그 책을 무력화했다.

정리하자면 『사서집주』는 『논어』를 무력화하는 데 의도가 있었다. 즉 강명(剛明)한 군주를 기르기 위한 체계적인 제왕학 책으로서의 『논어』 체계를 해체해 사대부의 심신 수양서로 전락시켰다. 『주역』을 점서로 전락시킨 주희의 의도 역시 『논어』를 해체시킨 의도와 다르지 않다. 이유는 간단하다. 굳세고 눈 밝은[剛明]_{강명} 군주야말로 자신의 신권(臣權) 이론의 가장 큰 방해물이었기 때문이다.

조선 초에 성리학이 들어왔다고는 하지만 그때는 아직 초창기라 그저 참신한 유학 정도로 이해된 듯하고, 부분적으로만 신권 이론의 측면을 파악하고 있었던 듯하다. 그러나 지속적으로 명나라에서 책들이 수입되고 공부가 심화되면서 대체로 성종 때를 지날 무렵 신권 이론으로서의 주자학을 의식적으로 받아들였고, 그것이 처음 현실 정치에서 대두된 것이 바로 조광조(趙光祖)의 도학(道學) 정치다. 이에 중종은 뒤늦게 그 '반(反)왕권 이론'의 성격을 알아차리고서 결국 그를 사형에 처해버렸다. 왕권과 신권의 정면충돌이었다. 이를 한가롭게 개혁과 반개혁으로 정리해내는 우리 역사학계의 이론적 빈곤이 안타까울 뿐이다.

이번 작업은 『주역』을 『논어』로 풀고 다시 『조선왕조실록』과 반고의 『한서』를 비롯한 중국사의 사례와 인물을 통해 검증하는 과정을 밟았다. 『주역』에 대한 기본적인 풀이는 흔히 의리역(義理易)의 최고 이론가로 꼽히는 송나라 정이천(程伊川)의 『역전(易傳)』의 도움이 컸다. 『주역』을 풀이하는 입장에는 크게 의리역과 상수역(象數易)이 있는데, 쉽게 말하면 의리역은 괘나 효의 의미 풀이에 중점을 두는 것이고 상수역은 그것을 점술로 보는 것이다. 주희는 상수역을 고집했다. 나는 정이천의 입장을 따랐다. 정이천의 『역전』의 번역본은 『주역(周易)』(심의용 옮김, 글항아리)을 기본으로 하면서 몇몇 용어는 나의 고유한 언어로 고쳤다. 예를 들면 덕(德)을 다움으로 옮기고 성(誠)을 열렬함으로 옮기는 식이다. 또 같은 의리역의 입장에 서 있는 왕필(王弼) 한강백(韓康伯) 주(注), 공영달(孔穎達) 소(疏), 『주역정의(周易正義)』(성백효 옮김, 전통문화연구회)의 도움 또한 컸다. 다시 최종적으로 성격이 조금 다른 책이기는 하지만 정약용의 『주역사전』을 참고해 괘와 효를 하나씩 점검하는 단계를 통해 마무리했음을 밝혀둔다.

이 책에는 많은 역사적 사례가 등장한다. 그것은 내가 2001년 서양 철학을 뒤로하고 우리 학문의 세계에 뛰어들면서 세종(世宗)에게서 배운 공부법 때문이다. 경사(經史) 혹은 경사(經事)의 통합이 그것이다. 원리나 이치를 배우면 일에 적용할 수 있어야 하고, 일에 임하면 원리나 이치를 추출해낼 수 있어야 한다. 때로는 우리에게 익숙하지 않은 사례의 경우 매우 상세하게 다룬 것도 이 점을 염두에 두었기 때문이다. 『주역』만 알고서 끝날 일이 아니다. 역사적 사례를 매개로 해서 지금의 현실에까지 이어져야 할 것이다. 이 부분은 독자 스스로의 연마(練磨)의 몫으로 남겨둔다.

이번 작업을 마치고 가장 먼저 떠오른 분은 은사(恩師) 고(故) 김충렬 선생님이다. 나에게 보심(普心)이란 호를 내려준 분이기도 하다. 대학 시절에 다른 강의는 많이 들었지만『주역』을 들을 기회는 없었다. 딱 한 차례 선생님께서 정년하고 캠퍼스 밖에서 일반인을 상대로『주역』을 강의할 때 첫 시간에 참석한 기억이 있다.

『주역』은 어머니의 마음이다.

이제야 겨우 그 말씀의 뜻을 알 듯하다. 세상을 깊이 사랑하지 않고서는 이치를 논하고 해봤자 아무런 의미가 없다는 말씀이었을 것이다. 과연 이 책을 보셨다면 선생님은 칭찬하셨을까 야단을 치셨을까. 두려움 또한 숨길 수 없다.

학문적 철저함의 중요성을 일깨워준 또 한 분의 은사 이기상 선생님께도 깊이 감사드린다. 20년 넘는 직장 생활을 마치고도 다시 학문하는 자세를 회복할 수 있었던 것은 이기상 선생님의 가르침 덕분이었음을 시간이 지날수록 깨우치게 된다.

반듯함의 가치를 깊이 심어주고 가신 아버님, 사위를 자랑스러워하면서도 직접 한마디 못하시고 어색하게 물끄러미 쳐다보는 것으로 대신했던 장인어른, 지금도 헌신하는 삶으로 우리 가족에게 힘을 주는 어머니와 장모님, 한결같이 응원과 격려를 아끼지 않는 아내 김동화와 아들 이상훈에게도 이 자리를 빌려 감사의 말을 전한다.

20년 넘게 많은 경험을 쌓을 수 있게 해준《조선일보》방상훈 사장님, 2016년에 회사를 나온 이후 물심양면으로 지원과 응원을 아끼지 않는 LS그룹 구자열 회장님께 이 자리를 빌려 진심으로 고맙다는 말씀을 드린다.

21세기북스 김영곤 대표는 20년 가까이 나의 작업을 응원해주었고, 이제 함께 성과를 공유하게 되었다. 늘 감사드린다. 2016년 이후 함께 공부하는 즐거움을 누리고 있는 우리 논어등반학교 대원들께도 진심으로 고맙다는 말을 전한다.

서울 상도동 보심서실(普心書室)에서

탄주(灘舟) 이한우 쓰다

「계사전(繫辭傳)」하(下)

「서괘전(序卦傳)」

「잡괘전(雜卦傳)」

주역 64괘

건	태	리	진	손	감	간	곤
1 중천건	43 택천쾌	14 화천대유	34 뇌천대장	9 풍천소축	5 수천수	26 산천대축	11 지천태
10 천택리	58 중택태	38 화택규	54 뇌택귀매	61 풍택중부	60 수택절	41 산택손	19 지택림
13 천화동인	49 택화혁	30 중화리	55 뇌화풍	37 풍화가인	63 수화기제	22 산화비	36 지화명이
25 천뢰무망	17 택뢰수	21 화뢰서합	51 중뢰진	42 풍뢰익	3 수뢰준	27 산뢰이	24 지뢰복
44 천풍구	28 택풍대과	50 화풍정	32 뇌풍항	57 중풍손	48 수풍정	18 산풍고	46 지풍승
6 천수송	47 택수곤	64 화수미제	40 뇌수해	59 풍수환	29 중수감	4 산수몽	7 지수사
33 천산돈	31 택산함	56 화산려	62 뇌산소과	53 풍산점	39 수산건	52 중산간	15 지산겸
12 천지비	45 택지췌	35 화지진	16 뇌지예	20 풍지관	8 수지비	23 산지박	2 중지곤

「계사전」상

『주역』의 세계로 들어가는 관문은 공자가 지었다고 하는 「계사전」상·하다. 여기서 『주역』의 기본 개념들을 충분히 익혀 기초 체력을 기르지 않고서는 『주역』의 세계로 들어가 봤자 곧바로 길을 잃게 된다. 단순한 소개의 글은 아니고, 한마디로 문맥(context)을 만들어주는 글이라 할 수 있다.

계사(繫辭)란 문왕(文王)이 64개의 괘 각각의 첫머리에 달아놓은 글 단사(彖辭)와 주공(周公)이 384개의 효(爻)에 달아놓은 상사(象辭)를 가리킨다. 예를 들면 건괘(乾卦)의 단사는 "건(乾)은 으뜸이고 형통하며 이롭고 반듯하다[元亨利貞]"이고, 또 건괘의 밑에서 첫 번째 양효[初九]의 상사는 "초구(初九)는 물에 잠겨 있는 용이니 쓰여서는 안 된다[潛龍勿用]"이다.

전(傳)이란 공자가 이 둘에 대해 풀어낸 것을 말한다. 그래서 단사를 풀어낸 것을 「단전(彖傳)」이라 하고, 상사를 풀어낸 것을 「소상전(小象傳)」이라고 한다. 「소상전」이라고 하는 이유는, 이와는 별도로 공자가 64개의 괘마다 총체적 의미를 풀이한 글을 싣고 있는데 이를 「대상전(大象傳)」이라고 하기 때문이다. 예를 들면 건괘의 「대상전」은 "하늘의 운행은 튼튼하니[健], 군자는 그것을 갖고서[以] 스스로 힘쓰기를 조금도 쉬지 않는다[天行健 君子以 自彊不息]"이다. 이는 바로 군주론 혹은 제왕학으로, 임금 된 자는 건괘(☰)를 보았을 때는 그 뜻을 음미해 "스스로 힘쓰기를 조금도 쉬지 않는" 마음 자세를 가져야 한다는 뜻이다. 64개의 「대상전」은 따라서 그 자체로 제왕학이 된다.

그러면 「계사전」이라고 했으니 그 내용도 단사와 상사에 대한 풀이가 되어야 하는데, 「계사전」은 『주역』 전반의 의미와 근본 개념들을 풀어놓고 실제 활용법까지 소개하고 있는 총체적인 입문의 글이다. 그래서 사마천(司馬遷)은 『사기(史記)』「태사공자서(太史公自序)」편에서 이를 '역대전(易大傳)'이라고 했고, 그 후로는 흔히 줄여서 '대전(大傳)'으로 불러왔다. '역대전'이 그 내용에 부합하는 명칭이라고 할 것이다. 모든 선입관을 버리고 정신을 맑게 한 상태에서 「계사전」을 곱씹고 거듭 곱씹어야 한다. 개인적으로는 사람이 쓴 글 중에 이렇게 함축적이면서도 명확하고 사안의 본질에 적중하면서도 아름다운 글을 본 적이 없다.

「계사전」상·하는 원래 장 구분이 없는 글이지만 편의상 주희의 장 나눔을 따랐다는 점을 밝혀둔다.

1. 「계사전」 상 1장

(자연 속의) 하늘은 높고 땅은 낮으니[天尊地卑] (『주역』에서의) 건(乾)과 곤(坤)¹이 정해진다. 낮고 높음[卑高=卑尊]²에 따라 늘어서 있으니[陳]³ (『주역』의 괘의 효의) 귀함과 천함[貴賤]이 (각자의) 자리[位]를 갖게 된다.⁴ (만물(萬物) 만사(萬事)의) 움직임과 고요함[動靜]에 일정함[常]이 있으니⁵ (이에 따라 『주역』의 괘의 효의) (양의) 군셈과 (음의) 부드러움[剛柔]⁶이 결정된다.

(『주역』의 괘는) 방향과 위치[方=方所]⁷에 따라 유형별로 모이고[類聚=彙集] (괘가 상징하는) 일이나 사물[物=事]에 따라 무리[群]가 나뉘니 (이 같은 모임과 나뉨에 따라 효에) 길함과 흉함[吉凶]이 생겨난다.

하늘에서는 (해·달·별 등과 같은) 상(象)이 이뤄지고 땅에서는 (산·강·동물·식물 등과 같은) 형체[形]가 이뤄지니 (이 모든 현상에서) 달라짐[變]과 바뀜[化]이 나타나게 된다.⁸ 이 때문에 (『주역』의 괘의 효에서도) 군셈과 부드러움[剛柔]이 서로 비벼대고[相摩] 8괘(八卦)가 서로 섞여서[相盪=相雜]⁹ 우레와 번개[雷霆]로 (만물을) 두드려주고[鼓] 바람과 비[風雨]로 적셔준다[潤].¹⁰

---

1 건과 곤은 각각 양과 음, 하늘과 땅을 상징하는 괘(卦) 이름이다.

2 공자는 이런 미세한 표현 하나도 그냥 존비(尊卑)라고 하지 않고 비고(卑高)라고 해서 변화를 주어 언어에 대한 긴장감을 높인다. 이런 예는 앞으로도 많지만, 그때마다 지적하지는 않겠다. 다만 공자가 언어의 상투적 사용에 대해 얼마나 거리를 두려 했는지를 보여주는 사례 하나를 『논어』 「헌문(憲問)」편에서 들어보겠다. "나라에 도리가 있을 때는 말이나 행동 모두 당당하게 하고[危言危行], 나라에 도리가 없을 때는 행실은 당당하게 하되 말은 공손하게 해야 한다[危行言遜]." 위언과 위행이 자리를 바꿨을 뿐 아니라 위언이 언손으로 바뀌고 있다. 이 같은 언어 민감성은 특히 『주역』이라는 최고의 문자 텍스트를 바르게 이해하는 데 대단히 중요한 역할을 한다.

3 이를 사람의 입장에서 말하면 분류함이 된다.

4 『논어』 「안연(顏淵)」편에서 제나라 경공(景公)이 공자에게 정치에 관해 묻자 공자는 이렇게 대답했다. "임금은 임금다워야 하고 신하는 신하다워야 하며 아버지는 아버지다워야 하고 자식은 자식다워야 합니다[君君臣臣父父子子]." 이 말은 다움[德]과 그 자리[位]가 일치해야 한다는 것으로, 『주역』에서도 대단히 중요한 역할을 한다.

5 움직임은 양의 일정함이고 고요함은 음의 일정함이다.

6 강과 유는 각각 양과 음에 해당한다. 또한 건은 군세고 곤은 부드럽다.

7 정약용이 말했다. "방(方)이란 괘의 다움 혹은 성격[卦之德]이다." 괘의 성격을 방향과 위치에 따라 파악할 수 있다는 말이다. 예를 들면 동쪽에 해당하는 괘, 서쪽에 해당하는 괘, 남쪽에 해당하는 괘, 북쪽에 해당하는 괘는 방위에 따라 각각의 다움[德] 혹은 성격을 갖고 있다는 말이다.

8 음이 달라져 양이 되고 양이 바뀌어 음이 된다는 말이다.

9 주희가 말했다. "이는 역괘(易卦)의 달라짐과 바뀜을 말한 것이다. 64괘의 맨 처음은 군셈과 부드러움 두 획뿐이었는데, 둘이 서로 비벼대 사(四)가 되고 사가 서로 비벼대 팔(八)이 되고 팔이 서로 비벼대 육십사(六十四)가 됐다."

해와 달이 운행하니 한 번은 춥고 한 번은 덥다[一寒一暑].[11] 건의 도리[乾道]가 남자가 되고
일한 일서   건도
곤의 도리[坤道]가 여자가 된다.[12] 건은 큰 시작[大始=太初]을 주관하고[知=主=掌][13] 곤은 일
곤도   대시 태초   지 주 장
과 사물[物][14]을 이뤄내는데[成物][15], 건은 평이함[易][16]으로 (큰 시작을) 주관하고[知] 곤은 간
물   성물   이   지
결함[簡]으로 능히 (일을) 해낸다[能]. 평이하면 알기 쉽고 간결하면 (아랫사람들이) 따르기 쉽
간   능
다[易從]. 알기 쉬우면 제 몸처럼 여기는 사람들이 있게 되고[有親][17] 따르기 쉬우면 성과가
이종   유친
있게 된다[有功]. 제 몸처럼 여기는 사람들이 있으면 오래 지속할 수 있고[可久] 성과가 있게
유공   가구
되면 (일을) 크게 할 수 있다[18][可大]. 오래 할 수 있으면 (그것이 바로) 뛰어난 이의 다움[賢人之
가대   현인 지
德]이고 크게 할 수 있으면 (그것이 바로) 뛰어난 이의 공적[業]이다.[19]
덕   업
(건과 곤의) 평이함과 간결함[易簡]에서 천하의 이치를 얻을 수 있고, 천하의 이치를 얻으면[20]
이간
그 (하늘과 땅) 안에서 (사람의) 자리는 이뤄진다[成位].
성위

당(盪)은 갈마들다[迭], 서로 섞이다[交]라는 뜻이다.
질   교

10 「설괘전(說卦傳)」에서 보게 되겠지만, 우레는 진괘(震卦), 번개는 이괘(離卦)이고 바람은 손괘(巽卦), 비는 감괘(坎
卦)다. 즉 천지 만물을 움직이게 하고 윤택하게 해주는 이치가 『주역』의 상(象-괘)에 다 담겨 있다는 말이다.

11 정약용이 말했다. "해와 달은 양과 음이다. 곤괘(坤卦, ䷁)의 음기로 한 번 추워졌으면 복괘(復卦, ䷖)에서 임괘(臨卦,
䷒), 태괘(泰卦, ䷊), 대장괘(大壯卦, ䷡), 쾌괘(夬卦, ䷪)를 거쳐 건괘(䷀)에 이르니, 봄을 거쳐 여름이 되는 것이다." 여
름에서 겨울로 가는 과정은, 다시 [건괘(䷀)로부터] 아래에서 음효가 점점 자라나 마침내 곤괘(䷁)에 이르게 된다.

12 「설괘전」에서 보게 되겠지만 인륜을 괘로 풀이하면 이렇다.

건(乾, ☰)	곤(坤, ☷)	진(震, ☳)	손(巽, ☴)	감(坎, ☵)	이(離, ☲)	간(艮, ☶)	태(兌, ☱)
아버지	어머니	장남	장녀	중남(中男)	중녀(中女)	소남(少男)	소녀(少女)

표에서 태양(太陽)인 건괘와 태음(太陰)인 곤괘를 제외하고는 세 효 중에서 하나만 있는 것이 그 괘의 주인[主]이
된다는 사실에 주목해야 한다. 임금은 하나이고 신하는 많다는 점을 감안하면 쉽게 이해할 수 있다. 그래서 진괘
와 감괘와 간괘는 양괘(陽卦)로 남자의 도리가 되고, 손괘와 이괘와 태괘는 음괘(陰卦)로 여자의 도리가 되는 것이
다. 이 문제는 뒤에 보다 상세하게 살펴볼 것이다.

13 지(知)는 지사(知事)라고 할 때의 지로, 일을 주관한다는 뜻이다.

14 물(物)은 물건뿐 아니라 일도 포함한다. 말 그대로 사물(事物)을 뜻한다.

15 주희가 말했다. "건과 곤의 이치[理]를 말한 것이다."
이

16 정약용은 평이함의 반대를 힘겨움[艱=難]이라고 했다.
간 난

17 더불어 함께하려는 사람들이 많아진다는 뜻이다.

18 '큰일을 할 수 있다'고 옮겨도 무방하다.

19 주희가 말했다. "다움은 자기가 얻은 것을 말하고 공적은 일을 이뤄내는 것을 말한다."

20 이는 그런 이치를 체화하는 것을 말한다.

天尊地卑 乾坤定矣. 卑高以陳 貴賤位矣. 動靜有常 剛柔斷矣. 方以類聚 物以群
천존 지비 건곤 정의　　비고 이진 귀천 위의　　동정 유상 강유 단의　　방이류 취 물이군

分 吉凶生矣. 在天成象 在地成形 變化見矣. 是故 剛柔相摩 八卦相盪 鼓之以雷霆
분 길흉 생의　　재천 성상 재지 성형 변화 현의　　시고 강유 상마 팔괘 상탕 고지 이 뇌정

潤之以風雨. 日月運行 一寒一暑. 乾道成男 坤道成女. 乾知大始 坤作成物.
윤지 이 풍우　　일월 운행 일한 일서　　건도 성남 곤도 성녀　　건 지 대시 곤 작 성물

乾以易知 坤以簡能 易則易知 簡則易從 易知則有親 易從則有功 有親則可久 有功
건 이이 지 곤 이간 능 이즉 이지 간즉 이종 이지 즉 유친 이종 즉 유공 유친 즉 가구 유공

則可大 可久則賢人之德 可大則賢人之業 易簡而天下之理得矣 天下之理得而成位
즉 가대 가구 즉 현인 지 덕 가대 즉 현인 지 업 이간 이 천하지리 득의　　천하지리 득 이 성위

乎其中矣.
호 기중 의

◉

　　필자는 『주역』을 점치는 책으로 보는 주희(朱熹)의 입장을 따르지 않는다. 현실적
인 사상과 그 이치[義理]를 담은 책으로 보는 정이(程頤)의 입장을 따른다. 다만 간혹
문맥이나 용어 풀이 수준에서 참고할 것들이 있을 때만 주희를 참고할 뿐이다. 이 장
에 대해 주희는 다음과 같이 요약했다.

　　이 장은 조화(造化)의 실상으로써 경(經)[21]을 지은 이치를 밝히고 또 건과 곤의 이치가 하늘
과 땅에 나뉘어 나타남과 동시에 사람이 겸해서 그것을 체화(體化)하는 것을 말한 것이다.

　　짧지만 1장을 잘 요약하고 있다. "조화(造化)의 실상"을 출발점으로 삼아 『주역』을
지었다고 한다. 즉 현실 속의 사물이나 일과 동떨어진 순수사유(純粹思惟)의 산물이
아니라 하늘과 땅의 실상과 움직임을 살펴 거기서 원리를 도출한 다음에 인간사(人間
事)에 적용하려 한 것이 『주역』이라는 것이다. 공자는 『논어』 「양화(陽貨)」편에서 제자
자공(子貢)과 이런 대화를 나눈다.

　　공자가 말했다.
　　"나는 더는 말하고 싶지 않다."

---

21 『주역』을 가리킨다.

이에 자공이 말했다.

"스승님께서 만일 말씀을 안 하시면 저희들이 어떻게 스승님의 도리를 배워 후대에 전하겠습니까?"

공자가 말했다.

"하늘이 무슨 말씀을 하던가? 사시(四時)가 운행되고 온갖 생물이 나고 자란다. 하늘이 무슨 말씀을 하던가?"

공자는 자신의 말보다 천지 만물의 실상 자체를 통해 제자들이 배워갈 것을 주문하고 있다. 공자의 "사시(四時)가 운행되고 온갖 생물이 나고 자란다"는 말이야말로 『주역』을 지은 정신을 잘 보여준다. 이런 천지 만물의 이치처럼 사람이 알아내고서 따라야 할 인간사의 이치가 바로 『주역』인 것이다.

그런데 여기서 반드시 짚고 넘어가야 할 요점 하나가 있다. 공자는 일[物=事]의 관점에서 인간 세계의 문제를 다루고 있다는 점이다.

건은 평이함[易]으로 (일의 큰 시작을) 주관하고[知] 곤은 간결함[簡]으로 능히 (일을) 해낸다[能].

乾以易知 坤以簡能.
건 이이 지 곤 이간 능

하늘과 땅의 변화 양상을 살펴서 이를 통해 인간사에 지침을 주고자 하는 것이 『주역』이라고 할 때, 이 구절은 일종의 강령(綱領)과도 같은 구절이다. 그런데 '일의 관점'을 놓쳐버린 국내외 『주역』 해설서들은 대부분 이 구절의 의미조차 파악하지 못한다. 대만 총통의 국사(國師)를 지냈다는 남회근(南懷瑾)이라는 사람은 이 구절을 다음과 같이 번역하고 있다.

건으로써 형이상적 역을 알고 곤으로써 그 작용을 간명히 한다.

지(知)가 '알다'가 아니라 지사(知事)라고 할 때의 '(일을) 주관하다'임을 알지 못한 것이다. 그러고는 이렇게 풀이한다. 국내에 출간된 다른 저자의 책들에도 이와 비슷한 엉

터리 풀이들이 많은데, 일단 남회근이 이 구절을 어떻게 풀이했는지 잠깐만 살펴보자.

이 구절에서의 역(易) 자는 『역경(易經)』의 역(易) 자와 같습니다. 이것은 우주 전체를 포괄하는 것입니다. 여러분이 『역경』의 역(易) 자를 이해한다면 위로는 천문을 알고 아래로는 지리를 알며 이 우주가 어떻게 해서 발생했는지를 알 수 있을 것입니다.

곤이란 무엇일까요? 곤은 물질세계의 모든 작용을 대표합니다. 그 작용은 매우 간단합니다. 우리는 공자의 상기 두 구절로부터 하나의 결론을 도출할 수 있습니다. 즉 세상에서 제일 깊은 학문이 제일 평범하며, 제일 평범해야만 비로소 제일 깊을 수 있다는 것입니다.

여러분이 부처나 하나님을 섬길 때면 이분들이 높고도 깊으며 또 공경스럽다고 생각하는데, 그렇게 생각하면 영원히 이분들을 이해할 수 없습니다. 저는 부처를 섬기는 사람들에게 이런 말을 합니다. 당신이 섬기는 부처는 당신이 상상하는 것이지 원래의 부처가 아니라고요.

일단 무슨 말인지 모르겠지만, 단언하건대 『주역』을 다 이해했다고 해서 "위로는 천문을 알고 아래로는 지리를 알며 이 우주가 어떻게 해서 발생했는지를 알 수 있"는 일은 불가능하다. 그저 인간사의 이치에 대해 조금 알게 될 뿐이다. 따라서 그 후의 이야기는 읽을 필요도 없는 '개똥철학'인데, 이런 개똥철학이 나오게 된 것은 다름 아닌 황당한 오역(誤譯)에서 비롯된 것이다. 이 문제를 서두에서 이렇게 깊게 파고드는 이유는 국내 해설서들도 대부분 이 같은 오역을 하고서 자신들의 개똥철학을 풀어놓고 있기 때문이다.

우리 길로 돌아가자.

건은 평이함[易]으로 (일을) 주관하고[知] 곤은 간결함[簡]으로 능히 (일을) 해낸다[能].

여기서 건(乾)은 임금, 곤(坤)은 신하다. 임금과 신하의 일하는 방식을 말한 것이다. 당연히 핵심어는 평이함[易]과 간결함[簡]이다. 임금은 명을 내리고 신하는 그 명을 수행한다. 그러니 '평이함으로' 명을 내리고 '간결함으로' 그 명을 수행한다는 말이다.

임금의 평이함[易]부터 살펴보자. 『주역』의 64괘 각각에는 64개의 사례가 들어 있다. 앞서 말한 바 있듯이 공자가 괘마다 그 전체적인 의미를 규정한 64개의 「대상전」

이 그것이다. 그중 임의로 지뢰복괘(地雷復卦, ䷗)의 「대상전」을 예로 들어 살펴보자.

우레가 땅속에 있는 것이 복(復)(이 드러난 모습)이니, 선왕(先王)은 그것을 갖고서 동짓날에 관문을 닫아걸고 상인과 여행자들이 다니지 못하게 했고 임금은 사방을 시찰하지 않았다 [雷在地中復 先王以 至日閉關 商旅不行 后不省方].
뇌 재 지중 복 선왕 이 지일 폐관 상 려 불행 후 불성 방

즉 상괘와 하괘의 뒤섞임을 통해 모두 64가지 경우의 수가 있게 되는데, 여기서는 그 상황이 바로 "우레가 땅속에 있는 것[雷在地中]"이다. 군주라면 이런 모습을 그냥
뇌 재 지중
지나쳐서는 안 된다. 거기에 담긴 의미를 깊이 성찰해서, 여러 가지 명을 내리지 않고 오직 '동짓날에 관문을 닫아걸고서 상인과 여행자들이 다니지 못하게 하고 사방을 시찰하지 않는 것', 이 하나만 시행하는데 이것이 바로 임금다운 임금의 평이함[易]이다.
이
이때는 양(陽)이 막 나와서 아직 미미할 때다. 괘의 모양을 보면, 맨 아래에 양효(陽爻)가 하나 나타났고 그 위의 5개는 모두 음효다. 그래서 옛날의 뛰어난 임금[先王]들은
선왕
그 도리에 고분고분하여[順], 동짓날 처음 양이 생겨날 때는 관문을 닫아서 사람들의
순
움직임을 제한하고 지방을 돌아보러 다니지 않았다. 그만큼 조심조심한 것은 앞으로 나타날 양(陽)을 더욱더 길러주기 위함이었다.

이처럼 『주역』에는 64개의 평이함[易]이 있다. 하지만 이를 잘 체화한다면 64개의
이
상황 이외의 새로운 상황에서도 얼마든지 임금으로서, 요즘 식으로 말하자면 리더로서 평이한 비전을 제시할 수 있다. "건은 평이함[易]으로 (일을) 주관하고[知]"란 바로
이   지
임금이 이런 일을 하라는 말 이외에 다른 뜻이 아니다. 다시 한번 남회근의 글을 읽어 보길 바란다.

신하의 간결함[簡]을 살펴볼 차례다. 신하는 자기 마음대로 일을 하는 것이 아니
간
다. 임금의 명을 받아 그것을 충실하게 이뤄내는 것이 신하의 본분이다. 그렇다고 신하가 노비나 종은 아니다. 임금과 신하는 힘이 아니라 마땅함[義]으로 맺어진 관계다. 또
의
한 일을 통해 맺어진 관계다. 일에는 일의 이치[事理=禮]라는 것이 있다. 임금은 일의
사리 예
이치에 맞게[順理] 명을 내려야 하고, 신하는 일의 이치에 맞게 명을 받아서 그 일을
순리
수행해 잘 이뤄내야 한다. 간결함[簡]이란 임금의 명이 일의 이치에 맞을 경우 자기가
간
임의로 덧붙여서는 안 되고, 다시 아랫사람들을 부려 일을 시킬 때 임금의 명을 더욱

명료하게 전해 일이 빈틈없이 이뤄지도록 하는 것을 말한다. 번잡스럽게[煩=繁] 해서
는 안 된다. 그러려면 아무리 복잡한 사안도 몇 가지 원칙으로 정리해낼 줄 아는 능력
이 있어야 한다. 그렇게 하는 것이 또한 간결함[簡]이다. 그래야 일이 잘 진행되고 성공
적으로 마무리된다. 신하의 간결함은 한마디로 하자면 '간결한 이치로 복잡한 문제들
을 처리하는 것[以簡御繁]'이다.

이렇게 해놓고 그다음을 읽어 내려가면 크게 어렵지 않다. 말 그대로 이해하면 되
기 때문이다. 뛰어난 임금과 훌륭한 신하[賢君良臣]가 만났을 때 일이 순조롭게 진행
되는 과정과 성과를 내는 결말을 잘 보여준다는 점에서 다시 한번 읽어보고 다음으로
넘어가자.

> 건은 평이함[易]으로 (큰 시작을) 주관하고[知] 곤은 간결함[簡]으로 능히 (일을) 해낸다
> [能]. 평이하면 알기 쉽고 간결하면 (아랫사람들이) 따르기 쉽다[易從]. 알기 쉬우면 제 몸처
> 럼 여기는 사람들이 있게 되고[有親] 따르기 쉬우면 성과가 있게 된다[有功]. 제 몸처럼 여
> 기는 사람들이 있으면 오래 지속할 수 있고[可久] 성과가 있게 되면 (일을) 크게 할 수 있다
> [可大]. 오래 할 수 있으면 (그것이 바로) 뛰어난 이의 다움[賢人之德]이고 크게 할 수 있으면
> (그것이 바로) 뛰어난 이의 공적[業]이다.
>
> (건과 곤의) 평이함과 간결함[易簡]에서 천하의 이치가 얻어지고 천하의 이치가 얻어지면 그
> (하늘과 땅) 안에서 (사람의) 자리는 이뤄진다[成位].

2. 「계사전」상 2장

빼어난 이[聖人][22]가 괘(卦)를 베풀어[23] 일과 사물의 유형[象][24]을 보고서 (각각의 해당되는 일과
사물에 대해 풀이하는) 말을 달아[繫辭] 길함과 흉함[吉凶]을 밝혔다. 굳셈과 부드러움[剛柔]이

---

22 문왕과 주공을 가리킨다.

23 복희씨가 만든 괘를 늘어놓고서 재배열했다는 말이다.

24 여기서는 주희의 풀이를 따라 상(象)을 괘상(卦象)의 상과 구별해서 이렇게 옮겼다.

서로 밀쳐내고 옮겨가[相推][25] 달라짐[變]과 바뀜[化]을 만들어냈다.

이 때문에 길함과 흉함이란 잃고 얻음[失得]을 나타내는 상징[象]이고, 뉘우침과 안타까움[悔吝][26]이란 근심과 염려[憂虞=憂慮][27]의 상징이며[28], 달라짐과 바뀜[變化]이란 나아감과 물러감[進退]의 상징이고, 굳셈과 부드러움[剛柔]이란 낮과 밤[晝夜]의 상징이니, 여섯 효(爻)의 움직임[動]은 (하늘·땅·사람) 세 극[三極]의 도리다.[29]

이 때문에 군자가 평소 가만히 지내면서 편안하게 짚어보는 것은 역(易)의 차례[序]이고, 즐기면서 깊이 음미하는 것은 효(爻)의 말[辭]이다. 그래서 군자는 평소 가만히 있을 때는 그 상(象)을 살펴보면서 그 말을 음미하고, 일에 나설 때는 그 달라짐[變][30]을 살펴보면서 그 점(占)을 음미한다. 이 때문에 하늘에서 도움을 주니, 길하여 이롭지 않음이 없는 것이다.

聖人設卦 觀象繫辭焉 而明吉凶. 剛柔相推 而生變化. 是故 吉凶者 失得之象也 悔吝者 憂虞之象也 變化者 進退之象也 剛柔者 晝夜之象也 六爻之動 三極之道也. 是故 君子所居而安者 易之序也 所樂而玩者 爻之辭也. 是故 君子居則觀其象而玩其辭 動則觀其變而玩其占. 是以自天祐之 吉无不利.

●

---

25 추(推)에 대한 정약용의 풀이에 따라 이렇게 옮겼다. 음과 양이 끊임없이 교차하고 바뀌는 것을 말한다. 그래서 정약용은 "만일 64괘가 각기 그 자체로 성립해 추이(推移)하지 않는다면 단순하고 경직돼 변화가 생겨날 수 없다"고 한 것이다.

26 이때 안타까움이란 고쳐야 하는데 고치지 않은 것을 안타까워한다는 뜻이다.

27 여기서 우(虞)나 여(慮)는 일의 길흉이 정해지지 않은 상황에서 그 일을 잘 해내기 위해 심사숙고한다는 뜻이다.

28 주희가 말했다. "길함과 흉함은 서로 대척점에 있고, 뉘우침과 안타까움은 그 중간에 위치한다. 뉘우침은 흉함에서 길함으로 나아가는 것이고, 안타까움은 길함에서 흉함으로 향해가는 것이다." 정약용은 "뉘우침은 허물을 고치는 것이고 안타까움은 허물을 고치지 않는 것"이라고 말했다.

29 변(變)과 화(化)에는 의미 차이가 있다. 이 점에 주목해야 한다. 주희가 말했다. "부드러움이 달라져[變] 굳셈에 나아가는 것[趨]은 물러감이 지극해져 나아가는 것이고 굳셈이 바뀌어[化] 부드러움에 나아가는 것은 나아감이 지극해져 물러가는 것이니, 이미 달라져 굳세어지면 낮이어서 양(陽)이고 이미 바뀌어 부드러워지면 밤이어서 음(陰)이다. 여섯 효 중에서 (아래로부터) 첫 번째와 두 번째[初二]는 땅이 되고 세 번째와 네 번째[三四]는 사람이 되고 다섯 번째와 여섯 번째[五上]는 하늘이 된다. 움직임[動]이란 곧 달라짐과 바뀜[變化]이다. 극(極)은 지극함이니, 세 극이란 하늘·땅·사람의 지극한 이치[至理]로 (하늘·땅·사람) 삼재(三才)가 각각 하나의 태극(太極)을 갖고 있는 것이다."

30 그러나 여기서는 변과 화를 다 포함하는 뜻으로 봐야 한다.

2장에 대해 주희는 다음과 같이 요약했다.

이 장은 빼어난 이가 역(易)을 짓고 군자가 역을 배우는[學易] 일을 말하고 있다.
_{학역}

공자는 『논어』 「술이(述而)」편에서 이렇게 말했다.

만일 나에게 몇 년의 수명이 더 주어진다면 쉰 살까지 『주역』을 공부해 큰 허물[大過]이 없
_{대과}
게 될 텐데.

무엇보다 역을 배우는 효용을 큰 허물을 없애려 한 데 두었다는 점을 기억해둘 필
요가 있다. 그러면 "역을 배운다[學易]"는 것은 어떻게 하는 것인가. 공자는 두 가지
_{학역}
를 제시하고 있다. 평소 가만히 지내면서 편안하게 짚어보는 것[所居而安者]은 역(易)
_{소거이안 자}
의 차례[序]라고 했다. 이는 주로 「서괘전(序卦傳)」 및 「대상전」과 관련된 것인데, 총론
_서
적 차원에서 괘 일반의 의미를 짚어보라는 말이다. 『조선왕조실록(朝鮮王朝實錄)』에
는 이를 제대로 보여주는 사례들이 많다. 그중 『정조실록(正祖實錄)』19년(1796) 10월
17일 자에는 앞서 보았던 건(乾), 즉 임금의 평이함[易]과 더불어 가만히 있을 때 역의
_이
차례를 편안하게 짚어보는 것이 무엇인지를 보여주는 전형적인 사례가 나온다.

교서를 내렸다.
"번개와 천둥이 치고 비바람이 치면서 새벽이 될 즈음에 (하늘이) 경고(警告)해주었으므로
두렵고 떨리는 마음에 어찌할 바를 모르겠다. 재변이 닥치거나 상서(祥瑞)가 오는 것은 모
두 사람이 불러들이는 것이다. 나 한 사람이 덕이 부족하여 하늘의 마음을 제대로 기쁘게
해드리지 못한 탓으로 불안하고 좋지 못한 현상이 때 아닌 때에 일어났으니, 재변을 소멸시
키고 좋은 방향으로 돌리는 방책에 있어서는 무엇보다도 나 자신에게 책임을 돌려야 할 것
이다. 오늘부터 3일 동안 감선(減膳-찬 가지 수를 줄임)하도록 하라. 언관의 직책에 있는 자
들은 나의 말을 기다리지 말고 말을 해줄 것이며, 기타 관직에 몸담고 있는 자들도 각기 자
기 위치에서 진달하도록 하라.
『주역』에 이르기를 '평소 가만히 있을 때는 그 상(象)을 살펴보면서 그 말을 음미하고, 일

에 나설 때는 그 달라짐[變]을 살펴보면서 그 점(占)을 음미한다'고 했다. 하늘과 사람은 이치가 하나이니 두드리면 응하는 법이다[叩之則應]. 그러니 어찌 감히 인사(人事)를 다함으로써 기필코 하늘의 마음을 감동시키려고 힘쓰지 않아서야 되겠는가.

수뢰준괘(水雷屯卦)의 상사(象辭-「대상전」)에는 '경륜하다[經綸]'[31]라고 했고, 뇌지예괘(雷地豫卦)의 「단전(象傳-문왕의 단사(彖辭)에 대한 공자의 풀이)」에는 '굳셈[剛-양효]이 (다른 모든 음효에) 호응한다'[32]라고 했으며, 택뢰수괘(澤雷隨卦)의 「단전」에는 '때를 따르는 것의 마땅함[隨時之義]이 크도다!'[33]라고 했고, 화뢰서합괘(火雷噬嗑卦)의 「대상전」에는 '형벌을 밝히고 법을 엄히 했다'[34]라고 했으며, 지뢰복괘의 「대상전」에는 '관문을 닫아걸고 사방을 시찰하지 않았다'[35]라고 했고, 천뢰무망괘(天雷无妄卦)의 「대상전」에는 '천시(天時)에 맞춰 만물 만사를 길러준다'[36]라고 했으며, 산뢰이괘(山雷頤卦)의 「대상전」에는 '말을 신중하게 하고 음식을 절제한다'[37]라고 했고, 뇌풍항괘(雷風恒卦)의 「대상전」에는 '(스스로를) 세워[立] 지향하는 바[方=方所]를 바꾸지 않는다'[38]라고 했으며, 뇌천대장괘(雷天大壯卦)의 상

---

31 준괘 「대상전」 전문이다. "구름과 우레는 준(屯)(이 드러난 모습)이니, 군자는 그것을 갖고서[以] (천하를) 경륜(經綸)한다[雲雷屯 君子以 經綸]."

32 예괘 「단전」 전문이다. "예(豫)는 굳셈[剛-양효]이 (다른 모든 음효에) 호응해 뜻이 실행되고 고분고분함으로써 움직이는 것[順以動]이니, 즐거움[豫]이다. 즐거움이란 고분고분하게 움직인다. 그래서 하늘과 땅도 이와 같은데 하물며 후(侯)를 세우고 군사를 출동하는 것에 있어서이겠는가? 하늘과 땅은 고분고분하게 움직이기 때문에 해와 달이 어긋남이 없고[不過=不違] 사계절이 한 치의 오차도 없다[不忒=不乖]. (이와 마찬가지로) 빼어난 이[聖人]도 고분고분하게 움직이기 때문에 형벌이 맑게 집행돼 백성이 복종한다. 예(豫)의 때와 마땅함[時義=時宜]은 크도다!"

33 수괘 「단전」 전문이다. "수(隨)는 굳셈[剛-양효]이 내려와서[來] 부드러움[柔-음효]에게 몸을 낮추고서[下] 움직여서 기뻐하는 것[動而說]이니, 그래서 따른다는 것이다. 그렇기 때문에 크게 형통하고[大亨] 반듯하여 허물이 없어 천하가 때를 따른다[隨時]. 때를 따르는 것의 마땅함[隨時之義]이 크도다!"

34 서합괘 「대상전」 전문이다. "우레와 번개가 서합(噬嗑)(이 드러난 모습)이니, 선왕(先王)은 그것을 갖고서 형벌을 밝히고 법을 엄히 했다[雷電 噬嗑 先王以 明罰勅法]."

35 복괘 「대상전」 전문이다. "우레가 땅속에 있는 것이 복(復)(이 드러난 모습)이니, 선왕(先王)은 그것을 갖고서 동짓날에 관문을 닫아걸고 상인과 여행자들이 다니지 못하게 했고 임금은 사방을 시찰하지 않았다[雷在地中復 先王以 至日閉關 商旅不行 后不省方]."

36 무망괘 「대상전」 전문이다. "하늘 아래에 우레가 쳐서[雷行] 일과 사물마다 거짓 없음을 부여해주니, 선왕(先王)은 그것을 갖고서 천시(天時)에 성대하게 맞춰 만물 만사를 길러준다[天下雷行 物與无妄 先王以 茂對時 育萬物]."

37 이괘 「대상전」 전문이다. "산 아래에 우레가 있는 것은 이(頤)(가 드러난 모습)이니, 군자는 그것을 갖고서 말을 신중하게 하고 음식을 절제한다[山下有雷頤 君子以 慎言語 節飮食]."

38 항괘 「대상전」 전문이다. "우레와 바람[雷風]은 항(恒)(이 드러난 모습)이니, 군자는 그것을 갖고서 (스스로를) 세워

30

륙(上六) 효사(爻辭)에는 '숫양이 울타리를 치받았으니 어렵게 여기면 길하다'[39]라고 했고, 뇌수해괘(雷水解卦)의 「대상전」에는 '허물이 있는 자를 용서하고 죄가 있는 자를 사면한다'[40]라고 했으며, 풍뢰익괘(風雷益卦)의 「단전」에는 '익(益)은 위를 덜어 아래를 더해주는 것이다'[41]라고 했고 중뢰진괘(重雷震卦)의 「대상전」에는 '두려워하는 마음으로 자신을 닦고 살핀다'[42]라고 했으며, 뇌택귀매괘(雷澤歸妹卦)의 「대상전」에는 '오래 지속시키되 모두 망가져 없어질 수 있음을 알아차린다'[43]라고 했고, 뇌화풍괘(雷火豐卦)의 「단전」에는 '하늘과 땅의 차고 비는 것[盈虛=盛衰]도 때에 따라 나아가고 물러난다[消息]'[44]라고 했으며, 뇌산소과괘(雷山小過卦)의 상사에는 '재물을 쓸 때는 검소함을 (조금) 지나치게 한다'[45]라고 했다.

나의 마음속 은미(隱微-깊은 곳)한 곳으로부터 시행하고 조처하는 일에 이르기까지 어느 일이 이치대로 따른 것이고 어떤 정사가 이치에 어긋난 것이겠는가. 이것은 이미 내가 내놓

[立] 지향하는 바[方=方所]를 바꾸지 않는다[雷風恒 君子以 立不易方]."

39 대장괘 상륙 효사 전문이다. "숫양이 울타리를 치받아 물러날 수도 없고 나아갈 수도 없어 이로운 바가 없으니, 어렵게 여기면 길하다[羝羊觸藩 不能退 不能遂 无攸利 艱則吉]."

40 해괘 「대상전」 전문이다. "우레와 비가 일어나는 것이 해(解)(가 드러난 모습)이니, 군자는 그것을 갖고서 허물이 있는 자를 용서하고 죄가 있는 자를 사면한다[雷雨作解 君子以 赦過宥罪]."

41 익괘 「단전」 전문이다. "익(益)은 위를 덜어 아래를 더해주는 것[損上益下]이니 백성의 기뻐함이 끝이 없고[无疆], 위로부터 아래를 향해 낮추니[自上下下] 그 도리는 크게 빛난다[大光]. '나아가는 바가 있는 것이 이롭다'라는 것은 중정(中正)하여 경사가 있는 것이고, '큰 강을 건너면 이롭다'라는 것은 나무의 도리[木道=益道]가 마침내 행해진 것이다. 익(益)은 움직임에 있어 공손해[動而巽] 날로 나아감[日進]이 끝이 없다. 하늘이 베풀고 땅이 낳아주어[天施地生] 그 유익함은 일정한 장소가 없다. 무릇 더해주는 도리[益之道]는 때에 맞춰 함께 일을 해가는 것[與時偕行]이다."

42 진괘 「대상전」 전문이다. "우레가 거듭돼 진동하는 것이 진(震)(이 드러난 모습)이니, 군자는 그것을 갖고서 경계하고 두려워하는 마음으로 자신을 닦고 살핀다[洊雷震 君子以 恐懼修省]."

43 귀매괘 「대상전」 전문이다. "연못 위에 우레가 있는 것이 귀매(歸妹)(가 드러난 모습)이니, 군자는 그것을 갖고서 끝마침을 오래 지속시키되 모두 망가져 없어질 수 있음을 알아차린다[澤上有雷歸妹 君子以 永終知敝]."

44 풍괘 「단전」 전문이다. "풍(豐)은 크다는 뜻이다. 밝음으로써 움직이니[明以動], 그래서 풍요로운 것[豐]이다. '왕이라야 거기에 이를 수 있으니'라는 것은 큰 것을 높이는 것[尙大]이요, '근심이 없으려면 마땅히 해가 중천에 뜬 듯이 해야 한다'라는 것은 마땅히 천하를 비춰야 한다는 것이다. 해가 중천에 뜨면 기울고[昃] 달이 차면 먹히니[食], 하늘과 땅의 차고 비는 것[盈虛=盛衰]도 때에 따라 나아가고 물러나는데[消息] 하물며 사람이야 어떻겠으며 귀신인들 어떻겠는가?"

45 소과괘 「대상전」 전문이다. "산 위에 우레가 있는 것[山上有雷]이 소과(小過)(가 드러난 모습)이니, 군자(君子)는 그것을 갖고서 행동할 때는 공손함을 (조금) 지나치게 하고 상을 당해서는 슬픔을 (조금) 지나치게 하며 재물을 쓸 때는 검소함을 (조금) 지나치게 한다[山上有雷小過 君子以 行過乎恭 喪過乎哀 用過乎儉]."

은 행동을 보면 드러나지 않은 마음속까지도 충분히 징험해 알 수 있을 것이다. 어떤 잘못을 바로잡고 어떤 허물을 고쳐야만 15괘(卦)의 「단전」과 「대상전」과 효사의 뜻에 제대로 부합되어 재변을 상서로움으로 돌리고 태평 시대의 기상이 퍼지게 할 수 있겠는가. 섭리(燮理-재상의 직무)하는 위치에서 나를 도와주는 말을 해줄 것을 요청하는 바이니, 경들은 한마디 말이라도 아끼지 말라."

지나치게 반듯했던[貞=正] 정조는 우레와 번개가 치고 비바람이 거세자 『주역』의 괘 중에서 이름에 뇌(雷-우레)가 들어간 괘들을 모아 이렇게 스스로를 경계시키고 신하들에게도 좋은 말을 해줄 것을 요청했던[求言] 것이다. 단사(彖辭)뿐 아니라 「대상전」과 「소상전」까지 포함돼 지나칠 정도로 많이 언급하기는 했지만, 대체로 이것이 바로 '가만히 있을 때 역의 차례를 편안하게 짚어보는 것'의 전형적인 사례다. 더불어 건(乾), 즉 임금의 평이함[易]도 볼 수 있었다. 물론 이 중에서 어느 하나를 잘 골라야지, 이렇게 15개를 골라서야 평이했다고 하기도 어렵겠지만 말이다.

군자는 평소에 『주역』을 비롯한 고금의 빼어나거나 뛰어난 사람[聖賢]의 도리를 연마하다가, (공직에) 나아가서 일하게 될 경우에는 그간의 축적된 지혜를 총동원해 일을 빈틈없이 성공적으로 처리해야 한다. "군자는 평소 가만히 있을 때는 그 상(象)을 살펴보면서 그 말을 음미하고, 일에 나설 때는 그 달라짐[變]을 살펴보면서 그 점(占)을 음미한다. 이 때문에 하늘에서 도움을 주니, 길하여 이롭지 않음이 없는 것이다"라는 말은 바로 그 내용이다. 그런데 "일에 나설 때는 그 달라짐[變]을 살펴보면서 그 점(占)을 음미한다"는 말의 의미가 그동안 엉뚱하게 오해돼 왔다. '점을 쳐보라'는 말 정도로 이해된 것이다.

공자의 말을 잘 봐야 한다. 일하게 될 때는 '그 달라짐을 살펴보라[觀其變]'고 했다. 『주역』을 공부해서 대강의 이치와 형세[理勢] 판단 능력을 익혔다 해도 인간의 일이란 늘 새롭다. 따라서 그 변화된 양상과 새로운 요인들을 스스로 점검해야 한다. 이것이 바로 '그 달라짐을 살펴보는 것[觀其變]'이다. 이는 점을 친다고 해서 알 수 있는 것이 아니다. 뒤에 가서 공자는 '일[事]이란 그 달라짐을 통하게 하는 것[通其變]'이라고 말한다. 『주역』과 일이 얼마나 밀접하게 연결돼 있는지에 주목해야 하는 것은 바로 이 때문이다.

그러면 "그 점(占)을 음미한다"는 말은 무슨 뜻인가? 점(占)이란 예상해본 일의 진행과 결과 정도다. 즉 그 변화된 양상과 새로운 요인들을 스스로 점검해서 앞으로 진행될 일의 개괄적인 모습을 머릿속으로 그려보는 것이 점이다. 점을 곧바로 시귀(蓍龜)나 복서(卜筮)로 이해하는 우를 범해서는 안 된다. 공자가 말한 문장의 순서로 보더라도 시귀나 복서로서의 점이 아님을 분명히 알 수 있다. 『춘추좌씨전(春秋左氏傳)』에 나오는 자공(子贛)이란 사람의 말이 바로 '그 달라짐을 살펴보아 그 점을 음미한 것'이다.

> (노나라) 정공(定公) 15년 주(邾)나라 은공(隱公)이 노(魯)나라에 조현했는데, 옥(玉)을 든 손이 높이 올라가 그 얼굴이 위로 향했다.[46] 정공은 그것을 받으며 자세를 낮추니, 그 얼굴이 아래로 향했다. 자공[47]이 그것을 지켜보며 말했다.
>
> "예법의 관점에서 그것을 보건대 두 임금은 모두 (일찍) 사망할 것이다. 무릇 예란 사생(死生)과 존망(存亡)의 본체다. 좌우에서 일을 주선하는 것과 나아가고 물러남, 구부리고 올려다봄[俯仰]을 갖고서 이에서 생존을 취하느냐 사망을 취하느냐를 알 수 있고 조회, 제사, 상사(喪事), 융사(戎事-전쟁)를 갖고서 이에서 생존하느냐 사망하느냐를 볼 수가 있다. (그런데) 지금 정월에 서로 조회하면서 둘 다 법도에 맞지 않았으니[不度], 마음은 이미 법도를 잃은[亡] 것이다. 조회[嘉事]가 몸의 예절에 맞지 않았으니[不體] 어찌 능히 오래 살 것인가? 높이 처든 것은 교만이요, 낮게 구부린 것은 태만[替]이다. 교만은 화란에 가깝고 태만은 질병에 가깝다. (우리) 임금이 주인이니 아마도 먼저 사망할 것이다."[48]

「계사전」상 2장을 다시 한번 음미하며 읽어보기를 권한다. 그것은 소인으로서 요행이나 복을 바라는 것이 아니라, 군자가 일하는[行事] 이치에 관한 것임을 분명히 알 수 있을 것이다. 무슨 신묘한 철학도 아니다. 오랫동안 누적된 오해로 인해 『주역』에 이르는 길에는 이런 미세먼지 같은 방해 요인들이 한두 가지가 아님을 인식하고 조심해야 한다.

---

46 은공은 주나라 임금[邾子] 익(益)이다. 옥은 조현하는 자의 폐물이다.

47 공자의 제자 단목사(端木賜)다. 贛은 발음이 공(貢)이다.

48 이해 5월에 정공이 훙(薨)했고, 그 뒤 애공(哀公) 7년 가을에 (오나라가) 주나라를 정벌해 주자(邾子) 익(益)을 붙잡아 갔다.

3. 「계사전」 상 3장

'단(彖)[49]이란 상(象)에 대해 말하는 것이고, 효(爻)[50]란 달라짐[變]에 대해 말하는 것이다. 길함과 흉함이란 그 잃고 얻음[失得][51]을 말하는 것이고, 뉘우침과 안타까움[悔吝]이란 작은 흠[小疵][52]을 말하는 것이며, 허물이 없음[无咎=無咎]이란 잘못[過]을 잘 보완한 것이다.

이 때문에 높은 것과 낮은 것[貴賤]을 진열하는 것은 (여섯 효의) 자리[位]에 있고, 작고 큰 것[53]을 정하는 것[齊=定]은 괘(卦)에 달려 있으며, 길함과 흉함을 가려내는 것은 사(辭-괘사와 효사)에 있고, 뉘우침과 안타까움[悔吝]을 근심하는 것은 판별하는 실마리[介=辨別之端]에 있으며, (일하기 위해) 움직여서[震=動] 허물이 없게 하는 것[无咎]은 뉘우침에 있다. 이 때문에 괘(卦)에는 작고 큼이 있고 사(辭)에는 험난함과 평이함[險易]이 있는데, 사(辭)란 각각 그것이 가야 하는 바[所之][54]를 가리킨다.[55]

彖者 言乎象者也 爻者 言乎變者也. 吉凶者 言乎其失得也 悔吝者 言乎其小疵也 无咎者 善補過也. 是故 列貴賤者 存乎位 齊小大者 存乎卦 辨吉凶者 存乎辭 憂悔吝者 存乎介 震无咎者 存乎悔. 是故 卦有小大 辭有險易 辭也者 各指其所之.

◉

3장에 대해 주희는 다음과 같이 요약했다.

이 장은 괘사(卦辭)와 효사(爻辭)의 일반적인 사례[通例]를 풀어낸 것이다.

49　판단한다는 뜻이다. 이는 괘사(卦辭)라고도 하는데, 주나라 문왕(文王)이 지은 것이라고 한다. 글자 모양을 보면 돼지의 머리[豕頭]다. 몸뚱이 위에 있는 것들을 총괄한다는 의미다.

50　이는 효사(爻辭)인데, 주공이 지은 것이라고 한다.

51　정약용이 말했다. "선과 악이 이뤄져 그에 따른 화복(禍福)이 판가름 난 것이다."

52　정약용이 말했다. "선과 악이 그 조짐만 내보이고 좋고 나쁨[臧否=善惡]이 아직 크게 정해지지 않은 것이다."

53　작은 것은 음(陰)이고 큰 것은 양(陽)이다.

54　간다는 것은 곧 일을 행하는 것[行=行事]이다.

55　주희가 말했다. "작은 것[小=陰]의 험난함과 큰 것[大=陽]의 평이함은 각각 지향하는 바를 따른다."

단(彖)은 판단한다[斷]는 말이다. 이는 외부 세계에 대해 일정한 판단을 내린다는 말이다. 효(爻)는 상황에 따른 변화를 감안해 '때'에 맞게 판단을 내리는 것이다. 때란 상황이다. 3장에서 특히 주목해야 할 부분은 "단(彖)이란 상(象)에 대해 말하는 것이고, 효(爻)란 달라짐[變]에 대해 말하는 것이다"라는 문장이다. 괘의 상(象)에는 이미 복희씨(伏羲氏) 때부터 확정된 고정적인 뜻이 있는 반면, 효란 그때그때의 상황에 따른 판단이다. 그래서 공자도 분명히 "효(爻)란 달라짐[變]에 대해 말하는 것[爻者 言乎 變者]"이라고 했다. 그럼에도 불구하고 기존의 『주역』 효사에 대한 해석은 각 효에 따른 고정적인 의미로 해석해왔다. 그런데 정약용은 효변설(爻變說)에 입각해 효에 대한 주공의 효사를 정태적인 확정 개념이 아니라 동태적인 가변 개념으로 이해해야 한다고 주장했다. 정약용의 『주역사전』의 번역자 방인 교수는 이렇게 말했다.

다산 역학의 방법론 중에서 가장 독창적인 요소라고 부를 수 있는 것은 단연코 효변의 방법론이다. 다산은 이 효변법(爻變法)을 개발함으로써 첩첩산중 가로막고 있던 해석학적 난제를 단숨에 해결하는 데 성공할 수 있었다. 효(爻)란 획(劃)과 구분되는 개념으로서, 획(劃)이 단순히 그어진 선(線) 이외의 것을 가리키지 않는 정태적 개념이라고 한다면 이와는 달리 효(爻)는 음(陰)에서 양(陽)으로, 혹은 양(陽)에서 음(陰)으로 변화된 상태를 가리키는 동태적 개념이라고 할 수 있다.

정약용이 이 같은 효변설을 제시한 것은 오히려 원래의 고전(古典)으로 돌아갔기 때문이다. 예를 들어 『춘추좌씨전』에는 건괘 초구(初九-맨 아래 첫 번째 양효)를 건지구(乾之姤)라고 표기하고 있는데, 이때의 지(之)는 말 그대로 '가다' 혹은 '달라지다'로 읽어야 한다는 것이다. 즉 건괘 초구의 효사는 "물에 잠겨 있는 용이니 쓰여서는 안 된다[潛龍勿用]"인데, 이 효사는 건괘(☰) 초구에 국한된 풀이가 아니라 맨 아래에 음효가 하나 있는 구괘(姤卦, ☴)로 달라지고 있는 상황을 말한다는 것이다. 그래서 이런 경우에 건괘는 본괘(本卦), 구괘는 지괘(之卦)라고 부른다. 다시 방인 교수의 말이다.

이러한 용례는 『춘추좌씨전』에 17개, 『국어(國語)』에 3개가 나타나고 있다. 다산은 『춘추좌씨전』과 『국어』의 몇몇 사례에 국한되는 것이 아니라 『주역』 64괘 384효 전체에 모두 적용돼야 하는 방법론임을 확신하게 된다. 역학의 정통적 계보가 단절되게 된 이유도 바로 이 효가 변동하는 법이 온전히 전수되지 못했던 데 있다. 효변(爻變)을 취하지 않게 되면 물상(物象)이 맞지 않게 되고, 물상이 맞지 않게 되자 「설괘전」을 폐기하게 되니, 아예 『주역』을 올바로 해석하게 되는 길이 끊어져버린 것이다.

필자도 얼마 전에 반고의 『한서』 「오행지(五行志)」편을 번역하던 중에 바로 이런 용례를 만날 수 있었다.

(『춘추좌씨전』) 선공(宣公) 6년, 정(鄭)나라 공자 만만(曼滿)은 왕자 백료(伯廖)[56]와 이야기를 하다가 경(卿)이 되고 싶어 했다. 백료가 이를 다른 사람에게 고하여 말했다. "다움은 없이 탐욕만 부리는 것은 『주역』의 풍괘(豐卦, ䷶)가 이괘(離卦, ䷝)로 바뀌는 것이니[豐之離], 풍 지 이
3년도 안 돼 반드시 멸망할 것이다."[57] 중간에 1년을 건너뛰어 정나라 사람들이 그를 죽였다.

우리의 관심은 『주역』학(學) 자체가 아니라 『주역』 풀이이기 때문에 이 같은 역학(易學) 자체의 문제에 대해서는 가능한 한 거리를 둘 것이다. 다만 정약용의 효변론은 풀이 자체에도 깊은 영향을 주기 때문에 받아들일 수밖에 없다. 무엇보다 그것이 '효(爻)란 달라짐[變]에 대해 말하는 것[爻者 言乎變者]'이라는 공자의 말에 딱 부합하기 변
효 자 언 호 변 자
때문이다.

길함과 흉함, 뉘우침과 안타까움, 허물이 없음 등은 모두 그 같은 판단의 결과다. 역(易)의 이치를 공부하는 이유도 바로 이런 판단 결과를 보다 현실에 가깝게 얻기 위한 노력일 뿐이다. 이는 도덕이나 윤리적 판단 결과가 아니고, 끊임없이 스스로를 고쳐가며 보다 나은 현실로 가려는 하나의 지침일 뿐이다. 길함이나 흉함도 단순히 개인적인 행복 추구와는 거의 무관하다고 할 수 있다. 특히 뉘우침이나 허물을 적게 하는 문제와 관련해 공자는 『논어』 「위정(爲政)」편에서 이렇게 말했다.

---

56 안사고가 말했다. "만만과 백료 모두 정나라 대부다."

57 안사고가 말했다. "맨 위의 떨어진 효만 붙은 효로 바뀌면 이괘가 되는데, 그 효 풀이는 다움은 없이 집만 크게 키운 꼴이니 3년도 안 돼 반드시 망하게 된다는 것이다."

많이 듣고서 그중에 의심나는 것은 제쳐놓고[多聞闕疑] 그 나머지 것들에 대해서만 신중
하게 이야기한다면 허물이 적을 것[寡尤=寡咎]이요, 많이 보고서 위태로운 것은 제쳐놓고
[多見闕殆] 그 나머지를 신중하게 행한다면 뉘우침이 적을 것[寡悔]이다.

　　여기서 눈여겨봐야 할 것은 말[言]에서 허물이 생겨나고 일하는 데서[行=行事] 뉘
우침이 생겨난다는 점이다. 이어서 괘사와 효사는 각각 길함과 흉함, 뉘우침과 안타까
움, 허물이 없음 등과 어떻게 연결되는지를 이야기하고 있다.

4. 「계사전」 상 4장

　　역(易)은 하늘땅을 본받았다[準=法]. 그래서 (역은) 능히 하늘과 땅의 도리를 두루 주관할
[彌綸] 수 있는 것이다. 위로 우러러[仰以=上以] 하늘의 온갖 현상[天文]을 잘 살피고, 아래로
굽어[俯以=下以] 땅의 온갖 이치[地理]를 깊이 살핀다.[58] 이로 인해 어둠과 밝음[幽明]의 연
유[故]를 알아내고 시작의 근원으로 올라가 끝으로 돌아간다[原始反終]. 그래서 죽음과 삶
[死生]의 학설을 알게 된다. 알갱이[精]와 기운[氣][59]이 일과 사물이 되고, 넋[魂]이 떠돌아다
녀 달라짐[變]이 된다. 이 때문에 귀(鬼)와 신(神)의 실상과 모습[情狀]을 알게 되는 것이다.[60]
(역의 원리는) 하늘땅과 서로 비슷하기 때문에 (역의 원리를 아는 자는 하늘땅의 도리와) 어긋나
지 않으니[不違], (역의 원리를) 앎이 만물에 두루 미치고 도리는 천하를 구제한다. 그렇기 때문
에 (도리를 아는 자는 만사를) 그냥 지나치지 않고[不過] 사방으로 행하되[旁行] 함부로 벗어나
지 않고[不流],[61] 하늘(의 이치)을 즐거워하고 명(命)을 알기 때문에 근심하지 않으며[不憂=仁],
대지에서 살아가는 것을 편안히 여겨[安土] 어짊[仁]을 도탑게 하기 때문에 능히 (다른 사람을)
사랑할 수 있다[愛=愛人=仁].

58　주희가 말했다. "하늘의 온갖 현상에는 낮과 밤[晝夜], 위와 아래[上下]가 있고, 땅의 온갖 이치에는 남과 북, (산
　　의) 높음과 (못의) 깊음[高深]이 있다."

59　알갱이는 음이고 기운은 양이다.

60　주희가 말했다. "어둠과 밝음, 죽음과 삶, 귀와 신은 각각 음과 양의 달라짐[變]이다."

61　주희가 말했다. "사방으로 행함은 권도(權道)를 행하는 앎[智]이고 함부로 벗어나지 않음은 바름을 지키는 어짊
　　[守正之仁]이다."

하늘과 땅의 조화[天地之化]에 범위를 정해줌[範圍]으로써 지나치지 않고, 만물을 곡진하게 이뤄줌[曲成]에 있어 하나도 빠트리지 않으며, 낮과 밤의 도리를 두루 겸해서[通=兼] 알게 된다. 그래서 신(神)(의 신묘함)은 정해진 장소가 없고 역(易)은 정해진 체(體-형체)가 없다.

易 與天地準. 故能彌綸天地之道. 仰以觀於天文 俯以察於地理. 是故 知幽明之故
역 여천지 준   고능 미륜 천지 지 도   앙이 관어 천문   부이 찰어 지리   시고   지 유명 지 고
原始反終. 故 知死生之說. 精氣爲物 游魂爲變. 是故 知鬼神之情狀. 與天地相似
원시 반종   고 지 사생 지 설   정기 위물   유혼 위변   시고   지 귀신 지 정상   여 천지 상사
故不違 知周乎萬物而 道濟天下. 故不過旁行而不流 樂天知命 故不憂安土 敦乎仁
고 불위 지 주호 만물 이 도제 천하   고 불과 방행 이 불류   낙천 지명   고 불우 안토   돈호 인
故能愛.
고 능애
範圍天地之化而不過 曲成萬物而不遺 通乎晝夜之道而知 故神无方而易无體.
범위 천지지화 이 불과   곡성 만물 이 불유   통호   주야지도   이 지 고 신 무방 이 역 무체

◉

4장에 대해 주희는 다음과 같이 요약했다.

이 장은 역(易)의 도리가 크다는 것과 빼어난 이가 그 도리를 쓰기를 이와 같이 한다는 것을 말하고 있다.

첫 부분에 대한 인식이 중요하다. "역(易)은 하늘땅을 본받았다[準=法]. 그래서 (역은) 능히 하늘과 땅의 도리를 두루 주관할[彌綸] 수 있는 것이다"라는 말을 단순히 하늘과 땅의 이치나 도리를 인간 세상에 기계적으로 적용하는 것으로 보아서는 안 된다. 오히려 인간 세상에서 하늘과도 같은 이치[天理]를 찾아내 그것을 인간 세상에 적용하려는 것이 바로 역(易)의 사상이다. 따라서 천리는 그 문맥에 따라 '하늘의 이치'가 될 수도 있고 '하늘과도 같은 이치'가 될 수도 있음을 분명히 인식해야 한다. 그동안 이 같은 두 가지 가능성에 대한 고려를 하지 않고 천리(天理)를 무조건 '하늘의 이치'로 옮기다 보니 공자의 텍스트를 불필요하게 신비화하는 잘못을 저질러왔기에 하는 지적이다.

『논어』 「양화」편에서 말재주에 능한 제자 재아(宰我)가 궤변을 늘어놓으면서 부모가 돌아가셨을 때 삼년상은 너무 길고 심지어 일년상도 길다고까지 말한다. 이때 공자는 재아에게 이렇게 말했다.

자식이 태어나서 3년이 된 뒤에야 부모의 품을 벗어난다. 삼년상은 천하의 공통된 상이니, 재아에게는 그 부모에 대한 3년의 사랑이 있는가?

이때 부모의 품을 벗어난다는 것은 최소한 3년 후라야 혼자 기어 다니면서라도 뭔가를 먹고서 굶어 죽지 않을 수 있다는 뜻이다. 즉 자신을 사람으로 생존할 수 있게 해준 최소한의 기간이 3년이니 그에 대해 보답하는 것은 저 하늘 위에 해와 달이 뜨고 지고 사계절이 돌아가는 것처럼, 즉 하늘과도 같은 명명백백한 이치라는 뜻이다. 이 문제는 어느 정도 이해됐으리라 여긴다.

"시작의 근원으로 올라가 끝으로 돌아간다[原始反終]"에 대해 정약용은 괘상(卦象)과 연결지어 이렇게 풀어냈다.
<small>원시 반종</small>

'시작의 근원'이라는 것은 (「설괘전」에 따르면) 만물이 진(震, ☳)에서 생겨 나오는 것이다. '끝으로 돌아간다'라는 것은 (「설괘전」에 따르면) 만물이 간(艮, ☶)에서 완성되는 것이다. 이를 (6효로 된) 대성괘의 측면에서 보면, 복괘(復卦, ䷗)의 양효 하나가 생겨나는 것이 시작의 근원이 되고 박괘(剝卦, ䷖)의 양 하나가 종말을 이루는 것이 끝으로 돌아가는 것이 된다. 그래서 진(震)은 다시 살아남이 되고 간(艮)은 죽음이 되는 것이다.

그다음 사안으로 넘어가 보자. 공자는 『논어』 여러 곳에서 인자(仁者-어진 이)는 불우(不憂), 지자(知者-사리를 아는 이)는 불혹(不惑)이라고 했다. 불우란 어진 마음이 지배적이어서 그 마음에 조금도 사사로운 근심이 없는 상태를 말한다. 불혹이란 사리를 잘 알아서 조금도 일이나 사람에 대해 현혹되거나 미혹되지 않는 것이다. 지(知)와 인(仁)의 관계에 대해 『논어』 「위령공(衛靈公)」편에서 다음과 같이 말한다.

앎[知]이 도리에 미치더라도 어짊[仁]이 그것을 뒷받침해줄 수 없다면, 설사 도리를 (순간적
<small>지</small>   <small>인</small>
으로는 잠깐) 얻었다 하더라도 결국 자기 것이 되지 못하고 반드시 잃게 된다.

앎과 어짊이 함께할 때 일의 이치[事理=禮]와 일의 형세[事勢=命]는 더욱 분명하
<small>사리 예</small>   <small>사세 명</small>
게 체화돼 제대로 실행에 옮겨질 수 있음을 강조하는 말이다. 역을 배우는 마음가짐

은 여기서 한 치도 벗어나서는 안 된다. 즉 자신의 복(福)이나 바라는 마음으로 하는 학역(學易)은 아무런 효과가 있을 수 없다는 뜻이기도 하다.

이런 이해를 바탕으로 4장을 다시 한번 음미하고서 「계사전」 상 5장으로 넘어가자.

5. 「계사전」 상 5장

한 번은 음이었다가 한 번은 양이었다가 하는 것[一陰一陽]을 일러 도리[道]라 하고, 그것을 계속 잘 이어받는 것[繼之]을 좋음[善]이라고 하고, 그것이 갖춰져 있는 것[成=具]을 본성[性]이라고 한다.[62]

어진 사람[仁者]은 그것[63]을 보고서 어짊이라 말하고, 사리를 아는 사람[知者]은 그것을 보고서 앎이라 말하고, 백성은 날마다 그 도리를 쓰면서도 알지를 못한다. 그렇기 때문에 군자의 도리는 드문 것이다.[64]

(하늘과 땅의 도리는) 어짊에서 드러나고[顯] 쓰임[用]에서는 감춰져 있으면서[藏] 만물을 두들겨 움직이되[鼓=鼓動] 빼어난 이와 더불어 함께 근심하지는 않으니[65], 성대한 다움[盛德]과 큰 업적[大業]이 지극하도다. 풍부하게 소유하는 것[富有]을 일러 큰 업적이라 하고, 날로 새로워지는 것[日新]을 일러 성대한 다움이라고 한다.

낳고 또 낳는 것[生生][66]을 일러 역(易-바뀜)이라 하고, 상(象)을 이루는 것[成象]을 건(乾)이라

---

62 주희가 말했다. "좋음이란 만물을 길러내는 공로를 말하는데 이는 양(陽)의 일이고, 본성이란 일이나 사물들이 그로부터 받게 되는 것을 말하는데 일이나 사물들이 생겨나면 본성을 간직하고 있어 각각 이런 도리를 갖춰 이뤄내는 것이니 이는 음(陰)의 일이다."

63 한 번은 음이었다가 한 번은 양이었다가 하는 도리를 말한다.

64 이 문단을 보면 어진 사람이나 사리를 아는 사람이나 전체를 보지는 못하고 자신의 입장에서 부분만 보고서 그 도리에 자기식의 명칭을 붙인다. 더욱이 일반 백성은 그 도리를 따라 살아가고 있으면서도 그것이 무엇인지 알지 못한다. 이는 정확히 『논어』 「태백(泰伯)」편에서 공자가 했던 말 그대로다. "백성은 도리를 따르게[由之] 할 수는 있어도 그 도리를 알게[知之] 할 수는 없다." 그런데 「계사전」의 문맥에서 보면 인자나 지자 또한 부분적으로만 알 뿐이다. 그만큼 도리를 온전하게 드러내는 일은 쉬운 일이 아니다. 빼어난 이[聖人]만이 가능하다는 말이다.

65 정이가 말했다. "하늘과 땅은 마음은 없으나 조화를 이뤄내고[无心而成化], 빼어난 이는 마음은 있으나 그런 조화를 이뤄내지는 못한다[有心而无爲]."

66 음은 양을 낳고 양은 음을 낳아 변화가 끝없이 이어지는 것이다.

고 하며, 법칙[法][67]을 드러내는 것[效法=呈法]을 곤(坤)이라고 한다.

헤아림[數=推]을 지극히 해 앞으로 다가올 것을 알아내는 것[知來]을 점(占)이라고 하고, 달라짐을 통하게 하는 것[通變]을 일[事]이라고 한다.[68]

음이었다가 양이었다가 하는 것[陰陽]은 (두 가지가 계속 달라지고 바뀌고 있어) 정확히 잴 수가 없으니[不測], 이를 일러 신묘하다[神]라고 한다.

一陰一陽之謂道 繼之者善也 成之者性也. 仁者見之 謂之仁 知者見之 謂之知 百姓 日用而不知 故君子之道鮮矣. 顯諸仁 藏諸用 鼓萬物而不與聖人同憂 盛德 大業至矣哉. 富有之謂大業 日新之謂盛德. 生生之謂易 成象之謂乾 效法之謂坤. 極數知來之謂占 通變之謂事. 陰陽不測 之謂神.

◉

5장에 대해 주희는 다음과 같이 요약했다.

이 장은 도리의 본체와 쓰임[體用]은 음과 양에서 벗어나지 않지만, 그것이 그렇게 되는 까닭[所以然]은 일찍이 음과 양에 의지하지 않는다는 것을 말하고 있다.

음과 양으로도 풀어지지 않아 점을 친다는 말이다. 점의 문제와 관련해 공자는 『논어』「자로」편에서 두 번에 걸쳐 이렇게 말했다.

남쪽 나라 사람들이 하는 말 중에 "사람으로서 항심이 없으면 점이나 의술로도 고칠 수 없다"는 것이 있는데 참으로 좋도다.

---

67 하늘과 땅의 무궁한 변화의 실상을 비로소 볼 수 있는 것은 이 법칙을 통해서다.

68 주희가 말했다. "점은 일이 아직 결정되지 않은 것이라 양(陽)에 속하며, 일은 행하는 것이니 이미 점이 결단된 것이라 음(陰)에 속한다." 이 말은 앞서 보았던 "건은 평이함[易]으로 (일을) 주관하고[知] 곤은 간결함[簡]으로 능히 (일을) 해낸다[能]"는 말과 정확히 통한다. 따라서 '헤아림[數]을 지극히 해 앞으로 다가올 것을 알아내는 것[知來]'은 임금의 소관이고, '달라짐을 통하게 하는 것[通變]'은 신하의 소관이다.

(항심이 없는 사람은) 점칠 필요가 없다.

　여기서도 점을 칠 때의 마음가짐을 말하는데, 그것은 다름 아닌 항심(恒心), 즉 오래가는 마음이다. 우리는 일단 미래를 알아내는 것[知來]으로서의 점(占)과 확연히 구분되는 점[卜筮]을 명확하게 정리해둘 필요가 있다. 이 경계선이 불명확함으로 인해 『주역』 전반에 대한 뿌리 깊은 오해가 생겨났기 때문이다. 개인의 운명이나 점치는 점술서 정도로 비하해보는 시각이 대표적이다.

　『서경』 「주서(周書) · 홍범(洪範)」편의 (아홉 가지 중에서) 일곱 번째가 바로 복서(卜筮)와 연결된 부분이다.

　　일곱 번째 계의(稽疑)는, 복서할 사람을 가려서 세우고서야 마침내 이에 명해 점을 치게 한다[卜筮].

　주희의 제자이자 『서경』을 주석한 채침(蔡沈)은 이를 다음과 같이 풀이했다.

　　계(稽)는 깊이 살펴보는 것[考=考察]이니, 의심스러운 바가 있을 때 점을 쳐서 이를 깊이 살펴보는 것이다. 거북점[龜]을 복(卜)이라 하고 시초풀로 치는 점[蓍]을 서(筮)라고 한다. 시귀(蓍龜)는 지극히 공정하고 사심이 없으므로 하늘의 밝은 명을 이어받을 수 있다. 복서하는 자 또한 지극히 공정하고 사심이 없은 뒤에야 시초와 거북점의 뜻을 전달할 수 있는 것이다. 반드시 이러한 사람을 가려서 세운 뒤에야 복서하게 하는 것이다.

　의심스러운 바가 있다고 해서 다짜고짜 점을 치는 것은 아니다. 「홍범」편에서는 단계를 두어 설명했다.

　　너는 큰 의심이 있거든 그 계책이 너의 마음에 맞도록 하고, 이어 경사(卿士)와 부합하도록 하며, 여러 백성에게 미치도록 하고, (마지막으로) 복서(卜筮)하도록 하라. 네가 (그 계책을) 따르고 거북점이 따르고 시초점이 따르고 경사가 따르고 여러 백성이 따르면 이를 대동(大同)이라 하니, 네 몸은 강건할 것이고 자손들도 이에 길함을 만나게 될 것이다. (그런데) 네

가 따르고 거북점이 따르고 시초점이 따르지만, 경사가 거스르고[逆] 여러 백성이 거슬러_역도 길할 것이요, 경사가 따르고 거북점이 따르고 시초점이 따르지만 네가 거스르고 여러 백성이 거슬러도 길할 것이요, 여러 백성이 따르고 거북점이 따르고 시초점이 따르지만 네가 거스르고 경사가 거슬러도 길하다. (반면에) 네가 (그 계책을) 따르고 거북점이 따르지만 시초점이 거스르고 경사가 거스르고 여러 백성이 거스르면 안의 일[作內]은 길하고 밖의

일[作外]은 흉하다. 거북점과 시초점이 모두 사람과 위배될 경우 (도리를 지키면서) 가만히

있으면[用靜] 길하고 움직이면[用作] 흉하다.

공자가 『주역』을 풀이하면서 시초점은 존중하되 거북점은 언급하지 않음으로써 거북점은 사라지게 됐다고 한다. 개인의 길흉화복을 점치는 복서와 달리 나라의 일을 미리 점검해보는 이런 복서를 관점(官占)이라고 했다. 이런 정신은 『주역』에도 그대로 이어진다.

6. 「계사전」상 6장

무릇 역(易)은 넓고도 크도다[廣矣大矣]! 그 먼 것을 갖고서 말하자면 다함이 없고[不禦=無盡], 그 가까운 것을 갖고서 말하자면 고요하고 바르며[靜而正], 하늘과 땅 사이를 갖고서 말하자면 갖춰져 있지 않은 바가 없다[備=無所不有].

무릇 건(乾)은 고요할 때는 오로지하고[專=一] 움직일 때는 곧으니[直], 이 때문에 큼[大]이 생겨난다.[69] 무릇 곤(坤)은 고요할 때는 모아들이고[翕=合] 움직일 때는 열리니[闢=開], 이 때문에 넓음[廣]이 생겨난다.[70]

넓고도 큼[廣大]은 (각각) 하늘땅과 짝하고[配][71] 달라짐이 통하는 것[變通]은 사시(四時)와

---

69 '대생(大生)'을 '크게 생겨난다'로 옮겨도 된다. 이어지는 문장의 '광생(廣生)' 또한 마찬가지로 '넓게 생겨난다'고 옮겨도 된다.

70 주희가 말했다. "건과 곤에 각각 움직임과 고요함[動靜]이 있으니, 고요함은 본체[體]이고 움직임은 쓰임[用]이다." 큼은 건과, 넓음은 곤과 연결된다.

71 건괘와 곤괘를 말한다.

짝하고[72] 음과 양의 뜻은 (각각) 해와 달과 짝하고[73] 평이함과 간결함[易簡][74]의 좋음[善]은 지극한 다움[至德]과 짝한다.

夫易 廣矣大矣! 以言乎遠 則不禦 以言乎邇 則靜而正 以言乎天地之間 則備矣.
夫乾 其靜也專 其動也直 是以大生焉. 夫坤 其靜也翕 其動也闢 是以廣生矣.
廣大 配天地 變通 配四時 陰陽之義 配日月 易簡之善 配至德.

◉

여기서는 건(乾)과 곤(坤)의 의미를 염두에 두어야 한다. 건은 크게 낳고 곤은 넓게 낳는다. 이에 대해 정약용은 이렇게 풀었다.

건은 기운[氣]이고 곤은 흙 혹은 땅[土]이다. 기운은 가만히 있으면 순일(純一)하여 흩어지지 않고 기운이 활동하면 활기차게 움직이고 굽히지 않으니[不屈=直], 큼[大]이 되는 까닭이다. 흙은 가만히 있으면 뒤얽혀 서로 결합하며 흙이 동요하면 나뉘고 갈라져 둘로 열리니[開=闢], 넓음[廣=擴散]이 되는 까닭이다.

7. 「계사전」상 7장

공자가 말했다. "역(易)은 아마도 지극하다[至][75]고 해야 할 것이다. 무릇 역은 빼어난 이께서 다움을 높이고[崇德] 공업을 넓히신 것이다[廣業]. 앎은 높고 예(禮)는 낮으니, 높다는 것은 하늘을 본받은 것이고 낮다는 것은 땅의 법도다. 하늘과 땅이 자리를 베풀면[設位] 역(易)은 그 속에서 행해지니, 이뤄진 본성[成性]이 그대로 잘 보존되는 것[存存]이 바로 도리와 마땅함

---

72 사시와 짝하는 것은 12개의 벽괘(辟卦)를 말한다.

73 중부괘(中孚卦)와 소과괘(小過卦)를 말한다.

74 평이함과 간결함은 각각 진괘(震卦)와 간괘(艮卦)를 말한다.

75 이때는 두루 미치지 않는 바가 없다는 뜻이다.

의 문[道義之門]이다."[76]

子曰 易 其至矣乎! 夫易 聖人所以崇德而廣業也. 知崇禮卑 崇效天 卑地法 天地
자왈 역 기지의호 부역 성인 소이 숭덕 이 광업 야   지숭 예비 숭 효천 비 지법 천지
設位 而易行乎其中矣 成性存存 道義之門.
설위 이 역 행호 기중의 성성 존존 도의 지 문

⦿

앎은 높고 예는 낮다고 한 것에 대해 주희는 "이치를 궁구하면 앎의 높음이 하늘과
같아 다움이 높아지고, 이치를 따르면 예로써 낮춤이 땅과 같아 넓어진다"고 풀이했다.

공자는 『논어』 「안연」편에서 다움을 높이는 문제[崇德]에 대해 두 차례에 걸쳐 이
렇게 말한다. 자장(子張)이라는 제자가 물었을 때는 이렇게 답했다.

충(忠)과 신(信)을 바탕으로 하면서 마땅함[義]으로 옮겨감이 다움을 높이는 것이다.

번지(樊遲)라는 제자가 묻자 이렇게 말했다.

(공적인) 일[事]을 우선하고 (사사로운) 이득[得]을 뒤로하는 것이 다움을 높이는 것[崇德]
아니겠는가?

사사로움을 넘어 공적인 마땅함[公義]으로 나아가는 것이 바로 다움을 높이는 것
[崇德]이다. 그것은 결국 극기복례(克己復禮)와도 직접 연결된다. 이 문제는 뒤에 다시
보도록 하자. 다만 예(禮)란 공자가 『예기』에서 일을 다스리는 것[治事]이라고 했지만,

---

76 「계사전」을 포함해 십익(十翼)은 다 공자가 지은 것으로 돼 있는데, 그렇다면 여기서 '자왈(子曰)'이라고 한 것은
뒤에 누가 추가시킨 것으로 간주된다. 이하에서도 '자왈'이란 말이 등장하는데 마찬가지다. '십익'이란 경문을 돕
는 열 가지 책이라는 뜻으로, 경문의 해석을 말한다. 「단전」 상하 2편(괘사의 종합적 해설), 「상전(象傳)」 상하 2편
(64괘의 해설), 「계사전」 상하 2편(종합적인 해석, 십익의 핵심 사상), 「문언전(文言傳-건곤(乾坤) 2괘의 해석)」, 「설괘
전(괘의 능력과 형상 등의 개괄적 설명)」, 「서괘전(64괘 배열 순서의 설명)」, 「잡괘전(雜卦傳-서로 대립하는 괘의 설명)」
의 7종 10편으로 이뤄져 있다. 전국 시대와 한나라 때 유학자들의 작품으로 보는 설도 있다. 그러나 '자왈'은 관행
적 표현의 사례일 수도 있어 공자가 지은 것이 아니라고 전적으로 배척하는 설은 취하지 않는다.

여기서는 좀 더 좁혀서 예를 일의 이치[事理]로 간주하며 「계사전」의 텍스트를 읽어 가고자 한다.

    그런데 다움을 이뤄내는 것[爲德]에는 두 가지 길이 있다. 수덕(修德)과 숭덕(崇德)이 그것이다. 다움을 닦는다[修德]고 할 때는 좋지 못한 면들을 털어내거나 닦아서 없애는 것을 말하고, 다움을 높인다[崇德]고 할 때는 좋은 점들을 조금씩 쌓아가는 것[積善]을 말한다. 괘의 차원에서는 덜어내는 손괘(損卦)가 수덕(修德)이 되고 더해주는 익괘(益卦)가 숭덕(崇德)이 된다.

8. 「계사전」 상 8장

빼어난 이가 나와 천하의 심오함[賾=奧][77]을 보고서 그 모양새[形容]를 헤아려 본뜨고[擬] 그 일이나 사물의 마땅함[物宜]을 형상화했으니[象], 그래서 이를 일러 상(象)이라고 한다.

빼어난 이가 나와 천하의 움직임[動]을 보고서 그 만남과 통함[會通][78]을 잘 살펴 그것으로 일정한 사리[典禮]를 행하며 말을 달아[繫辭] 그것으로 길함과 흉함을 판단했으니, 그래서 이를 일러 효(爻)[79]라고 한다.

(그렇기 때문에 상은) 천하의 지극한 심오함[至賾]을 말하지만, 싫증 낼 수 없으며 (효는) 천하의 지극한 움직임[至動]을 말하되 어지럽힐 수가 없으니, 헤아려 본뜬 뒤에야[擬] 말하고 그것을 토의한[議] 뒤에야 움직이니 헤아려 본뜨고 토의함[擬議]으로써 그 달라짐과 바뀜[變化]을 이뤄낸다.

聖人 有以見天下之賾 而擬諸其形容 象其物宜 是故謂之象.
  성인 유 이 견 천하 지 색 이 의 저 기 형용 상 기 물 의 시고 위지 상

聖人 有以見天下之動 而觀其會通 以行其典禮 繫辭焉 以斷其吉凶 是故謂之爻.
  성인 유 이 견 천하 지 동 이 관 기 회통 이행 기 전례 계사 언 이단 기 길흉 시고 위지 효

言天下之至賾 而不可惡也 言天下之至動 而不可亂也. 擬之而後言 議之而後動
  언 천하 지 지색 이 불가 오야 언 천하 지 지동 이 불가 난야 의지 이후 언 의지 이후 동

擬議以成其變化.
  의의 이성 기 변화

---

77 주희는 이를 난잡(亂雜)으로 풀었는데, 따르지 않는다. 말 그대로 깊이 숨어 있는 이치라고 보는 게 흐름에 맞다.

78 주희가 말했다. "만남이란 이치가 모여 있어 빠트릴 수 없는 부분을 말하고, 통함은 이치가 행할 수 있어 막힘이 없는 부분을 말한다."

79 원래 효(爻)는 사귀다, 본받다, 가로 긋다, 엇걸리다, 변하다, 지우다 등의 뜻을 갖고 있다.

상(象)을 보고서 말과 글을 살펴봐 상황을 판단하고, 효(爻)의 달라짐을 보고 음미해 그것을 본받아 행한다. 이것이 우리가 『주역』을 공부해서 실제 생활에 쓰게 되는 핵심적인 부분이다.

상(象)을 풀이한 부분에 대해 정약용은 이렇게 풀었다.

(「설괘전」에서 보게 될) 감(坎)·이(離)·간(艮)·진(震)은 (그 자체로 각각) 귀·눈·손·발이 아니라 그 모양을 헤아려 본뜬 것일 뿐이다. (또) 건(乾)·곤(坤)·태(兌)·손(巽)은 (그 자체로 각각) 말·소·양·닭이 아니라 그 모양을 헤아려 본뜬 것일 뿐이다. 이것을 상(象)이라고 하니, 상(象)이란 (그 모양새나 의미가) 비슷한 것[似=像]이다.

이어서 효(爻)를 풀이한 부분에 대해 정약용은 이렇게 풀이한다.

여기서 '천하의 움직임'이란 (결국은) 괘효(卦爻)와 물상(物象)의 변동(變動)을 말한다. '만남과 통함[會通]'이란 이것과 저것이 서로 교섭하고 충돌하는 실상[情]을 말하는 것이다. '일정한 사리[典禮]'란 제사, 혼인, 연회, 전쟁 등을 (모두 포괄해서) 말하는 것인데, 이런 일정한 사리를 장차 행하고자 하면 마땅히 (그 일에 대한) 점사(占辭)가 있어야 하니 이에 효사(爻辭)를 지어 6개의 효 아래에 각각 붙여 그 일의 길흉을 판단할 수 있도록 했던 것이다. 변동하는 것이 효(爻)이니, 만약 변하지 않는 것이라면 효(爻)라고 이름하지 못한다. 한위(漢魏) 이래로 획(劃)을 효(爻)라고 오인함으로써 그 개념과 뜻이 어긋나서 꿈속에서 꿈을 풀이하는 격이니 한스럽도다!

뒷부분에서 정약용이 한탄하는 것은 앞서 잠깐 보았던 효변설이 오랫동안 제대로 이해되지 못한 것을 향한 것이다. 공자는 본격적으로 효를 어떻게 다루는지 그 방법을 소개한다.

이하에서는 실제로 『주역』에 등장하는 일곱 가지 효를 통해 상을 보고 말과 글을 살피는 문제를 짧게나마 체험해보겠다. 계속 8장이 이어지지만, 여기서는 사례 하나하나를 분리해서 좀 더 상세하게 살펴볼 것이다.

앞서 우리의 관심은 『주역』 학(學) 자체가 아니라 『주역』 풀이라고 했다. 흥미롭게도 『주역』 학(學) 자체에 관심이 더 있었던 정약용은 그 때문인지는 몰라도 바로 이 일곱 가지 구체적인 사례를 고스란히 생략하고 뛰어넘어 다음 주제로 넘어간다. 그러나 『주역』의 현실적인 풀이에 전적으로 관심을 쏟는 필자에게는 이 일곱 가지 사례가 아주 중요하다. 공자의 말을 통해 직접 『주역』의 난해한 상징 언어를 일상 언어로 '번역'할 수 있는 가능성을 보게 되기 때문이다.

아주 중요한 이 일곱 가지 사례를 살피기에 앞서 『주역』을 공부해[學易] 실제 생활에 쓴다는 것의 의미를 생각해보자. 자신의 복만 바라는 마음으로 접근할 때 과연 『주역』은 그 속살을 보여주겠는가? 필자는 그렇지 않으리라 본다. 이 책은 복서(福書)가 아니고, 또 그런 점에서 복서(卜書)도 아니다. 『주역』을 배우기에 앞서 그것을 대하는 마음가짐이 워낙 중요하기 때문에 두 가지 지침을 짚어보고 효의 사례로 넘어가자.

첫 번째 지침이다. 『서경』 「대우모(大禹謨)」편에서 순(舜)임금이 우왕(禹王)에게 제위를 물려주며 말했다.

사람의 마음이란 오직 위태위태한 반면 도리의 마음은 오직 잘 드러나지 않으니, (그 도리를 다하려면) 오직 정밀하게 살피고[惟精] 오직 한결같음을 잃지 않아[惟一] 진실로 그 적중해야 할 바를 잡도록 하여라[人心惟危 道心惟微 惟精惟一 允執厥中].

이를 약간 풀어내면, 사람의 위태롭기만 한 마음에서 벗어나 아직은 잘 드러나 있지 않은 도리의 마음[道心]을 찾아가는 것이 바로 『주역』 공부라 할 것이다.

두 번째 지침이다. 공자는 『논어』 「술이」편에서 이렇게 말했다.

세 사람이 가면 반드시 나의 스승이 있다. 그 좋은 점을 가려서 따르고, 그 좋지 못한 것을 보면 내 안에 있는 그런 모습을 고친다[三人行必有我師焉 擇其善者而從之 其不善者而改之].

좋은 점을 가려서 따르고 좋지 못한 것을 보면 나를 돌아보아 고치는 것, 이것이

『주역』 공부의 요체라 할 것이다. 좋은 점을 가려서 따르는 것이 앞서 말한 숭덕(崇德)이고, 좋지 못한 것을 보면 나를 돌아보아 고치는 것이 앞서 말한 수덕(修德), 즉 수기(修己)다. 무슨 남들은 알지 못하는 세상의 숨은 비밀인 듯이 여기는 데서 그동안 『주역』에 대한 오해가 생겨난 듯해 사족처럼 덧붙였다. 이제 마침내 우리는 역(易)의 세계에 발을 딛게 됐다. 첫 번째 효 사례로 넘어가자.

"우는 학이 그늘에 있는데 그 새끼가 화합한다. 내게 좋은 술잔이 있으니 내 그대와 함께 나누고 싶다"라고 하니 공자가 말했다. "군자가 자기 집에 머물며 그 말을 내는[出言] 바가 좋으면[善] 천 리 밖에서도 그것에 호응하는데[應] 하물며 가까이에 있는 사람[邇者=近者]임에랴. (반대로) 자기 집에 머물며 그 말을 내는 바가 좋지 못하면[不善] 천 리 밖에서도 멀어져가는데[違=遠] 하물며 가까이에 있는 사람임에랴. (다스리는 자의) 말은 (자기 한) 몸에서 나와 백성에게 가해지며. (다스리는 자의) 행동은 가까운 곳에서 시작돼 먼 곳에서 나타난다. (이처럼) 말과 행동[言行]은 군자의 중추[樞機=中樞]이니, 이런 중추가 어떻게 나타나느냐가 바로 영예와 치욕[榮辱](의 갈림)을 주관한다. 말과 행동은 군자가 하늘과 땅을 움직이는 방법이니 조심하지 않아서야 되겠는가?"

鳴鶴 在陰 其子和之 我有好爵 吾與爾靡之. 子曰 君子居其室 出其言善 則千里之
外應之 況其邇者乎! 居其室 出其言不善 則千里之外違之 況其邇者乎! 言出乎
身 加乎民 行發乎邇 見乎遠. 言行 君子之樞機 樞機之發 榮辱之主也 言行 君子之
所以動天地也 可不愼乎!

●

군자라고 했지만, 군주의 말과 행동[言行]에 관한 이야기다. 『논어』에는 말과 행동에 관한 아주 유명한 지침이 두 차례 나온다. 먼저 「학이(學而)」편이다.

군자(혹은 군주)는 일을 할 때는 주도면밀하게 하고 말은 신중하게 해야 한다[敏於事而愼於言].

이때 민(敏)은 재빠르게 하다는 뜻이 아니라 명민하게, 즉 빈틈없이 하라는 뜻이다. 다시 「이인」편에서는 순서를 뒤집어 이렇게 말한다.

군자(혹은 군주)는 말은 어눌하게 하려고 하고 행동은 주도면밀하게 하고자 해야 한다[欲訥
於言而敏於行].
어 언 이 민 어 행

이 둘을 교차시켜 읽을 경우 우리는 중요한 개념의 의미 하나를 획득한다. 행(行)의 의미다. 도덕주의에 젖은 주자학적 풀이에서는 그것을 행실이라고 옮긴다. 그러나 여기서 보듯 그것은 행사(行事), 즉 일한다는 뜻이다. 일의 중요성을 모르는 주자학자들의 공리공담은 여기서부터 갈라져나가는 것이다. 주의해주기 바란다.

효(爻)를 읽어내는 방법을 소개하는 첫 사례로 공자가 군주의 말과 행동[言行]에 관한 효를 들었다는 것은 의미심장하다. 하지만 『주역』이 다름 아닌 군주의 사리분별과 사세(事勢) 판단에 관한 이론임을 안다면 어쩌면 당연한 첫걸음이라 할 것이다. 이 점은 차차 보기로 하고 이 효에 집중해보자.

이 효는 64개 괘 중에서 61번째인 중부괘(☰) 중에서 밑에서부터 두 번째의 양효(―), 즉 구이효(九二爻)에 대해 공자가 상세하게 풀어낸 것이다. 일종의 범례(範例)를 보여준 것이다. 그런데 괘도 아니고 그중 하나인 효에 단도직입으로 들어가 이렇게 풀이를 하게 되면 다분히 신비적으로 비칠 수 있다. 당장 이런 의문이 든다. 어떻게 양효(―) 하나에 대해 학 운운하는 풀이가 있을 수 있고, 다시 공자는 그것을 이처럼 군주의 언행으로 풀어낸 것일까? 이 점이 바로 우리가 알아내고자 하는 바다. 일단 이에 대한 궁금증은 잠시 접어두고 괘와 효에 대해 조금씩 지식을 쌓아가야 할 차례다.

앞에서 우리는 "한 번은 음이었다가 한 번은 양이었다가 하는 것[一陰一陽]을 일
일음일양
러 도리[道]라고 한다"는 것을 보았다. 양(陽)이 ―, 음(陰)이 --다. 옛날에는 ―를 온줄,
도
--를 도막줄이라고 했다는데 그냥 양(효)과 음(효)이라고 하자. 그것이 왜 그런지에 대한 탐구는 다음으로 미루고 일단 우리는 여기서 출발해보자. 이를 위해 서둘러 알아둬야 할 몇 가지 『주역』의 기본 용어들이 있다. 먼저 양의(兩儀)란 음과 양을 말한다. 다음은 사상(四象)이다. 음과 양을 이중으로 겹친 것이다. 그러면 이렇게 된다.

태양(太陽, ☰), 소음(少陰, ☲), 소양(少陽, ☳), 태음(太陰, ☷)

이제마(李濟馬, 1837~1900)[80]가 제창한 사상의학(四象醫學)이 바로 사람의 체질을 이 네 가지로 나눠서 치료법을 만든 것이라고 한다. 흔히 춘하추동 사계절이 이에 해당하는 것으로 본다. 물론 이 사상도 순환하며 변화한다.

보다 중요한 것은 이 효들을 삼중으로 겹쳤을 때다. 전설에 따르면 문자가 존재하지 않던 시절 복희씨가 삼중으로 겹쳤을 때 발생하는 여덟 가지 경우를 가지고 정사를 행했다고 한다. 그 여덟 가지는 다음과 같다.

건(乾, ☰), 태(兌, ☱), 이(離, ☲), 진(震, ☳) 손(巽, ☴), 감(坎, ☵) 간(艮, ☶), 곤(坤, ☷)

건(☰)은 순양(純陽)이고 곤(☷)은 순음(純陰)이다. 그런데 역학에서는 건과 곤을 제외한 나머지 여섯 괘의 음양을 나눌 때 1양 2음인 진(☳), 감(☵), 간(☶)을 양괘, 1음 2양인 태(☱), 이(☲), 손(☴)을 음괘라고 본다. 이는 뒤에 괘나 효를 풀이할 때 그 배경에 깔리는 생각인데, 그것은 수가 적은 쪽이 주인 혹은 지배자, 많은 쪽이 손님 혹은 피지배자이기 때문이다. 동서고금을 막론하고 소수가 세력을 장악하는 것은 똑같은데, 『주역』또한 이치뿐 아니라 형세나 세력[事勢]을 중시한다는 점에서 예외가 아니다.[81]
사세

---

80 전주 이씨로 태조 이성계의 고조(高祖)인 목조(穆祖)의 2남 안원대군(安原大君)의 19대손이다. 1837년(헌종 3년) 함경남도 함흥군 주동사면 둔지리 사촌에 있는 반룡산(盤龍山) 자락 아랫마을에서 진사(進士) 이반오(李攀五)와 경주 김씨 사이에서 장남이자 서자(庶子)로 태어났다. 어려서부터 비범한 재질을 발휘해 경사자집(經史子集)뿐 아니라 의약과 복서(卜筮)에도 능통했다. 평소부터 병법을 좋아해 무인이 되기를 원하여 호를 동무(東武)라고 지었다. 『주역』을 애독해 태극설(太極說)에 의한 태양(太陽)·소양(少陽)·태음(太陰)·소음(少陰)의 사상 원리(四象原理)를 인체의 기질과 성격에 따라 사상인으로 구분했으며, 의학 분야 연구에 심혈을 기울였다. 1875년(고종 12년) 그의 나이 39세에 무과에 등용돼 다음 해에 무위별선(武衛別選) 군관(軍官)으로 입위(入衛)되었다. 1886년(고종 23년)에 진해현감겸병마절도사(鎭海縣監兼兵馬節度使)에 제수돼, 이듬해 2월 현감으로 부임해 1889년 12월에 퇴임했다. 서울로 돌아와 사상 의서 저술에 착수해 1894년 4월에 『동의수세보원(東醫壽世保元)』상하 2권을 저술했다. 1896년에 최문환의 난을 평정한 공로로 정3품인 통정대부(通政大夫) 선유위원(宣諭委員)에 제수됐다. 1898년에 모든 관직에서 물러나는데, 그는 함흥에서 1900년 가을까지 한약국(韓藥局)인 보원국(保元局)을 경영하다가 세수(歲壽) 64세가 되는 1900년(광무 4년) 9월 문인(門人)인 김영관의 집에서 생을 마감했다.

81 다만 이것은 음양을 기준으로 삼을 때의 일이고, 사상을 기준으로 삼으면 사정은 또 달라진다. 이괘와 감괘를 예로 들면, 음양을 기준으로 삼으면 이괘는 음이 되고 감괘는 양이 되지만 사상을 기준으로 삼으면 이괘가 양이 되

이처럼 3개의 획으로 된 괘 8개를 소성괘(小成卦), 다시 8괘를 겹쳐서 만든 64괘를 대성괘(大成卦)라고 부른다. 그만큼 세상사가 복잡해지면서 자연스럽게 늘어난 것으로 본다. 결국 대성괘란 2개의 소성괘가 겹쳐서 생겨난 것이다. 이때 위에 있는 소성괘를 상괘(上卦) 혹은 외괘(外卦)라고 부르고, 아래에 있는 소성괘를 하괘(下卦) 혹은 내괘(內卦)라고 부른다. 그래서 우리가 검토하게 될 중부괘(䷽)는 상괘가 손(☴), 하괘가 태(☱)인 셈이다.

여기서 우리는 8괘가 뜻하는 바를 정확히 이해하기 위해 공자가 지은 것으로 전하는 십익(十翼) 중의 하나 「설괘전」을 먼저 숙지해야 한다. 「설괘전」이란 말 그대로 괘를 풀이한 것이기 때문이다. 소성괘 8괘를 각각 정확히 이해할 때라야 대성괘 64괘로 나아갈 수 있다. 유감스럽지만 「설괘전」은 여러 번 읽어서 가능하면 외우는 것이 상책이다. 그렇지 않으면 괘의 상이나 효의 뜻을 풀어낼 수 없다.

1) 「설괘전」 1장

옛날에 빼어난 이가 역(易)을 지을 때 신명(神明)을 그윽이 도와[幽贊=幽助][82] 시초를 (써서 점치는 방법을 고안해)내었는데[生蓍][83], 삼(三)을 하늘의 수[天=天數]로 삼고 이(二)를 땅의 수 [地=地數]로 삼아 수(數)에 의탁했다[倚數].[84]

음과 양에서 달라짐을 잘 살펴보아[觀變] 괘(卦)를 세우고[85] 굳셈과 부드러움[剛柔]을 떨치고

고 감괘가 음이 된다.

82 8괘는 복희씨가 만들었다고 한다. 이는 천지의 화육(化育)을 돕는다는 뜻으로, 수리 사업을 하거나 관개를 하고 불을 이용해 따뜻하게 하는 등의 일을 뜻한다. 예를 들면 중국 고대 전설에서 복희씨는 사람들에게 물고기 잡는 법을 전수해주었고 신농씨는 농사법을 전해주었다는 등의 일을 말한다.

83 시초(蓍草)란 점을 치는 데 쓰는 풀을 말한다. 그러나 뒤에는 서죽(筮竹)을 썼다.

84 정약용이 말했다. "의(倚)는 의지하다[依], 비롯되다[因], 따르다[循=從]는 뜻이다. 1, 5, 7, 9가 바로 3이라는 수는 아니지만 3에 의탁시킨 것이고 4, 6, 8, 10도 바로 2라는 수는 아니지만 2에 의탁시킨 것이다."

85 6개 자리에 각각 음과 양을 정하게 되면 64괘 중의 한 괘가 정해진다는 말이다. 시초점의 경우 시초에 새겨진 짝수와 홀수가 각각 음과 양이다. 천수를 두 번 얻어 홀수가 많으면 음획이 되고 지수를 두 번 얻어 짝수가 많으면 양획이 되니, 이렇게 하는 것을 일러 달라짐을 살펴본다고 한 것이다. 음획과 양획이 정해져야 괘상이 정해진다는 말이다.

나타내[發揮] 효(爻)를 낳으니[86], 도리와 다움[道德]에 조화를 이뤄 고분고분하며[和順] 마땅
함에 맞게 일을 처리하고[理於義=治於誼] (하늘과 땅의) 이치를 궁구하고 그 (사람으로서의) 본
성을 다함으로써 (하늘이 내려준) 명(命)에 이른다.[87]

昔者聖人之作易也 幽贊於神明而生蓍 參天兩地而倚數.
석자 성인 지 작역 야 유찬 어 신명 이 생시 삼천 양지 이 의수

觀變於陰陽而立卦 發揮於剛柔而生爻 和順於道德而理於義 窮理盡性 以致於命.
관변 어 음양 이 입괘 발휘 어 강유 이 생효 화순 어 도덕 이 이어 의 궁리 진성 이치 어명

◉

첫 문장은 점을 치는데 필요한 수의 원리를 제시한 내용이다. 이에 대해서는 여러
해석이 존재하는데 점[卜筮]에 비중을 두지 않는 필자로서는 잘 알 수도 없고 주희나
정약용도 그저 대략 추정해볼 뿐이라고 말한 점을 볼 때 크게 관심을 갖고 파고들 사
항은 아니라고 본다. 다만 정약용이 이를 풀이한 부분은 참고로 삼을 만하다.

천수도 다섯 가지이고(1, 3, 5, 7, 9) 지수도 다섯 가지인데(2, 4, 6, 8, 10), 시초(蓍草)를 헤아려
천수를 얻은 경우는 비록 1, 5, 7, 9라고 해도 모두 3을 적용하며 지수를 얻은 경우에는 4,
6, 8, 10이라고 해도 모두 2를 적용하니 이를 "삼(三)을 하늘의 수[天=天數]로 삼고 이(二)를
땅의 수[地=地數]로 삼아"라고 한 것이다.[88] 이렇게 하는 것은 무슨 까닭인가? 음획(--)은
그 가운데가 단절돼 양획(—)을 얻은 것이므로 그 수를 설정함을 이와 같이 했다는 것이다.

예를 들어 옛날에 시초로 점을 칠 때 세 번 뽑아서 하나의 획을 얻었는데, 이때 만
일 하나의 천수와 2개의 지수를 얻었다면 소양(少陽)인 7이 된다. 하나의 천수 3과 2개
의 지수 2를 모두 합치면 7이 되기 때문이다. 세 번 모두 지수를 뽑으면 6이 되는데 이는
노음(老陰)이고, 모두 천수를 뽑으면 9가 되는데 이는 노양(老陽)이다. 정약용은 "하늘과

---

86 굳셈과 부드러움이 어떻게 발휘되느냐에 따라 한 괘 안에서 각각의 여섯 효가 이뤄진다는 말이다.

87 사리(事理)와 사세(事勢)로 『주역』을 이해하려는 입장은 공자의 이 말에 근거를 둔 것이기도 하다. 도리와 다움이
    란 일의 이치, 곧 사리이며 명(命)이란 곧 일의 형세, 즉 사세이기 때문이다.

88 이때 2나 3은 그대로 2와 3이다.

땅 사이에 음과 양은 그 하나가 (어느 한순간이라도) 없을 수 없다. 따라서 순양(純陽)이면 곧 달라져[變] 음이 되고 순음(純陰)이면 곧 달라져 양이 된다"라고 했다. 즉 노음(6)은 달라져 소양(少陽)이 되고 노양(9)은 달라져 소음(少陰)이 된다는 말이다.

이 문단에 대한 여러 해설과 해석이 있지만 대체로 정약용의 이 풀이가 합리적인 듯해 이 정도만 짚고서 다음 주제로 넘어간간다.

2) 「설괘전」 2장

옛날에 빼어난 이가 역(易)을 지은 것은 장차 (사람으로서의) 본성과 (하늘이 내려준) 명[性命]의 이치[理]를 고분고분 따르기 위해서였다.[89] 이 때문에 하늘의 도리를 세워서 말하기를 음이 되고 양이 되는 것[陰陽]이라고 했고, 땅의 도리를 세워서 말하기를 부드러움과 군셈[柔剛]이라고 했으며[90], 사람의 도리를 세워서 말하기를 어짊과 마땅함[仁義]이라고 했다.[91] 삼재(三才—하늘·땅·사람)[92]를 겹쳐[兼=重] 그것을 두 번 했기에[兩之] 그래서 역(易)은 획을 여섯 번 그어 괘를 이루었고[成卦][93], 음으로 나뉘고 양으로 나뉘며[分陰分陽] 번갈아가면서[迭] 군셈과 부드러움을 쓰니 그래서 역(易)은 여섯 자리에 각각 문채로움을 이루었다[成章=成文].[94]

昔者聖人之作易也 將以順性命之理 是以立天之道曰陰與陽 立地之道曰柔與
剛 立人之道曰仁與義. 兼三才而兩之 故易 六畫而成卦 分陰分陽 迭用柔剛 故易
六位而成章.

---

89 「설괘전」 1장의 뒷부분에서 이어진다. 『주역』을 배워야 하는 까닭을 말한 것이다.

90 땅은 군셈이고 바다는 부드러움이다.

91 어짊은 양의 다움[陽德]이고 마땅함은 음의 다움[陰德]이다. 결국 음양은 기운으로써 말한 것이고 부드러움과 군셈은 그 받은 성질로 말한 것이고 어짊과 마땅함은 다움으로써 말한 것이다.

92 소성괘에서는 효가 3개만 있는데, 이때 맨 아래[初爻]가 땅[地位], 가운데[中爻]가 사람[人位], 맨 위[上爻]가 하늘[天位]이다. 그런데 소성괘는 하늘·땅·사람이 각각 고립돼 있어 변화(變化), 즉 역(易)을 일으키지 못하는 것으로 본다. 그래서 이 둘을 겹치게 된다.

93 대성괘에서는 아래의 두 효를 지위(地位)라 하고 가운데 두 효를 인위(人位)라 하며 위의 두 효를 천위(天位)라 한다. 또 초구(初九)는 땅의 양위(陽位)인 강덕(剛德)을 의미하고 구이(九二)는 땅의 음위(陰位)인 유덕(柔德)을 의미하며, 구삼(九三)은 사람의 양위인 의덕(義德)을 의미하고 구사(九四)는 사람의 음위인 인덕(仁德)을 의미하며, 구오(九五)는 하늘의 양위인 양덕(陽德)을 의미하고 상구(上九)는 하늘의 음위인 음덕(陰德)을 의미한다. 이로써 땅과 사람과 하늘에도 각각 음양이 조화해서 변화를 일으키게 된다.

94 한 괘의 경우 6개의 자리 각각에 다시 군셈과 부드러움이 음과 양의 교대 속에서 드러났다는 말이다.

3) 「설괘전」 3장

하늘과 땅[天地]이 자리를 정하게 되자[95] 산과 연못[山澤]이 기운을 통하며[通氣][96] 우레와 바람[雷風]이 서로 압박하고[薄=迫][97] 물과 불[水火]이 서로 꺼리지[相射=相害][98] 않아 8괘가 서로 섞인다[相錯].[99]

지나간 일[往者]을 헤아리는 것[數]은 고분고분함[順]이요 다가올 일[來者]을 아는 것은 거스름이자 맞이함[逆=迎]이니, 이 때문에 역(易)은 (미래를 향해) 거슬러 헤아리는 것[逆數]이다.[100]

---

95 하늘의 양의 기운을 받아서 땅의 음의 기운이 만물의 화육(化育)을 이뤄낸다는 말이다.

96 산은 높이 솟아 있고 못은 낮은 곳에서 물을 모아두고 있다. 못의 물은 증발해 비가 돼 산의 초목을 적셔주고, 산 속의 물은 흘러서 못으로 간다. 백두산이나 한라산처럼 산 위에 연못이 있을 수도 있고, 중국 동정호(洞庭湖) 가운데는 군산(君山)이라는 산이 있다.

97 압박한다는 것은 서로 가까워진다는 말이다. 우레는 바람을 돕고 바람은 우레를 도와 만물을 격동시켜 성하게 만든다.

98 물과 불은 상극(相剋)도 되지만 상생(相生)도 된다. 여기서는 서로 꺼리지 않는다고 했으니 서로 도와 만물의 화육을 돕는다는 말이다.

99 주희는 소옹(邵雍=소강절(邵康節))의 말을 인용해 이 구절 전체의 의미를 이렇게 풀어낸다. 괘 하나하나의 의미를 확정한다는 점에서 대단히 중요하다. "이는 복희(伏羲) 8괘(八卦)의 자리다. 건(乾-하늘)은 남쪽, 곤(坤-땅)은 북쪽이고 이(離-불)는 동쪽, 감(坎-물)은 서쪽이다. 태(兌-못)는 동남쪽이고 진(震-우레)은 동북쪽이며 손(巽-바람)은 서남쪽이고 간(艮-산)은 서북쪽이다. 이에 8괘가 서로 교차해 64괘를 이루었으니 이것이 이른바 선천(先天)의 학(學)이다." 이에 대해 남동원(南東園)은 이렇게 보충 설명을 달았다. "「설괘전」에는 선천도설(先天圖說)과 후천도설(後天圖說)의 두 도설이 있다. 8괘선천도는 복희씨의 저작이라 하고 8괘후천도는 (주나라) 문왕의 저작이라 한다. 3장과 4장에서는 복희선천도를, 5장은 문왕후천도를 각기 설명하고 있다. 선천도는 천지창조 이전부터 구비돼 있는 자연의 이법에 따라서 천지가 창조될 때에 자연적으로 결정된 순서 그대로를 배열한 것이며, 후천도는 천지 만물이 생성한 후에 그 변화 운행하는 이법에 따라서 배열의 순서를 정한 것이라 한다." 우리는 앞에서 건(乾, ☰), 태(兌, ☱), 이(離, ☲), 진(震, ☳) 손(巽, ☴), 감(坎, ☵) 간(艮, ☶), 곤(坤, ☷)을 순서대로 살펴본 바 있다. 이를 8괘횡도(八卦橫圖) 혹은 선천횡도(先天橫道)라고 하는데 각각의 의미를 담아 이렇게 부르기도 한다. 외워두면 괘의 전반적 의미를 풀어낼 때 큰 도움이 된다. 일건천(一乾天), 이태택(二兌澤), 삼리화(三離火), 사진뢰(四震雷), 오손풍(五巽風), 육감수(六坎水), 칠간산(七艮山), 팔곤지(八坤地)가 그것이다. 이를 원형으로 배열한 것을 8괘원도(八卦圓圖)라고 한다. 후천도는 뒤에 다시 나온다.

100 지나간 일을 헤아려 거기에 담긴 마땅함[義]을 찾아내는 것이 공자가 지은 『춘추(春秋)』라면 아직 오지 않은 일을 이치에 기반해 알아내는 것이 역(易)이라는 말이다. 『논어』 「위정」편을 음미해보자. "자장(子張)이 '10왕조 이후의 일도 알 수 있습니까?'라고 묻자 공자가 말했다. '은나라는 하나라의 예(禮)를 이어받았으니 은나라에 들어와 사라진 것과 새롭게 생겨난 것을 하나라와 비교해보면 얼마든지 알 수 있고, 주나라는 은나라의 예를 이어받았으니 주나라에 들어와 사라진 것과 새롭게 생겨난 것을 은나라와 비교해보면 얼마든지 알 수 있으니, 혹시라도 주나라를 계승하는 자가 있다면 비록 100왕조 뒤의 일이라도 그 모습을 알 수 있을 것이다.'"

天地定位 山澤通氣 雷風相薄 水火不相射 八卦相錯.
천지 정위 산택 통기 뇌풍 상박 수화 불상석 팔괘 상착

數往者順 知來者逆 是故 易逆數也.
수 왕자 순 지 내자 역 시고 역 역수 야

4) 「설괘전」 4장

우레[雷=震, ==]로 움직이게 하고[動之], 바람[風=巽, ==]으로 흩어지게 하고[散之], 비[雨=水=
뇌 진   동지   풍 손   산지   우 수

坎, ==]로 윤택하게 하고[潤之], 해[日=火=離, ==]로 따뜻하게 하고[烜之], 산[山=艮, ==]으로 오
감   윤지   일 화 이   훤지   산 간

래 머물게 하고[止之], 연못[澤=兌, ==]으로 기쁘게 하고[說之=悅之], 하늘[天=乾, ==]로 임금
지지   택 태   열지 열지   천 건

노릇을 하고[君之], 땅[地=坤, ==]으로 간직한다[藏之].
군지   지 곤   장지

雷以動之 風以散之 雨以潤之 日以烜之 艮以止之 兌以說之 乾以君之 坤以藏之.
뇌이 동지 풍이 산지 우이 윤지 일이 훤지 간이 지지 태이 열지 건이 군지 곤이 장지

●

이는 8괘의 성격[德]을 말한다. 즉 8괘가 각각 만물의 화육을 돕는 효능을 말한 것
덕
이다. 우레는 움직임을 시작하게 한다[始動]. 바람은 흩어지게 하면서 동시에 어딘가
시동
로 들어간다[入]. 비는 적셔주기도 하지만[潤之] 험한 곳에 빠지게도 한다[陷]. 해는
입   윤지   함
따뜻하게도 해주지만 빛나게도 해준다[光]. 그래서 번개는 여기에 속한다. 산은 여러
광
특성이 있지만 8괘에서는 그 자리에 그대로 머물러 있음[久止]의 뜻을 취했다. 그래서
구지
간(艮)이 그치게 해준다[止之]는 것은 곧 막거나 중단시킨다는 뜻이 아니라 오래 머물
지지
게 한다[久止]는 뜻이다. 『대학』의 삼강령(三綱領) 중 하나가 지어지선(止於至善)이다.
구지
이때의 지(止)는 '그친다'가 아니라 지극히 좋은 마음을 '오래 간직한다'는 뜻이다. 즉
자식이 효도에 오래 머물러야 하듯이 신하는 경(敬)에 오래 머물러야 한다는 말이다.
『논어』에서 산(山)을 인(仁)과, 물을 지(知)와 연결시키는 것도 그 때문이다. 「옹야(雍
也)」편에서 공자가 말했다.

(어진 사람을 알아볼 줄) 아는 사람은 물을 좋아하고 어진 사람은 산을 좋아한다. (어진 사람
을 알아볼 줄) 아는 사람은 움직이고 어진 사람은 맑고 고요하다. (어진 사람을 알아볼 줄) 아
는 사람은 즐거워할 줄 알고 어진 사람은 오래간다[知者樂水 仁者樂山 知者動 仁者靜 知者
지자 요수 인자 요산 지자 동 인자 정 지자
樂 仁者壽].
락 인자 수

오래감[止=恒=壽=長]이 어짊[仁]의 핵심임을 공자는 「이인」편에서 이렇게 말했다.

어질지 못한 사람은 (인이나 예를 통해 자신을) 다잡는 데[約] (잠시 처해 있을 수는 있어도) 오랫동안[久] 처해 있을 수 없고 좋은 것을 즐기는 데도 (조금 지나면 극단으로 흘러) 오랫동안[長] 처해 있을 수 없다.

정약용은 여기에 제시된 8괘의 성격에만 한정해서 생각하지 말고 미뤄 헤아려야 함[推]의 중요성을 이렇게 말했다.

건(乾)을 군주로 삼았다면 (그와 짝을 이루는) 곤(坤)은 신하의 도리가 된다는 것을 알 수 있다. (또) 이(離)가 해[日]가 되니 감(坎)에는 달[月]의 상(象)이 있다는 것을 알 수 있다. 간(艮)이 머물러 있음[止]이라면 진(震)은 길을 가는 것[行]이 되고, 곤(坤)이 간직함[藏]이라면 건(乾)은 베푸는 것[施]이 되며, 감(坎)이 적셔줌[潤=濕潤]이라면 이(離)는 건조하게 말려줌[燥]이 된다.

물론 그렇다고 마구 미뤄 헤아려서는 안 되겠지만 역(易)의 사고방식을 익혀가다 보면 이 같은 미뤄 헤아리는 힘[推力]도 함께 늘어감을 즐겁게 깨닫게 될 것이다.

5) 「설괘전」 5장[101]

제(帝)[102]는 진(震-우레)에서 나오고[出] 손(巽-바람)에서 가지런히 하고[齊] 이(離-불)에서 서로 만나보고[相見] 곤(坤-땅)에서 힘써 일을 이뤄내고[致役] 태(兌-못)에서 기쁘게 말하고[說言][103] 건(乾-하늘)에서 두려워하고[戰=戰戰] 감(坎-물)에서 노고를 위로하고(혹은 노고에 대

---

101 천지 만물이 생성한 후에 그 변화 운행하는 이치와 법도에 따라 배열의 순서를 정한 것이라고 한다. 각각의 기능을 방위와 연관지어 설명한다는 점에서 주목해둘 필요가 있다. 총론 부분과 각론 부분을 나눠 풀어보았다.

102 이때의 제(帝)는 하늘의 상제(上帝)가 천지 만물을 주재하는 것을 말한다.

103 풀이에 따라 언(言)을 허자(虛字)로 보아 풀이하지 않고 "태(兌)에서 기뻐하고"로 보기도 한다. 이 점은 뒤에 나오는 간(艮)도 마찬가지여서 "간(艮)에서 이뤄낸다"라고 옮기기도 한다. 여기서는 언(言)을 살려서 옮겼다. 크게 문제가 없기 때문이다.

한 위로를 받고[勞] 간(艮-산)에서 말(한 것)을 이뤄낸다[成言].

帝出乎震 齊乎巽 相見乎離 致役乎坤 說言乎兌 戰乎乾 勞乎坎 成言乎艮.
제 출호 진 제호 손 상견 호 이 치역 호 곤 열언 호 태 전호 건 노호 감 성언 호 간

◉

정약용은 이를 다음과 같이 정밀하게 풀어냈다. 이를 통해 우리는 『주역』의 용어에 친숙해질 수 있다.

'진(震-우레)에서 나오고[出]'라는 것은 하늘이 만물을 낳음에 있어 반드시 우레의 성질[震德]을 통해 그것들을 나오게 해주는 것을 말한다. 동쪽은 (사덕(四德-인의예지)에서) 인(仁)에 해당하며 (만물이 소생하는) 봄에 해당한다. (진(震)·이(離)·태(兌)·감(坎)의) 4정괘(四正卦-동서남북 정방위의 괘)는 그 다움[德]이 곧 원(元-으뜸)·형(亨-형통)·이(利-이로움)·정(貞-반듯함)이다. (진(震)은 으뜸으로) '어짊을 체화해 충분히 남을 기를 수 있음[體仁足以長人]'[104]이니 '처음 나옴[始出]'이 되는 것이다. (이(離)는 형통으로) '아름답게 모여 사리[事理=禮]에 합치할 수 있음[嘉會足以合禮]'이니 '서로 만나봄[相見]'이 되는 것이다. 사리란 서로 만나는 데서 생겨난다. (태(兌)는 이로움으로) '만물을 이롭게 해 마땅함을 조화시킬 수 있음[利物足以和義]'이니 '기쁘게 말함[說言]'이 되는 것이다. 기쁨이란 조화로움이 지극한 것이다. (감(坎)은 반듯함으로) '반듯하고 견고해 일을 주간(主幹)할 수 있음[貞固足以幹事]'이니 그래서 노고(勞苦)와 그에 대한 위로(慰勞)를 뜻하는 괘(卦)가 된다. 일에 종사하다 보면 수고로움이 있고 그래서 위로를 받게 되는 것이다.

이어서 총론을 상세하게 풀이하는 각론이다.[105]

만물은 진(震-우레)에서 나오는데 진은 동쪽[東方]이다.

---

104 장인(長人)을 장자(長者)와 같은 것으로 보아 다움을 갖춘 사람[有德者]으로 풀어도 무방하다.

105 정약용은 총론은 원래부터 있던 고문(古文)이고 각론은 공자가 풀이한 것으로 보았다.

손(巽-바람)에서 가지런해지는데[齊] 손은 동남쪽[東南]이다. 가지런히 한다[齊也]라고 하는 것은 곧 만물을 깨끗이 해 가지런히 하는 것을 말한다.

이(離-불)란 밝히는 것 혹은 밝음[明]이니 만물이 다 서로 만나보는 것이고 남쪽[南方]의 괘(卦)다. 빼어난 이가 임금이 돼[南面][106] 천하(의 일)를 들어[聽=聽斷=治][107] 밝은 곳을 향해 다스린다는 것[108]은 (그 밝음의 뜻을) 대개[蓋] 여기서 취한 것일 것이다.

곤(坤)이라고 하는 것은 땅[地]이니 만물이 모두 길러지는 것[致養]이다. 그래서 곤(坤-땅)에서 힘써 일을 이뤄낸다[致役]라고 한 것이다.

태(兌-못)는 바로 가을[秋]이니 만물이 기뻐하는 바[所說]다. 그래서 태(兌-못)에서 기쁘게 말한다[說言]라고 한 것이다.

건(乾-하늘)에서 두려워한다[戰]라는 것은 건(乾)이란 서북쪽의 괘이니 음과 양이 서로 압박하는 것[相薄]을 말한 것이다.

감(坎)이란 물[水]이니 바로 북쪽의 괘다. 위로하는(혹은 위로받는) 괘[勞卦]이니 만물이 그곳으로 돌아가는 바[所歸]다. 그래서 감(坎-물)에서 위로한다[勞]라고 한 것이다.[109]

간(艮-산)은 동북쪽의 괘이니 만물이 끝마침을 이루고[成終] 또한 처음을 이루는[成始] 바다. 그래서 간(艮-산)에서 말을 이뤄낸다[成言]라고 한 것이다.

萬物出乎震 震東方也.
만물 출호 진 진 동방 야

齊乎巽 巽東南也. 齊也者 言萬物之潔齊也.
제호 손 손 동남 야 제 야자 언 만물 지 결제 야

離也者 明也 萬物皆相見 南方之卦也. 聖人 南面而聽天下 嚮明而治 蓋取諸此也.
이 야자 명야 만물 개 상견 남방 지 패 야 성인 남면 이 청천하 향명 이 치 개 취 저 차야

坤也者 地也 萬物 皆致養焉. 故曰致役乎坤.
곤 야자 지 야 만물 개 치양 언 고왈 치역 호곤

兌 正秋也 萬物之所說也. 故曰說言乎兌.
태 정추 야 만물 지 소열 야 고왈 열언 호 태

戰乎乾 乾西北之卦也 言陰陽相薄也.
전호 건 건 서북 지 패 야 언 음양 상박 야

坎者 水也 正北方之卦也. 勞卦也 萬物之所歸也. 故曰勞乎坎.
감 자 수 야 정북방 지 패 야 노패 야 만물 지 소귀 야 고왈 노호 감

艮 東北之卦也 萬物之所成終而所成始也. 故曰成言乎艮.
간 동북 지 패 야 만물 지 소성종 이 소성시 야 고왈 성언 호 간

---

106 남면(南面)은 임금이 돼 다스린다는 뜻이고 북면(北面)은 누구의 신하가 된다는 뜻이다.

107 천하의 일을 듣는다는 것은 잘 다스린다는 말이다.

108 공명정대하게 다스린다는 말이다.

109 노고를 다하고 돌아가 쉰다는 뜻이다.

"만물은 진(震-우레)에서 나오는데 진은 동쪽[東方]이다"는 총론에 있는 "제(帝)는 진(震-우레)에서 나오고[出]"를 공자가 풀이한 것이다. 그래서 진(震)은 만물의 처음을 시작하게 해주고 간(艮)은 만물을 잘 끝마치고 다시 새롭게 시작할 수 있게 해준다.

"손(巽-바람)에서 가지런해지는데[齊]"라는 것은 곧 재계(齋戒)하는 것이니 마음을 깨끗이 하는 것[潔齊]이다. 정약용은 "제(齊)는 정리한다[整]거나 한결같다[壹=一]는 뜻도 있다"라고 했다.

총론에서는 "이(離-불)에서 서로 만나보고[相見]"라고 했는데 공자는 이를 "이(離-불)란 밝히는 것 혹은 밝음[明]이니 만물이 다 서로 만나보는 것"이라고 했고 다시 정약용은 이를 풀어 "이(離)는 다스림[治]"이라고 했다. '다스린다'는 말은 천하를 다스린다고 할 때의 정치뿐 아니라 일을 잘 수행한다[治事]는 의미도 있고, 질병을 치료한다[治疾]고 할 때도 다스린다고 한다. 그 반대는 구덩이나 함정을 뜻하는 감(坎)으로, '어지럽다[亂]'는 뜻이 된다. 정약용은 또 "이(離)는 얼굴[面]이 되니 남면(南面)한다는 뜻이 되는 것이다"라고 했다.

총론에서는 "곤(坤-땅)에서 힘써 일을 이뤄내고[致役]"라고 했는데 공자는 이를 "곤(坤)이라고 하는 것은 땅[地]이니 만물이 모두 길러지는 것[致養]이다. 그래서 곤(坤-땅)에서 일을 이뤄낸다[致役]라고 한 것"이라고 상세하게 풀어냈다.

"태(兌-못)는 바로 가을[秋]이니 만물이 기뻐하는 바[所說]"라는 것은 총론에서 "태(兌-못)에서 기쁘게 말하고[說言]"라고 한 것을 풀어낸 것이다. 괘의 의미를 추출함에 있어 계절이 갖는 뜻도 중요한 역할을 한다.

총론에서 "건(乾-하늘)에서 두려워하고[戰=戰戰]"라고 했는데 이번에는 그 의미를 방위에서 찾아내 "건(乾)이란 서북쪽의 괘이니 음과 양이 서로 압박하는 것[相薄]을 말한 것"이라고 했다. 서북은 음과 양이 맞붙는 방위다. 여기서 박(薄)은 그 밖에도 맞붙다, 깔보다, 싫어하다 등의 뜻이 있는데, 상박(相薄)이라 함은 이 모든 뜻을 포함한다.

총론에서 "감(坎-물)에서 노고를 위로하고(혹은 노고에 대한 위로를 받고)[勞]"라고 한 것을 공자는 "만물이 그곳으로 돌아가는 바[所歸]다. 그래서 감(坎-물)에서 위로한다[勞]라고 한 것"이라고 풀었다. 죽어서 돌아간다는 뜻도 있다.

끝으로 "간(艮-산)은 동북쪽의 괘이니 만물이 끝마침을 이루고[成終] 또한 처음을
이루는[成始] 바다. 그래서 간(艮-산)에서 말을 이뤄낸다[成言]라고 한 것이다"라고 한
것은 총론의 "간(艮-산)에서 말(한 것)을 이뤄낸다[成言]"를 풀어낸 것이다. 말은 지키
는 것이 핵심이다. 말로 하는 약속과 맹세가 지켜지지 않는다면 그 후는 더 볼 것이 없
다. 공자는 특히 말을 실천으로 옮기지 못하는 것이 곧 부끄러움[恥]이라고 여겼는데,
관련 구절 몇 개를 『논어』에서 가져와 본다. 모두 공자의 말이다.

옛날에 훌륭한 사람들이 말을 함부로 하지 않았던 것은 몸소 그 말을 실천하지 못하게 되
는 것을 부끄러워해서였다.(「이인」편)

교언영색을 너무 지나치게 하는 과공(過恭)을 옛날 좌구명이 부끄러워했는데[恥], 나도 그
것을 부끄러워한다.(「공야장(公冶長)」편)

그 말하는 바를 부끄러워[怍=恥] 할 줄 모른다면 그것을 실천하는 것은 어렵다.(「헌문」편)

군자는 (실천은 고려하지 않고서) 큰소리치는 것을 부끄러워하고, 행실을 말보다 조금 더 나
아가도록 처신한다.(「헌문」편)

이 장을 정리하는 정약용의 말이다.

진(震)에서 시작하고 간(艮)에서 마치는 것은 역(易)의 큰 원칙[大經]이자 큰 뜻[大義]이다.
복괘(復卦)에서 양효 하나가 처음 생겨나니 건괘가 이를 자신의 근원으로 삼고, 박괘(剝卦)
에서 양효 하나가 종말을 이루니 곤괘가 이를 자신의 문으로 삼는다.

「설괘전」에 나오는 방위를 정리하면 다음과 같이 된다.
방위에 따른 8괘의 이 같은 배치가 문왕 때 확정되었다고 해서 이 그림은 「문왕팔
괘도(文王八卦圖)」 혹은 「후천팔괘도(後天八卦圖)」로 불리기도 한다. 그런데 건괘와
곤괘가 정방(正方)이 아니라 간방(間方-모퉁이)이라 하여 문제를 제기했던 역학자들이

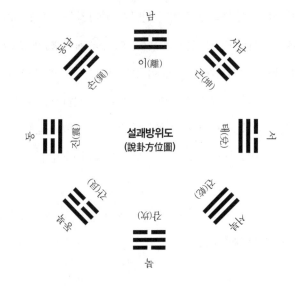

설괘방위도
(說卦方位圖)

종종 있었다. 이는 건괘와 곤괘가 갖는 중요성을 감안한 문제 제기로 보이는데, 그러나 정약용은 "8괘가 물상을 취하는 것은 본래 그런 품위 등에 구애됨이 없어서 말이 되든 소가 되든 천박하다고 여기지 않는다"라고 말했다. 우리도 일단 정약용의 관점을 수용한다.

계절로 보자면 진(震)은 봄, 이(離)는 여름, 태(兌)는 가을, 감(坎)은 겨울이다.

6) 「설괘전」 6장

신(神)이란 만물에 신묘하게 작동함[妙]을 일러서 하는 말이다.[110] 만물을 움직이게 하는 것[動] 중에 우레[雷]보다 빠른 것[疾=速=迅]은 없고, 만물을 어지러이 흔들어놓는 것[撓=攪亂] 중에 바람[風]보다 빠른 것[疾]은 없고, 만물을 말리는 것[燥=烜] 중에 불[火]보다 잘 마르게 하는 것[熯]은 없고, 만물을 기쁘게 하는 것[說] 중에 못[澤]보다 더 기쁘게 하는 것은 없고, 만물을 적셔 윤택하게 해주는 것[潤] 중에 물보다 더 잘 적셔 윤택하게 해주는 것은 없고, 만물을 마치게 하고[終] 만물을 시작하게 해주는 것[始] 중에 산[艮]보다 더 성대한 것[盛]은 없다. 그렇기 때문에 물과 불이 서로 닿고[相逮=相及] 우레와 바람이 서로 어그러지지 않으며

---

110 작용 방식을 말하는 것이지 어떤 실체를 가리켜 말하는 것이 아니라는 뜻이다.

[不相悖] 산과 못이 기운을 통한 다음에야 능히 달라지고 바뀌어[變化] 이미[旣][111] 만물을 다 이뤄낸다.

神也者 妙萬物而爲言者也. 動萬物者莫疾乎雷 撓萬物者莫疾乎風 燥萬物者莫 熯乎火 說萬物者莫說乎澤 潤萬物者莫潤乎水 終萬物始萬物者莫盛乎艮 故水火 相逮 雷風不相悖 山澤通氣 然後能變化 旣成萬物也.
신 야 자　묘 만 물 이 위 언 자 야.　동 만 물 자 막 질 호 뇌　요 만 물 자 막 질 호 풍　조 만 물 자 막 한 호 화　열 만 물 자 막 열 호 택　윤 만 물 자 막 윤 호 수　종 만 물 시 만 물 자 막 성 호 간　고 수 화 상 체　뇌 풍 불 상 패　산 택 통 기　연 후 능 변 화　기 성 만 물 야.

◉

　여기서는 건괘와 곤괘를 제외한 나머지 6괘의 신묘함[妙]을 말하고 있다. 이 여섯 가지 자식의 다움[六子之德]은 부모라고 할 수 있는 건괘와 곤괘로부터 받은 것이다. 건과 괘는 천지 만물을 정해주는 것이고, 이들 여섯 자식이 서로 교차하고 움직여야 비로소 만물이 이뤄진다. 마지막 문장은 이를 말한 것이다.

7) 「설괘전」 7장

건(乾)은 튼튼하다[健].[112] 곤(坤)은 고분고분하다[順].[113] 진(震)은 움직인다[動].[114] 손(巽)은 들어간다[入].[115] 감(坎)은 (구덩이나 함정에) 빠진다[陷].[116] 이(離)는 붙거나 걸린다[麗].[117] 간(艮)은 오래 머문다[止].[118] 태(兌)는 기뻐한다[說].[119]

---

111 다 이뤄졌음을 강조하는 상투적인 부사다.

112 건(☰)은 세 효가 모두 양효[純陽]로 하늘을 상징하며 하늘과도 같이 강건해 조금도 쉬지 않는다[不息].

113 곤(☷)은 세 효가 모두 음효[純陰]로 땅을 상징하며 초지일관 건괘의 명을 따른다.

114 진(☳)은 맨 아래의 양효가 위로 올라가려고 하는 모양으로 왕성한 움직임을 보이고 있다.

115 손(☴)은 2양 아래에 1음이 들어가 있는 모양이다. 바람은 틈만 있으면 들어간다. 그래서 손괘의 성질은 들어가는 것이다.

116 감(☵)은 2음 사이에 1양이 들어가 있는 모양이라 양이 음에 빠진 것으로 풀이한다.

117 이(☲)는 어디에 붙거나 걸려 있는 모양이다. 이 경우는 2양 사이에 1음이 붙어 있다고 풀이한다. 불은 나무나 기름에 붙어야 활동할 수 있지 혼자서는 아무것도 못 한다.

118 간(☶)은 2음 위에 1양이 머물러 있는 모양이다. 양이 올라가다가 더 갈 데가 없어 거기서 멈추고 머물러 있는 것이다.

119 태(☱)는 2양 위에 1음이 올라앉은 모양이다. 이를 소녀가 두 장부 위에 올라타서 기뻐한다고 풀이한다. 열(說)은 열(悅)이다.

乾健也. 坤順也. 震動也. 巽入也. 坎陷也. 離麗也. 艮止也. 兌說也.
건 건야 곤 순야 진 동야 손 입야 감 함야 이 이야 간 지야 태 열야

◉

　　여기서는 8괘의 성질[性情]을 말했다. 참고로 괘의 성질과 관련해 추가하자면, 「잡
괘전」에서 "건(乾)은 굳세고[剛] 곤(坤)은 부드러우며[柔], 진(震)은 일어남[起]이고 간
(艮)은 머물러 있음[止]이며, 태(兌)는 나타남[見]이고 손(巽)은 엎드려 숨음[伏]이며,
이(離)는 올라가는 것[上]이고 감(坎)은 내려가는 것[下]이다"라고 했다.

8) 「설괘전」 8장

건(乾)은 말[馬]이 되고[120] 곤(坤)은 소[牛]가 되고[121] 진(震)은 용(龍)이 되고[122] 손(巽)은 닭[鷄]
이 되고[123] 감(坎)은 돼지[豕]가 되고[124] 이(離)는 꿩[雉]이 되고[125] 간(艮)은 개[狗]가 되고[126] 태
(兌)는 양(羊)이 된다.[127]

乾爲馬 坤爲牛 震爲龍 巽爲鷄 坎爲豕 離爲雉 艮爲狗 兌爲羊.
건 위 마 곤 위 우 진 위 용 손 위 계 감 위 시 이 위 치 간 위 구 태 위 양

◉

　　주희는 이 장을 '멀리 사물에서 비유를 취했다[遠取諸物]'라고 했다. 멀다는 것은
내 몸에서 떨어져 있다는 뜻이다. 이어지는 9장은 몸에서 비유를 취했기 때문이다. 이

---

120 말은 성질이 강건해서 오랜 시간 멀리까지 달릴 수 있다.

121 소는 성질이 유순하고 대지가 그러하듯 무거운 짐도 질 수 있다.

122 진괘는 2음 밑에 1양이 숨어서 활동하는 모양이다. 이는 곧 용이 깊은 연못 속에 있다가 때가 되면 하늘로 올라 우
　　레를 일으킨다는 뜻이다.

123 닭은 저녁이 되면 닭집으로 들어간다. 그리고 1음은 2양 밑에 숨어 엎드리고 있다.

124 돼지는 성질이 강하고 조급하다. 그러나 감괘는 2음 사이에 1양이 있어 외유내강(外柔內剛)의 모양으로 풀이한다.

125 불을 뜻하는 이괘는 문명(文明)의 괘다. 꿩의 날개는 아름다운 문양[文彩]을 가졌다.

126 개는 사람이 길러 집에 머물게 해 도둑을 막는다.

127 태괘는 1음이 2양 위에 있으니 이 또한 외유내강의 모양이다. 내면은 강하고 외면은 유순하다. 양(羊)이 이런 성질
　　을 가졌다.

는 「설괘전」 중에서 가장 중요한 부분의 하나다. 정약용의 도움을 받아 하나씩 깨트리듯 파악해보자. 그는 이 여덟 가지를 자신의 핵심 이론이라 할 수 있는 효변설에 입각해 풀어내고 있기 때문이다.

그는 "건괘(☰)는 진괘(☳)로 말미암아 이뤄진 것"이라고 말한다. 진괘는 2음 밑에 1양이 숨어서 활동하는 모양이다. 즉 진(震)은 용(龍)이 된다고 했을 때 맨 아래의 1양이 바로 용인 것이다. 그래서 뒤에 건괘의 여섯 효를 풀이하면서 잠룡(潛龍)이니 현룡(見龍)이니 비룡(飛龍)이니 항룡(亢龍)이니 군룡(群龍)이니 하며 진괘에 해당하는 용을 끌어들여 언급한 것이라는 게 정약용의 핵심 주장이다. 그래서 건(乾)(의 성격)이 굳센 말을 상징하게 된 것은 진괘(☳)의 괘상, 즉 굳센 양 위에 부드러운 음 둘이 올라타고 있기 때문이라는 것이다.

당연히 "곤괘(☷)는 손괘(☴)로 말미암아 이뤄진 것"이라고 말한다. 손괘는 반대로 2양 밑에 1음이 있어 사물을 위에 실으니 그 성격이 소라고 했다. 뒤에 보게 되겠지만 곤괘의 여섯 효를 풀이할 때는 마찬가지로 소가 등장하는 것이 아니라 오히려 건괘가 상징하는 말을 끌어들여 언급한다. 그것은 음효이기는 해도 6개가 한결같음에 주목한 때문이다.

역학(易學) 자체를 파고드는 것은 우리의 관심사가 아니라고 말한 바 있다. 그러나 이런 정도의 역학 지식은 갖춰야 우리는 왜 진괘에 해당되는 용(龍)이 건괘에 집중적으로 언급되는지 정확히 이해할 수 있을 것이다.

그 밖의 괘들에 대해서는 주(註)에서 그 이유를 간략히 밝혔으니 참고하기 바란다. 여기서는 또 반고의 『한서』 「오행지」편에 언급된 몇 가지 사항들을 열거하고자 한다. 아무래도 그 시절의 『주역』 이해가 오히려 그 후보다는 원래의 뜻에 가까웠을 것으로 보이기 때문이다.

『주역』에서 손괘(巽卦, ☴)를 닭[雞]이라고 한 것은 닭이 벼슬과 발톱[冠距]이 있어 문무(文武)의 모습을 갖고 있기 때문이다.

『주역』의 감괘(坎卦, ☵)는 돼지[豕]인데, 돼지는 귀가 큰데도 귀 밝게 살피지[聽察] 못하고 듣는 기운[聽氣]이 많이 떨어지기 때문이다.

『주역』에서 태괘(兌卦, ☱)는 입[口]이고, 개는 입으로 짖어서 지킨다.
구

『주역』에서는 굳세지만 부드러움을 포함하는 것[剛而包柔]이 이괘(離卦, ☲)인데, 이괘는 불
강 이 포유
[火]이면서 눈[目]이다. 양은 뿔이 위로 났고 발굽[蹄]이 아래에 있으니 굳세지만 부드러움
화   목   제
을 포함하는 것이고, 양은 눈이 크지만 정밀하거나 밝지[精明] 않다.
정명

　그 밖에 정약용은『예기』「곡례(曲禮)」편에 나오는 "좌청룡 우백호"를 인용해 진
(震)은 용이니 태(兌)는 호랑이가 된다고 했다. 태는 오른쪽이기 때문이다. 그래서 뒤
에 보게 되겠지만 이괘(履卦)와 혁괘(革卦)의 글에서 모두 태를 호랑이라고 했다. 일단
동물과 8괘의 관계는 이 정도에서 그칠까 한다.

9)「설괘전」9장[128]

건(乾)은 머리[首]가 되고[129] 곤(坤)은 배[腹]가 되고[130] 진(震)은 발[足]이 되고[131] 손(巽)은 넓적
수   복   족
다리[股]가 되고[132] 감(坎)은 귀[耳]가 되고[133] 이(離)는 눈[目]이 되고[134] 간(艮)은 손[手]이 되
고   이   목   수
고[135] 태(兌)는 입[口]이 된다.[136]
구

乾爲首 坤爲腹 震爲足 巽爲股 坎爲耳 離爲目 艮爲手 兌爲口.
건 위 수 곤 위 복 진 위 족 손 위 고 감 위 이 이 위 목 간 위 수 태 위 구

◉

---

128 「설괘전」8장에 이어진다. 그런데 8장은 '멀리 사물에서 비유를 취했다' 해서 원취저물(遠取諸物)이라 하고, 9장
　　은 '가까이 몸에서 비유를 취했다' 해서 근취저신(近取諸身)이라고 한다.

129 머리는 사람 몸의 가장 위에 있고 으뜸[元=元首]이며 둥글다는 점에서 하늘과 같다.
　　　　　　　　　　　　　　　　　　　　원 원수

130 배는 음식물을 담는다. 땅이 만물을 담는 것과 같다.

131 진은 움직임이니 사람도 발을 움직여 나아간다.

132 손괘는 2양 밑에 1음이 있어 몸통에서 두 다리가 갈라져 나간 것과 같다.

133 감괘는 2음 속에 1양인데, 1양은 귓속에 있는 고막을 뜻한다.

134 이괘는 외부는 양효고 내부는 음효다. 양효는 각막(角膜)을 나타낸다.

135 간괘는 2음 위에 1양이 있다. 여기서는 1양의 의미만 취해 위에서 활발하게 움직이는 것을 손이라고 본 것이다.

136 태괘는 2양 위에 1음이 있다. 음효는 쪼개진 효[柝爻]라고도 하는데 몸의 위쪽에 있으면서 2개로 쪼개진 것은 입
　　　　　　　　　　　　　　　　　　석효
　　이다.

이에 대해서는 여러 설이 있지만 불필요하게 늘려가기보다 여기에 제시된 정도만 이해하고 넘어가자.

10) 「설괘전」 10장

건(乾, ☰)은 하늘[天]이라 그래서 아버지[父]라 부르고, 곤(坤, ☷)은 땅[地]이라 그래서 어머니[母]라 부른다. 진(震, ☳)은 첫 번째로 구해[一索=一求] 아들을 얻었으니[得男] 그래서 그것을 일러 장남(長男)이라고 하고[137], 손(巽, ☴)은 첫 번째로 구해 딸을 얻었으니 그래서 그것을 일러 장녀(長女)라고 하고[138], 감(坎, ☵)은 두 번째로 구해[再索] 아들을 얻었으니 그래서 그것을 일러 중남(中男)이라 하고[139], 이(離, ☲)는 두 번째로 구해 딸을 얻었으니 그래서 그것을 일러 중녀(中女)라 하고[140], 간(艮, ☶)은 세 번째로 구해[三索] 아들을 얻었으니 그래서 그것을 일러 소남(少男)이라 하고[141], 태(兌, ☱)는 세 번째로 구해 딸을 얻었으니 그래서 그것을 일러 소녀(少女)라 한다.[142]

乾 天也 故稱乎父 坤 地也 故稱乎母 震 一索而得男 故謂之長男 巽 一索而得女 故謂之長女 坎 再索而得男 故謂之中男 離 再索而得女 故謂之中女 艮 三索而得男 故謂之少男 兌 三索而得女 故謂之少女.

◉

이번에는 8괘를 인륜(人倫)에 적용한 것이다. 괘의 순서와 인륜의 차례가 합치한다는 점을 주목할 필요가 있다. 정약용의 총평은 뒤에 괘를 검토할 때 도움이 된다.

---

137 효변론에 따르면 건(☰)의 초효가 곤(☷)의 맨 아래에 들어가 진괘가 됐다.

138 곤괘의 초효가 먼저 양을 구해 건괘의 맨 아래에 들어가 손괘가 됐다.

139 건괘의 중효가 두 번째로 곤괘의 중효와 맞바꿔 감괘가 됐다.

140 곤괘의 중효가 두 번째로 건괘의 중효와 맞바꿔 이괘가 됐다.

141 건괘의 상효가 세 번째로 곤괘의 상효와 맞바꿔 간괘가 됐다.

142 곤괘의 상효가 세 번째로 건괘의 상효와 맞바꿔 태괘가 됐다.

(중년 남자를 상징하는) 감(坎)과 (중년 여인을 상징하는) 이(離), 그리고 (젊은 남자를 상징하는) 간(艮)과 (젊은 여인을 상징하는) 태(兌)도 각각 부부관계를 이루는 것이며, 오직 진(震)과 손(巽)만이 그렇지 않다. 진(震)은 형이 되니 (중녀) 이(離)와 (젊은 여인) 태(兌)가 모두 그의 누이동생이다. (소녀인) 태(兌)가 누이동생이니 진(震)과 감(坎)은 모두 그의 오빠[兄]다.

11) 「설괘전」 11장[143]

(괘로서의) 건(乾, ☰)에 속하는 것[144]은 하늘, 둥근 것[圓=圓][145], 임금[君], 아버지[父], 옥(玉)[146], 금(金-쇠), 추위[寒], 얼음[氷], 짙은 빨강[大赤], 좋은 말[良馬], 늙은 말[老馬], 야윈 말[瘠馬], 얼룩말[駁馬][147], 나무의 과일[木果][148]이다.

乾爲天 爲圓 爲君 爲父 爲玉 爲金 爲寒 爲氷 爲大赤 爲良馬 爲老馬 爲瘠馬 爲駁馬 爲木果.

◉

하늘, 둥근 것, 임금, 아버지 등이 건괘에 속하는 것에 대해서는 별도의 풀이가 필요 없을 것이다. 정약용에 따르면, 옥과 쇠[金]는 그 물건이 정밀하고 강하기[精剛] 때문이라고 했다. 추위 혹은 차가움과 얼음이 건괘에 속하게 되는 것은 서북쪽의 땅 기운 때문이라고도 하고, 정약용은 특유의 효변론에 입각해 "건괘의 세 양효는 곤괘의

---

143 8괘의 각 범주에 속하는 일과 사물을 정리한 것이다. 이는 각 괘를 외부 현실과 연결짓는 데 있어 대단히 중요한 연결 고리다. 이를 알아야 세상 만물이 어느 괘에 속하게 되는지 알 수 있기 때문이다. 또 여기에 언급되지 않은 것들도 대부분 이를 바탕으로 미뤄 헤아려[推]가야 한다. 다만 주희도 "8괘의 상(象)을 넓혔으나 그중에는 이해할 수 없는 것들이 많다"고 한 것처럼 너무 단정적으로 보아서는 안 된다. 이 점은 공부를 계속 쌓아감으로써 보완해 나가야 할 부분이다.

144 원문은 "乾爲天"식으로 돼 있지만, 내용으로 보면 건이 하늘이 되는 것은 아니므로 모두 풀어서 속하는 것으로 옮겼다.

145 하늘은 둥글다는 관념에서 나온 것이다.

146 순수함과 강건함의 뜻을 취한 것이다. 흔히 군자를 옥에 비유했다.

147 지금의 그런 얼룩말이 아니다.

148 천체처럼 둥글고 허공에 달려 있다는 의미를 취한 것이다.

세 음효가 응결된 때문"이라고 풀이했다. 짙은 빨강[大赤]은 깃발의 명칭으로 보기도
하는데 분명치 않다. 정약용의 풀이 중에서 눈길을 끄는 것은 여러 말에 대한 풀이다.

양마의 양(良)이란 본래의 선함이며 (후천적인) 훈련이나 학습에 따른 것이 아니다. 건(乾)
은 순수한 양강(陽剛)으로 주고받은 것이 없으니 양(良)이라 한 것이다. 늙은 말[老馬]은 수
말이다. 3개의 양효를 노양(老陽)이라고 한다고 했다. 여윈 말[瘠馬]이라고 할 때의 척(瘠)
이란 살이 빠져 마른 것이다. 역례(易例)에서 부드러운 음효는 살갗이나 살[膚]이 되고 군
센 양효는 뼈[骨]가 되는데, 건괘에는 뼈만 있고 살이 없으니 여윈 말이 된 것이다. 뒤에 파
리하다[羸]고 하면 모두 양효와 연관이 된다. 얼룩말[駁馬]이란 붉은색과 흰색이 섞인 말이
다. 태양빛은 본래 흰색인데(곤은 검은색이다), 이에 검붉은색을 겸하니 그 상(象)이 '붉은색
과 흰색이 섞인 말'이 되는 것이다.

그 밖에 정약용은 앞으로 우리가 직접 해내게 될 64개 괘와 384개 효 풀이와 관련
해 매우 중요한 실마리가 될 수 있는 사례를 하나 언급하고 있다.

옛날에는 서북쪽에 손님을 앉혔는데 서북은 곧 건(乾)의 방위다. 그래서 역례(易例)에서
건(乾)을 손님으로 보는 것이다. 예를 들어 수괘(需卦)의 상륙(上六)과 관괘(觀卦)의 육사
(六四)가 그것이다. 그러나 반드시 건(乾)과 손(巽)이 함께 있을 때라야 건은 비로소 빈객이
된다. 손(巽)의 방위인 동남쪽은 주인의 자리다. 만일 주인이라는 자리가 설정돼 있지 않으
면 손님이라는 이름을 붙일 데가 없는 것이다.

효를 풀이해갈 때는 반드시 주변 환경을 끊임없이 돌아봐야 하는 이유를 명확하
게 보여준다.

곤(坤, ☷)에 속하는 것은 땅, 어머니, 베[布], 가마솥[釜]¹⁴⁹, 인색함[吝嗇], 균등함[均], 새끼를

---

149 음식물을 익힌다는 의미를 취한 것이다.

기르는 어미 소[子母牛], 큰 수레[大輿]¹⁵⁰, 무늬나 문양[文], 수많은 무리[衆], 자루[柄]이며 땅
에 있어서는 검은색[黑]이다.

坤爲地 爲母 爲布 爲釜 爲吝嗇 爲均 爲子母牛 爲大輿 爲文 爲衆 爲柄 其於地也 爲黑.
곤 위지 위모 위포 위부 위 인색 위균 위자 모우 위 대여 위문 위중 위병 기어 지야 위흑

◉

땅, 어머니가 곤괘에 속하는 것에 대해서는 별도의 풀이가 필요 없다. 그런데 포(布
-베)가 왜 곤괘에 속하는 것일까? 정약용은 이렇게 풀이했다.

고대에는 들판을 구획 짓고 고을을 나눔에 있어 모두 정(井) 자 모양으로 했다. 이렇게 가로
세로의 경계선이 서로 교차하는 것이 포백(布帛)의 모양과 비슷하니, 곤(坤)이 포목이 되고
비단이 되는 이유다.

원래 땅이나 밭은 곤괘에 속하는 것으로 간주된다. 가마솥은 음식 재료를 품어 안
아 음식을 만들어낸다. 또 곤괘는 저장만 하지[藏之] 베풀 줄 모른다. 그래서 인색하다
고 했다. 나머지는 대체로 왜 그것이 건을 돕는 차원의 곤인 줄 짐작할 수 있다. 예를
들어 칼날이 건괘라면 칼자루는 곤괘가 될 수밖에 없다. 그 밖에 정약용은 벗, 살점
[膚], 따뜻함, 단맛, 욕심 등도 곤괘에 속한다고 했다.

진(震, ☳)에 속하는 것은 우레, 용(龍), 거무스름하면서 누런색[玄黃]¹⁵¹, 퍼져감[專]¹⁵², 큰길
[大塗=大路]¹⁵³, 장남[長子], 조급히 결단함[決躁]¹⁵⁴, 푸른 대나무[蒼莨竹]¹⁵⁵, 갈대[萑葦]이

---

150 땅처럼 물건을 싣는다.

151 노란 비단 바탕에 하늘의 검은색을 물들인 것이다.

152 원래 진은 계절로 봄철이다. 봄철에는 초목이 싹이 터져 퍼져나간다. 꽃이 피다, 무성하다는 뜻도 있다.

153 위의 공허한 두 음효를 헤치고 나가니 대로가 되는 것이다.

154 아래의 1양이 위의 2음을 헤치고 앞으로 나아간다는 뜻이다.

155 봄철에 푸른색을 띠고 있는 어린 대나무를 말한다.

고, 말[馬]에 있어서는 잘 우는 것[善鳴][156]이고 왼발이 흰[馵足]이고 앞 두 발을 (자주) 높이 쳐드는 것[作足]이고[157] 이마가 흰색[的顙=白顙]이며, 곡식 농사[稼]에 있어서는 다시 돋아 나오는 것[反生]이고[158], 궁극에 이르러서는 튼튼함[健]이며, 우거지고 싱그러움[蕃鮮]이다.

震爲雷 爲龍 爲玄黃 爲專 爲大塗 爲長男 爲決躁 爲蒼莨竹 爲萑葦 其於馬也 爲善鳴 爲馵足 爲作足 爲的顙 其於稼也 爲反生 其究爲健 爲蕃鮮.

●

'궁극에 이르러서는 튼튼함[健]'이라고 한 것은 지금은 아래에 양효가 하나뿐이지만 시간이 흐르면 태괘(兌卦, ☱)를 거쳐 강건함의 상징인 건괘(☰)에 이르게 된다는 말이다. 진괘 전반에 대해 정약용은 이렇게 풀이했다.

진(震)은 하늘(☰)의 장자(長子)이니 제(帝)가 된다.

이는 예괘(豫卦)의 「대상전」에 그 용례가 나온다. 공자는 예괘의 전체 모양을 풀이한 「대상전」에서 "우레가 땅에서 나와 떨치는 것이 예(豫, ䷏)(가 드러난 모습)이니, 선왕(先王)은 그것을 갖고서 음악을 짓고 다움을 높여[作樂崇德] 그것을 상제(上帝)께 성대하게 올림으로써[殷薦] 조상들을 배향한다[雷出地奮豫 先王以 作樂崇德 殷薦之 上帝 以配祖考]"라고 말했다. 위에 있는 진괘가 바로 상제인 것이다.

손(巽, ☴)에 속하는 것은 나무, 바람, 장녀(長女)[159], 먹줄의 곧음[繩直][160], 장인[工][161], 흰색

---

156 우레처럼 큰 소리로 잘 운다는 것이다.

157 왼발이 휘었다는 것은 진괘(☳)의 맨 아래 양효를 풀어낸 것이고, 두 발을 쳐든다는 것은 위의 두 음효를 풀어낸 것이다.

158 대성괘인 복괘(䷗)에서처럼 진괘도 맨 아래에 양효가 다시 처음으로 시작하고 있는 모습이다.

159 나이 많은 여자라는 뜻도 된다.

160 먹줄은 사람의 의도대로 휘어지기도 하고 팽팽하게 당겨지기도 한다. 그러므로 먹줄은 공손하다는 의미가 있다.

161 기교와 솜씨가 뛰어나다는 뜻이다. 또 떠돌이 장사꾼과 달리 한곳에 머물러 있다는 특징도 있다.

[白]¹⁶², 긴 것[長]¹⁶³, 높은 것[高], 나아가고 물러남[進退], 과단성이 없음[不果]¹⁶⁴, 냄새[臭]이며¹⁶⁵, 사람에 있어서는 머리털이 적음[寡髮]이고¹⁶⁶ 넓은 이마[廣顙]이고¹⁶⁷ 눈에 흰자위가 많음[多白眼]이고¹⁶⁸ 이익을 가까이해 세 배의 폭리를 남김[近利市三倍]이며¹⁶⁹, 궁극에 이르러서는 조급한 괘[躁卦]가 된다.

巽爲木 爲風 爲長女 爲繩直 爲工 爲白 爲長 爲高 爲進退 爲不果 爲臭 其於人也 爲寡髮 爲廣顙 爲多白眼 爲近利市三倍 其究爲躁卦.

◉

정약용의 언급 하나를 덧붙인다.

옛날의 예법에 주인은 동남쪽에 앉는데, 동남쪽은 손(巽)의 방위다. 그래서 (주인과 손님이 상견할 때) 주인을 보좌하는 사람을 준(儐)이라고 하는 것이며, 손(巽)이 주인인 것이다.

반면에 손님을 보좌하는 사람은 개(介)라고 한다.

감(坎, ☵)에 속하는 것은 물, 도랑이나 강[溝瀆]¹⁷⁰, 숨어 엎드림[隱伏]¹⁷¹, 곧게 하거나 휨

---

162 깨끗하다는 뜻이다.

163 바람이 먼 곳까지 불어간다는 뜻이다.

164 행하는 일을 끝까지 완성하지 못하고 중도에 포기한다는 뜻이다.

165 손괘의 풀이 바람을 머금으니 이것이 냄새가 된다.

166 진(震)이나 손(巽)은 모두 풀[草]인데, 손은 단지 하나의 음만 있어 숱이 적은 모발이라고 하는 것이다.

167 손괘는 위가 양효 2개로 크고 아래가 음효 1개로 작으니 이마가 넓은 것이다.

168 음효는 검은색인데, 아래에 숨겨져 있으니 흰자위가 많은 것이다.

169 탐욕스럽다는 말이다. 혹은 편리함[近利]이 일반 시장의 세 배라는 긍정적 의미도 된다. 원래는 음의 수 2인데 양의 수 3이 2개 있으니 6이 돼 세 배가 되는 것이다.

170 논밭에 대는 물을 말한다.

171 2음 사이에 1양이 숨어 엎드려 있다는 의미다.

[矯輮], 활과 바퀴[弓輪]¹⁷²다.</sup> 사람에 있어서는 근심이 더해지는 것[加憂]이고 마음의 병[心病]이고 귀의 아픔[耳痛]이고¹⁷³ 혈괘(血卦-피를 상징하는 괘)이고 빨강[赤]이다.¹⁷⁴ 말에 있어서는 아름다운 척추[美脊]이고 성질이 안정된 것[亟心=極心=中心]이고¹⁷⁵ 머리를 아래로 숙임[下首]이고¹⁷⁶ 발굽이 얇음[薄蹄]¹⁷⁷이고 (마차를) 끄는 것[曳]이다.¹⁷⁸ 수레[輿]에 있어서는 고장이 잦은 것[多眚=多쌈]이고¹⁷⁹ 통하는 것[通]이고¹⁸⁰ 달[月]이고 도둑[盜]이다.¹⁸¹ 나무에 있어서는 견고하고 깊은 심[堅多心]이다.

坎爲水 爲溝瀆 爲隱伏 爲矯輮 爲弓輪. 其於人也 爲加憂 爲心病 爲耳痛 爲血卦 爲赤. 其於馬也 爲美脊 爲亟心 爲下首 爲薄蹄 爲曳. 其於輿也 爲多眚 爲通 爲月 爲盜. 其於木也 爲堅多心.

이(離, ☲)에 속하는 것은 불이고 해이고 번개[電]이고 중녀(中女-중년의 여인)이고¹⁸² 갑주(甲胄-갑옷과 투구)이고 창과 병기[戈兵]다.¹⁸³ 사람에 있어서는 큰 배[大腹]이고 건괘(건조함을 상징하는 괘)¹⁸⁴이고 자라[鼈]이고 게[蟹]이고 소라[蠃]이고 민물조개[蚌]이고 거북[龜]이다.¹⁸⁵ 나무에 있어서는 속이 비고 위가 마른 것[科上槁]이다.¹⁸⁶

---

172 바른 것을 굽혀서 활을 만들고 수레바퀴를 만든다는 의미다. 감괘는 또 가운데 화살 하나가 있는 모양이다.

173 셋 다 속에 막힌 것이 있어 병이나 통증이 생겨난 것이다.

174 건괘는 대적(大赤)이고, 감괘는 가운데 빨강 하나를 갖고 있다.

175 둘 다 가운데 굳센 효[陽爻]가 자리하고 있기 때문이다.

176 감괘가 상징하는 물이 아래로 흘러가는 것과 같기 때문이다.

177 감괘의 위아래 두 음의 4개의 점이 모두 작은 것을 염두에 둔 것이다.

178 끄는 것도 흘러가는 물과 같은 상징이다.

179 생(眚)은 원래 눈에 백태가 끼는 것을 말한다. 눈이 밝지 못한 것[不明]이다. 따라서 눈 밝음을 나타내는 이괘(離卦)와는 상반된다.

180 위아래에 음효가 있어 길을 방해하지 않는다는 말이다.

181 달은 숨어 있는 것인데, 숨어 있으면서 마음이 음험하니 도적이 된다.

182 아래에 있는 큰 배[大腹]와 연결해 임신한 여인으로 본다.

183 갑주나 창과 병기 모두 굳센 양효가 밖에서 안을 지켜준다.

184 건괘(☰)를 가리키는 것이 아니라, 위에서와 마찬가지로 그냥 건조한 괘라는 말이다.

185 모두 딱딱한 껍질 속에 부드러운 살이 들어 있다. 이괘의 상이다.

186 과(科)란 나뭇가지다. 나무의 속이 비어 마르니 나뭇가지도 그 위가 마르게 된다.

離爲火 爲日 爲電 爲中女 爲甲冑 爲戈兵. 其於人也 爲大腹 爲乾卦 爲鼈 爲蟹 爲
이 위화 위일 위전 위 중녀 위 갑주 위 과병　기어 인 야 위 대복 위 건괘 위별 위해 위

蠃 爲蚌 爲龜. 其於木也 爲科上槁.
라 위방 위 귀　기어 목 야 위 과 상고

●

　　정약용은 이를 바탕으로 이(離)에 속하는 것들을 좀 더 열거했다. 담장, 감옥, 예의,
열렬함[誠], 너그러움[寬], 분별함[辨], 사관(史官), 무인(武人), 미더움[孚] 등이 그것이
　　　　　성　　　　　　관　　　　　　변
다. 겉을 지켜낸다는 뜻을 음미해보면 충분히 납득할 수 있다.

간(艮, ☶)에 속하는 것은 산이고 샛길[徑路][187]이고 작은 돌[小石]이고 작고 큰 문[門闕]이고
　　　　　　　　　　　　　경로　　　　　　　　　　소석　　　　　　　　　문궐
나무 열매[果蓏]이고 문지기와 환관[閽寺]이고 손가락[指]이고 개[狗][188]이고 쥐[鼠][189]이고 주
　　　　　과라　　　　　　　혼시　　　　　지　　　구　　　　　서
둥이가 검은 짐승[黔喙] 등이다. 나무에 있어서는 단단하고 마디가 많은 것[堅多節]이다.
　　　　　　　검훼　　　　　　　　　　　　　　　　　　　　　견 다절

艮爲山 爲徑路 爲小石 爲門闕 爲果蓏 爲閽寺 爲指 爲狗 爲鼠 爲黔喙之屬. 其於
간 위산 위 경로 위 소석 위 문궐 위 과라 위 혼시 위지 위구 위서 위 검훼 지 속　기어

木也 爲堅多節.
목 야 위 견 다절

태(兌, ☱)에 속하는 것은 연못[澤][190]이고 소녀(少女)[191]이고 무당[巫][192]이고 입과 혀[口舌]이
　　　　　　　　　　　　택　　　　　　　　　　　　　　　무　　　　　　　　구설
고 훼손당함과 꺾임[毁折]이고 붙어 있던 것이 터져 문드러짐[附決]이다.[193] 땅에 있어서는 척
　　　　　　　　　훼절　　　　　　　　　　　　　　　　　　부결
박하고 소금기 있는 개펄[剛鹵][194]이고 첩이고 양(羊)이다.
　　　　　　　　　강로

兌爲澤 爲少女 爲巫 爲口舌 爲毁折 爲附決. 其於地也 爲剛鹵 爲妾 爲羊.
태 위택 위 소녀 위무 위 구설 위 훼절 위 부결　기어 지 야 위 강로 위첩 위양

---

187 진괘는 2음효가 위에 있으니 대도가 되고, 간괘는 2음효가 밑에 있으니 앞이 가로막힌 소로가 된다.

188 개는 집을 지키고 문지기처럼 외부 사람이 들어오지 못하게 한다.

189 쥐는 이빨이 강하다고 했다. 간괘는 강한 1양이 위에 있는데 이는 머리 곧 위에 있다.

190 지상에서 가장 높은 것은 산이고 가장 낮은 것은 못이다.

191 막내딸의 뜻도 된다.

192 여인 중에 가장 비천한 자가 무당이다.

193 태괘(兌卦, ☱)는 원래 건괘였다가 맨 위의 효가 음효로 바뀐 것이다. 그래서 이렇게 말한 것이다. 앞의 '훼손당함과
꺾임'도 같은 근거에서 나온 것이다.

194 겉으로는 쓸모없어 보여도 속으로는 아주 귀하다는 뜻으로 외유내강을 상징하는 태괘와 연결된다.

이렇게 해서 우리는 정약용의 도움을 빌려 「설괘전」을 주마간산 격으로라도 훑어보았다. 다시 「계사전」 상 8장이다. 효(爻)에서 출발해 현실로 가는 두 번째 사례다. 이번에도 효사를 먼저 보고서 그것을 현실적으로 풀어내는 공자의 해석을 살펴야 한다.

"다른 사람과 함께하면서[同人] 처음에 울부짖지만[號咷] 나중에는 웃는다[同人 先號咷而後笑]." 공자가 말하기를 "군자의 도리란 혹은 나아가고 혹은 머물러 있고[處=居] 혹은 입을 다물고[黙] 혹은 말을 하는데, 두 사람이 마음을 같이하니 그 날카로움[利]이 쇠를 자른다[斷金]. 마음을 똑같이 하는 말[同心之言]은 그 냄새가 난초와 같다"라고 했다.

同人 先號咷而後笑. 子曰 君子之道 或出或處或黙或語 二人同心 其利斷金 同心之言 其臭如蘭.

이것은 동인괘(同人卦, ☰)의 밑에서 다섯 번째 붙은 효[九五]를 풀이한 것이다. 주공의 이 효사는 좀 더 길다.

다른 사람과 함께하면서 처음에 울부짖지만, 나중에는 웃으니 큰 군사로 이겨야 서로 만난다[同人 先號咷而後笑 大師克 相遇].

이것만 봐서는 도무지 무슨 말인지 알 수 없다. 이 효사를 풀어낸 것이 공자의 「소상전」이다. 공자가 『주역』을 일반 사람도 이해 가능한 텍스트로 바꾸었다고 하는 것도 대부분 바로 이 「소상전」을 지었기 때문이다. 공자가 이를 뭐라고 풀었는지 보자.

다른 사람과 함께하면서 처음에 울부짖는 것은 마음속이 (둘 다) 곧기[直] 때문이요, 큰 군사로 이겨야 서로 만난다는 것은 결국에는 이길 수 있다는 말이다.

공자는 나중에는 웃게 되는 것에 대해서는 말하지 않고 "처음에 울부짖지만"을 콕 집어내 그 이유를 "마음속이 곧기[直] 때문"이라고 풀었다. 울부짖는 이유는 자신의 곧은 마음을 펼칠 수 없어서 울부짖는 것이다. 자신은 아래에 있는 음효 육이(六二)와 호응 관계라 서로 뜻을 합치려 하는데 둘 사이에 있는 두 양효 구삼과 구사가 가로막고 있어 억울하고 분해 울부짖는 것이다. 그러나 공자는 이런 곧은 마음만 간직한다면 결국은 그 뜻이 전달된다고 보았기에 나중에는 웃게 되는 것에 대해서는 말하지 않고 "처음에 울부짖지만"을 콕 집어내 그 이유를 "마음속이 곧기[直] 때문"이라고 푼 것이다.

「소상전」의 뒷부분, 즉 "큰 군사로 이겨야 서로 만난다는 것은 결국에는 이길 수 있다는 말이다"라는 것은 바로 구오와 육이를 가로막고 있는 구삼과 구사를 제거하려면 전력을 다해야 한다는 것이고, 그렇게만 한다면 결국은 이겨낼 수 있다는 뜻이다.

이제 대체적인 뜻을 알았을 것이다. 바른 도리[正道]를 지키며 함께하는 사람들은 그렇지 못한 자들에 의해 방해를 받게 되는 일들이 많지만, 그러나 그 도리를 끝까지 지키고 힘을 합쳐 싸운다면 반드시 이길 수 있으리라는 뜻이다. 그런데 군주 자리인 구오가 이런 상황에 처하게 된 것은 스스로가 불러온 것[自招]이다. 즉 신하들에 대해 공적으로 대하지 않고 사사로이 친밀함을 보여 특정 신하에게만 노골적이고 과도한 총애를 보일 경우, 그 신하보다 지위가 높은 신하들은 처음에는 그 신하만 미워하다가 끝내는 임금에 대한 충성심도 거둬들이게 된다. 따라서 구오가 육이를 친밀하게 하는 것 또한 도리에 따라야 한다. 그래야 군주도 거기서 큰 힘을 얻게 된다. 「계사전」 상 8장에서 공자가 특히 이 동인괘 구오를 언급한 것도 그 때문이다. 이제 앞의 글을 다시 읽어보자. 아까보다는 눈이 많이 밝아졌을 것이다.

> 다른 사람과 함께하되[同人] 먼저는 울부짖다가[號咷] 뒤에는 웃는다. 공자가 말하기를 "군자의 도리란 혹은 나아가고 혹은 머물러 있고[處=居] 혹은 입을 다물고[黙] 혹은 말을 하는데, 두 사람이 마음을 같이하니 그 날카로움[利]이 쇠를 자른다[斷金]. 마음을 똑같이 하는 말[同心之言]은 그 냄새가 난초와 같다"라고 했다.

여기서 "그 날카로움[利]이 쇠를 자른다[斷金]"라는 것은 임금과 신하가 도리로 마음을 합칠 경우 못할 일이 없다는 말이다. "그 냄새가 난초와 같다"라는 것은 도리로 맺어진 임금과 신하가 하는 말은 마치 난초의 그윽하고 맑은 향기와 같아서 그 사이에 그릇된 도리에서 나오는 말이 끼어들 여지가 없다는 뜻이다.

적어도 여기까지 풀어낸 다음이라야 우리는 그에 적합한 역사적 사례를 찾아낼 수 있고 나아가 지금의 현실에 딱 맞는 일이나 사람을 지목할 수 있는 것이다. 앞의 명학(鳴鶴)과 마찬가지로 효(爻)에서 현실로 가는 풀이였다.

효에서 현실로 가는 세 번째 사례다.

맨 아래 떨어진 효[初六]는 "밑에 깔되 흰 띠풀을 쓰니 허물이 없다[无咎]"이다. 공자가 말하기를 "그냥 땅에 두어도 좋은데, 그것을 깔되 띠풀을 쓰니 무슨 허물이 있겠는가? 조심함이 지극한 것이다. 무릇 띠풀이라는 물건은 하찮으나[薄] 쓰임은 소중한 것이니, 이 방법[術]을 조심해서 따르게 되면 그 길로 가더라도[往=行]¹⁹⁵ 잃게 되는 바[所失]가 없을 것이다"라고 했다.

初六 藉用白茅 无咎. 子曰 苟錯諸地而可矣 藉之用茅 何咎之有. 愼之至也. 夫茅之爲物薄而用可重 愼斯術也 以往 其无所失矣.

◉

이것은 대과괘(大過卦, ䷛)의 맨 아래 떨어진 효[初六]를 풀이한 것이다. 주공의 효사부터 보자.

밑에 깔되 흰 띠풀을 쓰니 허물이 없다[无咎].

이에 대해 공자는 「소상전」에서 '허물이 없다' 부분은 언급하지 않은 채 '밑에 깔되 흰 띠풀을 쓴다[藉用白茅]'라는 것은 '부드러움[柔-음효]이 맨 아래에 있다는 것이다'라고 풀었다. 초륙의 처지부터 보자. 하괘인 손체(巽體, ☴)의 맨 아래에 있고 자질도 음유(陰柔-음효)이니, 스스로를 최대한 낮추고 있다. 이는 삼가고 조심함[敬愼]을

---

195 앞으로 많이 등장하겠지만, 가다[往=行]라는 말은 모두 일을 행한다는 뜻이지 실제로 어디로 간다는 말은 아니다. 동(動)도 마찬가지다.

지나칠 정도로 지극히 하는 것이다. 음효가 맨 아래에 있다는 것은 그만큼 지위가 낮다는 것이다. 위의 동인괘의 사례가 말의 문제라면 이는 처신의 문제다.

『주역』에서나 현실에서나 겸손과 공손[謙恭]은 일의 이치[事理=禮]에 맞고 교만과 거드름은 일의 이치에 맞지 않다. 그러니 더 언급할 필요도 없이 이치에 맞으니 허물이 없을 것이기 때문에 이에 대해 언급조차 하지 않은 것이다. 앞의 글을 다시 읽어보자.

맨 아래 떨어진 효[初六]는 밑에 깔되 흰 띠풀을 쓰니 허물이 없다[无咎]. 공자가 말하기를 "그냥 땅에 두어도 좋은데, 그것을 밑에 깔되 띠풀을 쓰니 무슨 허물이 있겠는가? 조심함이 지극한 것이다. 무릇 띠풀이라는 물건은 하찮으나[薄] 쓰임은 소중한 것이니, 이 방법[術]을 조심해서 따르게 되면 그 길로 가더라도 잃게 되는 바[所失]가 없을 것이다"라고 했다.

별도의 풀이가 필요 없을 것이다. 효에서 현실로 가는 네 번째 사례를 살펴보자.

"공로가 있으면서도 겸손하니[勞謙] 군자가 잘 마침이 있어[有終] 길하다." 공자가 말하기를 "수고로움이 있어도 자랑하지 않고[勞而不伐] 공로가 있어도 자기 덕이라고 내세우지 않는 것[有功而不德]은 (그다움의) 두터움이 지극한 것[厚之至]이니, 이는 자신이 공로를 세우고서도 다른 사람에게 몸을 낮추는 것[下人]을 말하는 것이다. 다움[德]으로 말하자면 성대하고[盛] 예 갖춤[禮]으로 말하자면 공손한 것[恭]이니, 겸손함[謙]이란 공손함을 지극히 함[致恭]으로써 그 지위를 보존하는 것이다"라고 했다.

勞謙 君子有終 吉. 子曰 勞而不伐 有功而不德 厚之至也 語以其功下人者也. 德言盛 禮言恭 謙也者 致恭 以存其位者也.

◉

이것은 겸괘(謙卦, ䷎)의 밑에서 세 번째 붙은 효[九三]에 대한 풀이다. 『논어』에는 (공로가 있어도 내세워) 자랑하지 않음[不伐]의 문제가 두 차례 나온다. 먼저 「공야장」 편이다.

안연(顏淵-안회)과 계로(季路-자로)가 시중을 들고 있을 때 공자가 말했다.

"어째서 각기 너희들의 뜻을 말하지 않는가?"

자로가 (먼저) 대답했다.

"저의 바람은 수레와 말, 가벼운 갖옷 입는 것을 친구들과 함께 사용함으로써 해지더라도 유감이 없게 되는 것입니다."

안연이 대답했다.

"저의 바람은 자신의 뛰어남을 자랑하지 않고[無伐善] 자신의 공로를 내세우지 않는 것입니다[無施勞]."

안연, 즉 안회(顏回)의 말은 정확하게 이 문맥이다. 「옹야」편에서 공자는 노나라 대부인 맹지반(孟之反)을 칭찬하며 이렇게 말한다.

맹지반은 공을 자랑하지 않았다[不伐]. 패주하면서 후미에 처져 있다[殿]가 장차 도성 문을 들어오려 할 적에 말을 채찍질하며 "내 감히 용감하여 뒤에 있었던 것이 아니요 말이 전진하지 못한 것이다"라고 했다.

물론 여기서 맹지반은 공로를 세운 것은 아니다. 그러나 혹시라도 자신이 뒤에 처져 마치 후미를 보호하려 용맹을 보인 것으로 오인될 수도 있었는데 스스로 그마저 솔직하게 밝힌 점을 공자는 높이 평가한 것이다. 당연히 이런 사람이라면 공로를 세웠다 해도 자랑하지 않았을 것[不伐]이다.

원론적으로 말하자면 다움[德]과 지위[位]는 서로 어울리는 것이 바람직하다. 그러나 현실적으로는 다움이 없이 높은 지위에 가고 두터운 다움이 있어도 그에 맞는 자리에 가지 못하는 경우가 대부분이다. 어렵사리 다움을 갖추고 그에 맞는 지위를 얻었다 하더라도 겸손함을 잃는 순간 그 자리도 잃게 된다는 말이다.

여기서 잠깐, 겸괘(☷☶)의 괘 모양이 겸손함이 되는 이유를 짚어보자. 지금 상괘와 하괘를 보면 위는 땅(☷)이고 아래는 산(☶)이다. 산은 원래는 높은 것인데 땅 아래에 있으니 그 전체 뜻이 겸손이 되는 것이다.

「계사전」으로 돌아가 효에서 현실로 가는 다섯 번째 사례를 살펴보자.

"높이 오른 용[亢龍]이니 뉘우침이 있다[有悔]." 공자가 말하기를 "존귀하지만 지위가 없고[貴
而无位] 높지만 (거느린) 백성이 없으며[高而无民] 뛰어난 사람[賢人]들은 아래 자리에 있으면
서 도와주지 않는다. 이 때문에 움직이면[動則] 뉘우침이 있는 것이다"라고 했다.

亢龍有悔. 子曰 貴而无位 高而无民 賢人在下位而无輔. 是以動而有悔也.

◉

이것은 건괘(䷀)의 맨 위에 붙은 효[上九]를 풀이한 것이다. 항(亢)이란 나아갈 줄
만 알고 물러날 줄은 모르며 보존할 줄만 알고 없앨 줄은 모르며 얻을 줄만 알고 잃을
줄을 모른다는 뜻이다. 이런 사람은 결국 움직이게 되면 후회할 일이 생길 수밖에 없
다. 상구(上九)는 옛날 정치 제도로 말하면 왕의 윗자리, 즉 상왕(上王)에 해당한다.
오늘날 기업으로 치면 명예회장이나 고문 정도 되겠다. 그러니 가장 귀하기는 해도 그
에 맞는 조정 내의 자리가 없고, 벼슬이 가장 높아도 다스릴 백성이 없으며, 당연히 아
래에 있는 신하들을 부릴 수 없다. 여기서 공자는 중요한 단어 동(動) 자를 추가한다.
즉 움직이지 않으면[不動則] 무방하나 "움직이게 되면[動則]" 후회할 일이 생길 수 있
다고 말하고 있다. 무위(無爲)만이 항룡(亢龍)에 이른 자가 명심해야 할 덕목이다.
　　다시 「계사전」이다. 효에서 현실로 가는 여섯 번째 사례다.

"집 안의 뜰[戶庭]을 나가지 않으면 허물이 없다[无咎]." 공자가 말하기를 "어지러움[亂]이 생겨
나는 것은 언어(言語)가 사다리[階=階梯]가 된다. 임금이 주도면밀하지 못하면[不密] (좋은)
신하를 잃게 되고[失臣], 신하가 주도면밀하지 못하면 몸을 잃게 된다[失身]. (특히) 기밀을 요
하는 일[幾事]을 하면서 주도면밀하지 못하면 해로움이 이뤄지니, 이 때문에 군자는 신중하면
서도 주도면밀하여[愼密=縝密] 함부로 말을 입 밖에 내지 않는다[不出]"라고 했다.

不出戶庭 无咎. 子曰 亂之所生也 則言語以爲階. 君不密則失臣 臣不密則失身.
幾事不密則害成 是以君子愼密而不出也.

◉

이것은 절괘(節卦, ䷻)의 맨 아래 붙은 효[初九]를 풀이한 것이다. 풀이 내용은 앞서
보았던 「학이」편의 "군자(혹은 군주)는 일을 할 때는 주도면밀하게 하고 말은 신중하게
해야 한다[敏於事而愼於言]"나 「이인」편의 "군자(혹은 군주)는 말은 어눌하게 하려고
하고 행동은 주도면밀하게 하고자 해야 한다[欲訥於言而敏於行]"와 직접 통한다. 다
시 말하지만 이때의 민(敏)은 '빠르게'나 '민첩하게'보다 '빈틈없이 주도면밀하게'라고
봐야 한다. 특히 말을 조심해야 하는 것과 관련해 『논어』의 도움 하나만 더 받아보자.
「헌문」편에서 공자는 이렇게 말한다.

나라에 도리가 있을 때는 말이나 행동 모두 당당하게 하고[危言危行], 나라에 도리가 없을
때는 행실은 당당하게 하되[危行] 말은 공손하게 해야 한다[言遜].

이것이 바로 상황[事勢]에 따라 일과 말을 그에 맞게 하라[事理=禮]는 공자의 가
르침이다. 「계사전」으로 돌아간다. 이제 공자가 「계사전」 상에서 예로 든 일곱 가지 효
(爻) 용례의 마지막이다.

공자가 말했다. "역을 지은[作易] 사람은 아마도[其] 도적이 생겨나는 이치를 알고 있었을 것
이로다[知盜].[196] 역(易)에 이르기를 '짊어지고 또 올라타니[負且乘] 도적이 찾아오게 한다'라
고 했다. 짊어지는 것은 소인의 일[事]이요 올라타는 것은 군자의 기물[器]이니, 소인이면서 군
자의 기물에 올라타고 있다. 이 때문에 도적은 그것을 빼앗으려고 생각하고 있다. 윗사람을
가벼이 여기고[慢=狎] 아랫사람에게 사납게 대한다[暴]. 이 때문에 도적은 그것을 치려고[伐]
생각하고 있다. 보관을 허술하게 하는 것[慢藏]은 도적을 불러들이는 것이고[誨盜], 모양을
꾸며대는 것[冶容=治粧]은 음란을 불러들이는 것[誨淫]이다. (따라서) 역(易)에 이르기를 '짊어
지고 또 올라타니[負且乘] 도적이 찾아오게 하는 것이다'라고 한 것은 도적이란 (스스로) 불러
오는 것[招]이라는 말이다."

子曰 作易者其知盜乎. 易曰 負且乘 致寇至. 負也者 小人之事也 乘也者 君子之

---

196 이는 도적을 알고 있었다는 말이 아니라 도적이 되는 것 혹은 도적이 생겨나는 까닭을 알고 있었다는 말이다. 공
자의 이 말은 『주역』이라는 책이 일이 일어나는 이치[事理]를 다루고 있음을 명확하게 보여준다.

器也 小人而乘君子之器 盜思奪之矣. 上慢下暴 盜思伐之矣. 慢藏誨盜 冶容誨淫.
기 야 소인 이 승 군자 지 기 도 사 탈지 의 상만 하포 도사 벌지 의 만장 회도 야용 회음

易曰 負且乘 致寇至 盜之招也.
역왈 부 차 승 치 구지 도 지 초 야

◉

이것은 해괘(解卦, ䷧)의 밑에서 세 번째 떨어진 효[六三]에 대한 풀이다. 해괘는 그동
안의 어려움이 풀어진다 혹은 해결된다[解]는 뜻을 품고 있다. 어째서일까? 우레(☳)가
위에 있고 비(☵)가 아래에 있어 마침내 비가 쏟아져 내리니 밀운불우(密雲不雨-구름만
빽빽하고 비는 내리지 않는 상황)가 풀린 것이다. 음양이 서로 감화를 일으켜 천하의 어려
움이 마침내 풀어지게 된다. 그런데 이런 뜻을 품은 해괘에서 왜 "짊어지고 또 올라타니
[負且乘] 도적이 찾아오게 하는 것"이라는 아리송한 뜻의 효가 나온 것이며, 공자는 또
이렇게 풀어낸 것일까? 한마디로 지나치게 푼 것이다.

해괘의 밑에서 세 번째 음효에 대해 공자는 「소상전」에서 "짊어지고 또 올라타고
있는 것은 진실로 추악하다고 할 수 있다. 나로부터 도적을 불러들였으니 또 누구를
탓하랴"라고 풀었다. 육삼의 처지를 보면 음유의 자질로 하괘(☵)의 맨 윗자리에 있으
니 이 또한 자리가 바르지 못하다. 밑에서 세 번째 자리는 양의 자리인데 음효가 왔으
니 자리가 바르지 못하다[不正位]고 한 것이다. 정이(程頤)는 이렇게 풀이했다.

마치 소인이 마땅히 아랫자리에 있어야 하는데 또 수레를 타고 있는 것과 같다. 육삼이 차
지할 자리가 아니니, 반드시 도적이 와서 그 자리를 빼앗게 될 것이다. 일을 행하는 것이 반
듯해도 비루하고 안타까워할 만하다. 소인이 성대한 지위를 도둑질하면 애를 써서 올바른
일을 하더라도 기질이 천박하고 본래 위의 자리에 있어야 할 것이 아니라서 결국에는 안타
깝게 된다.

이는 한마디로 하극상(下剋上)이다. 아랫사람이 하극상을 보게 되면 그 아랫사람이
다시 위를 넘보게 된다[犯上]. 이는 뒤에 해괘에서 보다 상세하게 살펴보게 될 것이다.

정약용은 이상의 일곱 가지 괘효(卦爻)의 활용 사례를 그냥 지나갔다. 그러나 역학

이론 자체에 관심이 없고 그 풀이에 집중하는 우리로서는 이보다 소중한 지침은 없다. 특히 공자 자신이 효사를 어떻게 인간사(人間事)의 현실 속에 적용해야 하는지 지극히 구체적으로 풀어냈기 때문이다.

　기존의 국내외 학자들이 쓴『주역』관련서들을 보면 아예 공자의 이 같은 시도에는 나아가려는 시도조차 하지 않은 채 괘사나 효사의 동어 반복 혹은 개똥철학 자랑을 벗어나지 못하고 있다.

　예를 들면 반고의『한서』「오행지」편에는 한나라 최고의『주역』전문가 경방(京房, BC 77~37)[197]이 관괘(觀卦, ䷓)의 가장 위에 붙은 양효인 상구(上九)와, 대축괘(大畜卦, ䷙)의 밑에서 세 번째 붙은 양효인 구삼(九三)을 풀어내는 대목이 나온다.

　경(經-『주역』)에서 "그것이 저지른 것을 살핀다[觀其生]"[198]라고 했으니, 이는 대신의 의로움[義]이란 마땅히 뛰어난 이를 살펴 그 성품과 행실을 알아내서 그것을 미뤄 헤아려 앞으로 나아오게 하는 것임을 말한다. 그렇지 않을 경우에는 좋은 점을 듣고서도 참여시키지 않으니 이를 사람을 볼 줄 모른다[不知][199]라고 한다. (또) 경(經)에 이르기를 "좋은 말이 달려간다[良馬逐]"[200]고 했으니 달려간다는 것은 나아가게 하는 것[進]이고, 이는 대신이 뛰어난 이의 계책을 얻어 그 사람을 드러나게 하여 나아가게 하는 것임을 말한다. 그렇지 않을 경우에는 밑에 좋은 사람이 있어도 내버려두는 것이니 이를 눈 밝음을 도적질한다[盜明]라고 한다.

　경방은 정확히『주역』이 바로 도리에 맞게 사람을 알아보고[知人] 쓰는 문제[用人]

---

197 본성(本姓)은 이 씨(李氏)고 자는 군명(君明)이다. 맹희(孟喜)의 문인 초연수(焦延壽)에게『주역』을 배웠고, 금문 경씨역학(今文京氏易學)의 개창자다. 원제(元帝) 초원(初元) 4년(BC 45) 효렴(孝廉)으로 천거돼 낭(郎)이 됐다. 여러 차례 글을 올려 재이(災異)에 대해 말했는데 자주 적중했다. 중서령(中書令) 석현(石顯) 등이 권력을 좌우한다고 탄핵했다가 석현과 오록충종(五鹿充宗)의 미움을 받아 위군태수(魏郡太守)로 쫓겨났다. 한 달 뒤『주역』을 연구하던 오록충종과 학설이 다르다는 이유로 석현의 참소를 입어 기시(棄市)의 형을 당했다.

198 안사고가 말했다. "『주역』관괘(觀卦, ䷓)의 가장 위의 붙은 효[上九]에 대한 풀이다."

199 안사고가 말했다. "부질없이 그 사람이 뛰어나다는 것만 알 뿐 그를 나아오도록 돕지 못하는 것을 말한다."

200 안사고가 말했다. "『주역』대축괘(大畜卦, ䷙)의 아래에서 세 번째 붙은 효[九三]의 풀이다."

임을 파악하고 있다. 혹시 독자들의 서가에 『주역』 관련서가 있다면 이 두 대목을 어떻게 풀이하고 있는지를 반드시 읽고 비교해보기 바란다.

이로써 효사를 직접 풀어보는 「계사전」 상 8장이 끝나고, 이제부터는 역(易)에 담긴 수(數)의 원리를 말하는 「계사전」 상 9장이다.

9. 「계사전」 상 9장

하늘이 1, 땅이 2, 하늘이 3, 땅이 4, 하늘이 5, 땅이 6, 하늘이 7, 땅이 8, 하늘이 9, 땅이 10이다. 하늘의 수가 다섯이고 땅의 수가 다섯이니, 다섯 자리가 서로 맞으며[201] 각각 더해짐이 있어 하늘의 수는 25이고 땅의 수는 30이다. 하늘과 땅의 수를 모두 더하면 55인데 이것이 달라짐[變]과 바뀜[化]을 이뤄내는[成] 이치[202]이자 귀신을 움직이게 하는 근원이다.[203]
변   화   성

대연(大衍)의 수는 50이고 그 쓰임[用]은 49다.[204] 나뉘어 둘이 되니 그것은 양의(兩儀-하늘과
용
땅 혹은 음과 양)를 나타내고[象兩], 하나를 (더) 걸어[掛] 셋[三才]을 나타내며, 그것을 넷으로
상양   패   삼재
세어[揲] 그것으로 사계절[四時]을 나타내고, 남는 것(시초)들을 손가락 사이에 끼워[扐] 윤달
설   사시   특
[閏]을 나타내며, 5년에 윤달이 두 번 있으니[再閏] 두 번 끼운 뒤에 건다[掛].
윤   재윤   패
건괘의 서죽(筮竹-점치는 대나무)의 수[策=策數]는 216이고[205] 곤괘의 서죽의 수는 144이니[206]
책 책수
모두 합치면 360으로 1년[期]의 날수에 해당하고[207], (『주역』 상하) 두 편의 책수는 1만 1520이
기

---

201 각각 홀수와 짝수가 돼 서로 조응한다는 말이다.

202 주희는 변(變)과 화(化)를 엄밀히 구분해 이렇게 풀이한다. "달라짐과 바뀜[變化]이란, 1이 달라져 물[水]을 낳으
변화   수
면 6이 바뀌어 이뤄지고[化成] 2가 바뀌어 불[火]를 낳으면 7이 달라져 이뤄지고[變成] 3이 달라져 나무[木]를 낳
화성   화   변성   목
으면 8일 바뀌어 이뤄지고 4가 바뀌어 쇠[金]을 낳으면 9가 달라져 이뤄지고 5가 달라져 흙[土]를 낳으면 10이 바
금   토
뀌어 이뤄지는 것이다."

203 귀신은 홀수[奇]와 짝수[偶], 낳음과 이뤄짐[生成]의 굽혀짐과 펴짐[屈伸], 오고 감[往來]을 뜻한다.
기   우   생성   굴신   왕래

204 이하는 서죽으로 점을 치는 방법을 산술적으로 풀이하는 내용이다. 사람마다 의견이 다르기 때문에 개략적으로
문맥을 파악하는 수준에서만 풀이를 해갈 것이다. 대체적으로 주희의 풀이를 따르고자 한다. 주희가 말했다. "대
연의 수는 하도(河圖)의 중궁(中宮)에 있는 하늘의 수[天數] 5에 땅의 수[地數] 10을 곱해[乘] 얻은 것이다."
천수   지수   승

205 서죽으로 점치는 방법에 따르면 서죽의 수는 36, 32, 28, 24로 정해져 있다고 한다. 36은 태양, 32는 소음, 28은 소
양, 24는 태음이 된다. 여기서 건괘의 여섯 효는 모두 양(陽)이므로 36×6=216이 된다.

206 곤괘의 여섯 효는 모두 음(陰)이므로 24×6=144가 된다.

207 태양력은 365와 4분의 1일이고 태음력은 평년이 354일이니 360은 그 중간쯤 되는 것이다.

84

니 만물의 수에 해당한다.[208] 이 때문에 네 차례 지어서[四營] 역(易)을 이루고[成易] 열여덟

차례 달라져[變] 괘를 이루니[成卦] (이것이) 8괘로 작게 이룸이며[小成], 그것을 당기고 펴서

[引伸] 유형에 따라[觸類=隨類=依類] (적용 범위를) 늘려가면[長=擴張] 천하의 (사람이) 할 수

있는 일들[能事=人事]에 다 적용할[畢] 수 있다.[209]

(이렇게 함으로써) 도리를 드러내고[顯道] 다움과 행실[德行]은 신묘해진다[神].[210] 이 때문에

다른 사람과 더불어 수작(酬酌)할 수 있고 더불어 신을 도울[祐神] 수 있다.[211] (그래서) 공자

는 말하기를 "달라지고 바뀌는 도리[變化之道]를 아는 자는 아마도[其] 신이 행하는 바[神之

所爲]를 알 것이다"라고 했다.[212]

天一地二 天三地四 天五地六 天七地八 天九地十. 天數五 地數五 五位相得 而各
천일 지이 천삼 지사 천오 지육 천칠 지팔 천구 지십 천수 오 지수 오 오위 상득 이 각

有合 天數二十有五 地數三十. 凡天地之數 五十有五 此所以成變化 而行鬼神.
유합 천수 이십 유 오 지수 삼십 범 천지 지수 오십 유 오 차 소이 성 변화 이 행 귀신

大衍之數五十 其用四十有九. 分而爲二 以象兩 掛一 以象三 揲之以四 以象四時
대연 지수 오십 기용 사십 유구 분 이 위 이 이상 양 괘 일 이상 삼 설지 이사 이상 사시

歸奇於扐 以象閏 五歲再閏 故再扐而後掛.
귀기 어륵 이상 윤 오세 재윤 고 재륵 이후 괘

乾之策 二百一十有六 坤之策 百四十有四 凡三百有六十 當期之日 二篇之策 萬有
건지책 이백 일십 유육 곤지책 백 사십 유사 범 삼백 유 육십 당 기지일 이편 지책 만유

一千五百二十 當萬物之數也 是故 四營而成易 十有八變而成卦 八卦而小成 引而
일천 오백 이십 당 만물 지수 야 시고 사영 이 성역 십유팔변 이 성괘 팔괘 이 소성 인 이

伸之 觸類而長之 天下之能事 畢矣.
신지 촉류 이 장지 천하 지능사 필의

顯道 神德行. 是故 可與酬酌 可與祐神矣. 子曰 知變化之道者 其知神之所爲乎!
현도 신 덕행 시고 가 여 수작 가 여 우신 의 자왈 지 변화지도 자 기 지 신지소위 호

◉

「계사전」상 9장은 시초를 통한 수식을 만들어 『주역』을 풀어내는 원리다. 이쪽으

---

208 64괘 전체의 효는 384개이니 그 반은 192개다. 즉 양효 192개, 음효 192개인 것이다. 태양은 36×192=6912이고 태
   음 24×192=4608이니 이 둘을 합하면 1만 1520이 나온다.

209 인간사의 주요 이치[事理]가 대부분 여기에 다 갖춰져 있다는 말이다.

210 주희가 말했다. "도리는 말[辭]을 통해 드러나고 (다음과) 행실은 수(數)를 통해 신묘해진다."

211 주희가 말했다. "수작은 한쪽의 작용이 있으면 반작용이 있는 것[應對]을 말하고, 신을 돕는다는 것은 신령스러운
   작용을 통해 공로가 이뤄지는 데 참여해 도움을 줄 수 있다는 말이다."

212 「계사전」자체가 공자의 글인데 다시 자왈(子曰)이 포함된 이유에 대해 주희는 "공자가 감탄하자 제자들이 그 부
   분을 「계사전」과 구분해서 싣기 위해 이렇게 덧붙였다"라고 풀이했다.

로 관심이 있는 사람은 주희의 『역학계몽(易學啓蒙)』을 더 읽어나갈 것을 권한다. 그러나 우리는 기본적으로 정이(程頤)의 의리역학(義理易學)으로 가기 때문에 대연의 수니 시초를 세어 괘(卦)를 얻는 방법이니 하는 것에 대해서는 더 주의를 기울이지 않을 것이다. 다만 여기서 우리가 주목해야 할 공자의 발언 하나가 있다. 『주역』의 원리를 제대로 이해했을 경우의 효용에 대해, 다른 사람과 응대할 수 있고 신의 작용에 동참할 수 있다고 한 대목이다. 이는 우리가 왜 『주역』을 공부해야 하는지 그 이유를 말해주고 있기 때문에 중요하다. 참고로 공자는 『논어』 「양화」편에서 『시경』을 공부해야 하는 이유를 이렇게 말했다.

첫째 가이흥(可以興), 즉 도리를 향한 뜻을 불러일으킬 수 있다. 둘째 가이관(可以觀), 즉 사람을 알아볼[知人] 수 있다. 셋째 가이군(可以群), 즉 뜻이 같은 사람끼리 무리를 지을 수 있다. 넷째 가이원(可以怨), 즉 제대로 원망해야 할 사람을 원망할 수 있다. 이렇게 되면 가까이는 어버이를 섬길 수 있고 멀리는 임금을 섬길 수 있으며 새와 짐승, 풀과 나무의 이름을 많이 알게 된다.

마찬가지로 무엇보다 공자가 『주역』을 공부해야 하는 이유로 "다른 사람과 응대할 수 있다" "신의 작용에 동참할 수 있다"라고 한 점을 유념하고서 다음으로 넘어가자. 「계사전」 상 10장은 이 점을 집중적으로 파고들기 때문이다.

10. 「계사전」 상 10장

역(易)에는 빼어난 이의 도리[聖人之道]가 네 가지 있다. 역으로 말하는 사람[言者]은 그 말[辭]을 높이고[尙=上][213], 역으로 움직이는 사람[動者]은 그 달라짐[變]을 높이고[214], 역으로 기물을 만드는 사람[制器者]은 그 모양[象]을 높이고, 역으로 (미래의 길흉화복을) 점치는 사람

---

213 괘와 효의 의미를 깊이 이해해야 한다는 말이다. '높인다'는 것은 중요하게 여긴다는 뜻이다. 「계사전」 상 8장이 그 전형적인 사례다. 앞으로 가서 8장을 음미해보면 좋을 것이다.
214 64괘 384효의 바뀌고 달라지는 모습을 주목해 행동의 준칙으로 삼아야 한다는 말이다.

[卜筮者]은 점사[占=占辭]를 높인다.[215]

이 때문에 군자(君子)는 장차 뭔가를 하려는 뜻이 있어[有爲] 장차 일을 행하려 할[有行][216] 때는 물어보기를 말로써 하면[問焉而以言] 답해주는 명을 받는 것[受命]이 마치 메아리[響=響]와 같아서[217] (그 일이) 멀거나 가깝거나[遠近] 그윽하거나 심원하거나[幽深] 할 것 없이 드디어 앞으로 오게 될 일[來物=來事=未來事]을 알 수 있다. (그러니) 만약에 천하의 지극히 정밀한 사람[至精]이 아니고서 그 누가 능히 이에 참여할 수 있겠는가!

易有聖人之道 四焉. 以言者 尙其辭 以動者 尙其變 以制器者 尙其象 以卜筮者 尙其占.

是以 君子 將有爲也 將有行也 問焉而以言 其受命也 如響. 无有遠近幽深 遂知來物. 非天下之至精 其孰能與於此!

⬤

　　일단 여기서 잠깐 끊어 "지극히 정밀한 사람[至精]"의 문제를 짚고 넘어가자. 말로 물어보면 그 대답은 지극히 빨리 얻을 수 있다고 했고 멀고 가까움, 숨어 있거나 깊숙이 있거나에 관계없이 앞으로 오게 될 일을 알 수 있다고 했다. 그런데 아무나 알 수 있는 것은 아니고 "지극히 정밀한 사람[至精]"이라야 가능하다고 했다. 그것은 괘나 효가 지극히 정밀하기 때문이다. 그런 사람은 다름 아닌 군자(君子)다. 이는 곧 우리가 앞으로 살피게 될 일의 이치[事理]나 일의 형세[事勢]로서의 괘사나 효사가 지극히 정밀하다는 뜻이기도 하다. 사람과 이치의 관계를 명확히 알려면 무엇보다 『서경』에 나

---

215 예를 들면 건괘(䷀)의 밑에서 첫 번째 붙은 효[初九]에 "잠겨 있는 용[潛龍]이니 쓰지 말라[勿用]"라고 했는데, 이 때 잠룡(潛龍)은 효의 모양[爻象]이고 물용(勿用)은 점사(占辭)다. 이상은 상황에 따른 『주역』의 활용법을 말한 것이다.

216 유위(有爲)와 유행(有行)의 의미 차이에 주목하지 않고 번역한 책들이 많다. 유위는 무위(無爲)와 대비를 이루면 뭔가를 하려는 뜻을 갖는다는 말이다. 그래서 부정적 의미로 사용될 때는 인위적(人爲的)이라는 뜻을 갖기도 하는 것이다. 유행은 말 그대로 그 뜻을 행동으로 옮겨 일을 한다는 뜻이다. 동(動)과 같은 뜻으로, 그냥 움직이는 것이 아니라 움직여 일한다[行事]는 말이다.

217 여기서 '묻는' 것을 점을 친다고 해석하는 입장이 있는데 취하지 않는다. '물어보기를 말로써 한다'는 것은 괘와 효의 말을 정확히 골라잡는다는 뜻이다. 그렇게 되면 그에 대한 응답[受命]이 메아리처럼 빠르다는 말이다.

오는 다음 구절을 음미해야 한다.

순임금이 말했다. "사람의 마음이란 오직 위태위태한 반면 도리의 마음은 오직 잘 드러나지 않으니, (그 도리를 다하려면) 정밀하게 살피고 한결같음을 잃지 않아 진실로 그 적중해야 할 바를 잡도록 하여라[人心惟危 道心惟微 惟精惟一 允執厥中].
인심 유위 도심 유미 유정유일 윤집궐중"

이에 대해서는 송나라 학자 진덕수(眞德秀)가 『심경부주(心經附註)』(이한우 옮김, 해냄)에서 풀어낸 것에서 한 마디도 더하거나 뺄 것이 없다.

"사람의 마음이란 오직 위태위태하다[人心惟危]" 이하 16자(字)는 곧 요임금·순임금·우
인심 유위
왕이 서로 전수하고 전수받은 마음의 법칙[心法]이니, 모든 세대에 통용될 수 있는 제왕학
심법
[聖學]의 깊은 뿌리[淵源]다. 후대의 임금들이 요순(堯舜)을 배우려 한다면 바로 이것을 배
성학   연원
우면 된다. 이에 대한 선배 유학자들의 훈고(訓詁)와 주석(註釋)이 비록 많기는 하지만 주
희의 학설이 가장 정확하다. 무릇 이른바 형체[形]와 기질[氣]의 사사로움이라는 것은 음
형   기
악, 여색, 좋은 냄새와 맛을 가진 음식[聲色臭味]을 탐하는 욕망을 가리킨다고 했고, 본성
성색 취미
과 명[性命]의 바름[正]이란 인의예지(仁義禮智)의 이치를 가리킨다고 했다. 음악, 여색, 좋
성명   정
은 냄새와 맛을 가진 음식을 탐하는 욕망은 모두 다 기질[氣], 즉 사람의 마음[人心]에서
기   인심
생겨나고, 인의예지의 이치는 다 본성[性], 즉 도리의 마음[道心]에 뿌리를 두고 있다. 이제
성   도심
임금께서 자기 한 몸만을 챙기는 데 급급할 경우 궁실(宮室) 여인들은 안락함만을 추구할
것이고 음식과 옷도 아름다운 것만을 추구해, (주변 신하들이) 비빈(妃嬪)을 그것으로만 모
시며 구경하고 편안한 것 그리고 유람과 사냥[觀逸遊田]²¹⁸의 즐거움으로만 받들려 할 것이
관일유전
다. 이것이 바로 사람의 마음[人心]이 일어나는 것[發]이다. 이런 마음이 주가 되고 억제하
인심   발
는 바가 없게 되면 물욕은 하루가 다르게 더 커져 얼마 안 가서 걸(桀)왕²¹⁹이나 주(紂)왕²²⁰
의 신세와 멀지 않게 될 것이다.

---

218 『서경』 「주서(周書)·무일(無逸)」편에 나오는 말이다.
219 상나라를 세운 탕왕에게 쫓겨난 하나라의 마지막 임금이다.
220 주나라를 세운 무왕에게 쫓겨난 상나라의 마지막 임금이다.

부귀(富貴)는 믿을 만한 것이 못 되며 오히려 우환을 만들어낼 수 있다는 것을 알고, 교만과 사치로 인해 방자해서는 안 되고 절제를 통해 공손하고 검소해야 한다는 것을 알며, 또 맛있는 술과 훌륭한 음식은 마음을 미혹시키는 맹독[鴆毒]과도 같다는 것을 안다면 왜 그런 것을 욕망하게 되는지를 생각해야 한다. 음탕한 음악과 아름다운 미인은 인간의 본성을 파괴하는 큰 도끼와 작은 도끼임을 안다면 왜 그것을 멀리해야 하는지를 생각해야 한다. 이런 생각이 바로 도리의 마음[道心]이 일어난 것이다. 이런 마음이 주가 되고 빠르게 상하지 않는다면 이치와 마땅함[理義]은 하루가 다르게 충만해져 얼마 안 가서 요순의 경지와 멀지 않게 될 것이다.

(그런데) 사람의 마음[人心]이 일어나는 것은 예리한 창끝이나 사나운 말과 같아서 쉽게 제어하거나 길들일 수 없기 때문에 이를 일러 '위태위태하다[危]'고 한 것이다. 도리의 마음[道心]이 일어나는 것은 불이 처음 붙는 것이나 샘이 처음 솟아나는 것과 같아서 쉽게 확산시키거나 채울 수 없기 때문에 '숨은 듯 미미하다[隱微]'고 한 것이다. 오로지 평상시에 장중한 태도와 공경하는 자세로 스스로의 몸가짐을 지키면서 하나의 생각이 일어나는 바의 근원을 살펴서 그 생각이 음악, 여색, 좋은 냄새와 맛을 가진 음식[聲色臭味]을 향해 일어난 것이라면 온 힘을 다해 그것이 자라나지 못하도록 다스려야 한다. 또 그 생각이 인의예지를 향해 일어난 것이라면 한결같은 의지로 지켜내 바뀌거나 다른 데로 옮겨가지 못하게 해야 한다.

무릇 마음 다스리기를 이와 같이 한다면 이치와 마땅함은 항상 우리 곁에 있게 되고 물욕은 물러가게 된다. 이런 자세로 세상의 만 가지 변화에 대응한다면 어디로 가든지 적중한 도리[中道]²²¹에 부합하지 않는 것이 없을 것이다.

「계사전」상 10장을 이어가자.

삼과 오[參伍=三五]로 달라지며[變] 그 수를 뒤섞고 합치니[錯綜], 그 달라짐을 통하게 해서[通其變] 드디어 하늘과 땅의 문(文-속에 있는 것이 남김없이 밖으로 표출됨)을 이뤄내며 그 수를

---

221 바른 도리[正道]와 비슷하지만, 바른 도리란 말에는 약간의 가치 판단이 개입돼 있다.

지극히 해서 드디어 천하의 상(象)을 정한다. (그러니) 만약에 천하의 지극히 달라질 줄 아는 사람[至變]이 아니고서 그 누가 능히 이에 참여할 수 있겠는가?

參伍以變 錯綜其數 通其變 遂成天地之文 極其數 遂定天下之象. 非天下之至變 其孰能與於此!

◉

삼오(參伍)와 착종(錯綜)의 문제는 명확하게 알기 어렵다. 다만 주희도 "시초(蓍草)를 세어 괘(卦)를 구하는 일"이라고 했다. 그렇게 해서 하늘과 땅의 문을 이뤄낸다는 것은 태양·태음·소양·소음을 각종 경우에 맞도록 섞어 건(乾, ☰), 태(兌, ☱), 이(離, ☲), 진(震, ☳), 손(巽, ☴), 감(坎, ☵), 간(艮, ☶), 곤(坤, ☷)을 빚어낸다는 말이다. 그 수를 지극히 해서 64괘 384효로 나아가는 것이 하늘과 땅의 상을 정한다는 말이다.

앞에서 공자는 일[事]을 정의하며 "그 달라짐을 통하게 하는 것[通其變]"이라고 했다. 그 달라지는 원리에 정통할 때라야 일을 잘 해낼 수 있다는 말이기도 하다. 그런 사람을 여기서는 "천하의 지극히 달라질 줄 아는 사람[至變]"이라고 한 것이다.

지금까지는 역(易)의 쓰임[用]에 관한 언급이었고, 이제 역의 본체[體體]를 말하고 이어서 결론이 나온다.

역(易)은 생각이 없고[无思] 뭔가를 하려는 뜻[有爲]이 없어 가만히 있으며[寂然] 움직이지 않다가[不動=不行], 느낌이 있게 되면[感] 드디어 천하의 일들과 그 원인[天下之故]과 통하게 된다. (그러니) 만약에 천하의 지극히 신묘한 사람[至神]이 아니고서 그 누가 능히 이에 참여할 수 있겠는가?

무릇 역(易)이란 빼어난 이가 (일과 사물을) 끝까지 깊게 파고들어[極深] (앞으로 올 일의) 기미나 조짐을 면밀하게 살피는 것[研幾=審幾]이다.[222]

---

222 주희가 말했다. "끝까지 깊게 파고드는 것이 '지극히 정밀한 것[至精]'이고 기미나 조짐을 면밀하게 살피는 것이 '지극히 달라질 줄 아는 것[至變]'이다."

아! 깊도다, 그 때문에 능히 천하의 뜻[天下之志]과 통할 수 있다.

아! 은미하도다[幾=微], 그 때문에 능히 천하의 일[天下之務]을 이뤄낼 수 있다.

아! 신묘하도다, 그 때문에 서두르지 않아도 빠르고[不疾而速] 가지 않는데도 이르게 된다
[不行而至].

공자가 말하기를 "'역(易)에는 빼어난 이의 도리[聖人之道]가 네 가지 있다'라고 한 것은 이것
을 가리키는 것이다"라고 했다.

易 无思也 无爲也 寂然不動 感而遂通天下之故 非天下之至神 其孰能與於此!

夫易 聖人之所以極深而研幾也.

唯深也 故能通天下之志

唯幾也 故能成天下之務

唯神也 故不疾而速 不行而至.

子曰 易有聖人之道四焉者 此之謂也.

◉

「계사전」 상 10장을 마무리하면서 다시 한번 앞서 본 바 있는, 『논어』 「양화」편에
서 제자 자공과의 대화 중에 했던 공자의 말을 깊이 음미해보기 바란다.

하늘이 무슨 말씀을 하던가? 사시(四時)가 운행되고 온갖 생물이 나고 자란다. 하늘이 무
슨 말씀을 하던가?

공자의 이 말은 곧 "역(易)은 생각이 없고[无思] 뭔가를 하려는 뜻[有爲]이 없어 가
만히[寂然] 움직이지 않다[不動=不行]가, 느낌이 있게 되면[感] 드디어 천하의 일들과
그 원인[天下之故]과 통하게 된다"는 것과 직접 통한다는 것을 알 수 있을 것이다.

여기서 "아! 깊도다, 그 때문에 능히 천하의 뜻[天下之志]과 통할 수 있다"라고 한
것은 위에서 "(그 일이) 멀거나 가깝거나[遠近] 그윽하거나 심원하거나[幽深] 할 것 없
이 드디어 앞으로 오게 될 일[來物=來事=未來事]을 알 수 있다. (그러니) 만약에 천하
의 지극히 정밀한 사람[至精]이 아니고서 그 누가 능히 이에 참여할 수 있겠는가!"라

고 한 것과 서로 조응한다.

　　"아! 은미하도다[幾=微], 그 때문에 능히 천하의 일[天下之務]을 이뤄낼 수 있다"라
고 한 것은 위에서 "삼과 오[參伍=三五]로 달라지며[變] 그 수를 뒤섞고 합치니[錯綜],
그 달라짐을 통하게 해서[通其變] 드디어 하늘과 땅의 문(文-속에 있는 것이 남김없이
밖으로 표출됨)을 이뤄내며 그 수를 지극히 해서 드디어 하늘과 땅의 상(象)을 정한
다. (그러니) 만약에 천하의 지극히 달라질 줄 아는 사람[至變]이 아니고서 그 누가 능
히 이에 참여할 수 있겠는가?"라고 한 것과 서로 조응한다. 이것이 바로 일하는 이치
[行事之理]다.

　　"아! 신묘하도다, 그 때문에 서두르지 않아도 빠르고[不疾而速] 가지 않는데도 이
르게 된다[不行而至]"라고 한 것은 "역(易)은 생각이 없고[无思] 뭔가를 하려는 뜻이
없어[有爲] 가만히 있으며[寂然] 움직이지 않다가[不動=不行], 느낌이 있게 되면[感]
드디어 천하의 일들과 그 원인[天下之故]과 통하게 된다. (그러니) 만약에 천하의 지극
히 신묘한 사람[至神]이 아니고서 그 누가 능히 이에 참여할 수 있겠는가?"라고 한 것
과 서로 조응한다.

　　「계사전」 상 11장은 좀 더 구체적으로 역(易)의 세계로 들어간다.

11. 「계사전」 상 11장

공자가 말했다. "무릇 역(易)이란 무엇을 하는 것인가? 저 역은 사물을 열어주고[開物] 일을 이
뤄[成務=成事] 천하의 도리[天下之道]를 다 감싸는 것[冒=蓋]으로, (다른 것은 없고) 이와 같을
뿐이다.[223] 이 때문에 빼어난 이는 그것으로 천하의 뜻[天下之志]과 통하고 천하의 일[天下之
業=天下之務]을 정하고[定=成] 천하의 의심스러운 것들[天下之疑]을 끊어낸다[斷].[224]

---

223 일의 이치와 일의 형세라는 시각으로 『주역』을 이해하려는 우리의 입장에서 공자의 이 말은 대단히 중요하다. 『주
　　역』이란 다름 아닌 일과 사물[物=事]이 시작돼 이뤄지는 원리며 천하의 도리를 다 포괄하고 있는 것임을 분명히
　　강조해서 말하고 있기 때문이다.

224 이 세 가지는 각각 앞에 나온 "아! 깊도다, 그 때문에 능히 천하의 뜻[天下之志]과 통할 수 있다. 아! 은미하도다[幾
　　=微], 그 때문에 능히 천하의 일[天下之務]을 이뤄낼 수 있다. 아! 신묘하도다, 그 때문에 서두르지 않아도 빠르고
　　[不疾而速] 가지 않는데도 이르게 된다[不行而至]"라는 말과 또다시 조응한다.

이 때문에 시초(蓍草)의 다움[德]은 원융(圓融)하면서 신묘하고[圓而神]²²⁵, 괘(卦)의 (괘)다움
은 방향이 정해짐으로 인해 지혜롭고[方以知]²²⁶, 6효(六爻)의 뜻은 바뀜[易]으로써 (앞일의 길
흉을) 알려준다[貢=告].²²⁷ 빼어난 이는 이 세 가지를 갖고서 마음을 깨끗이 씻어내[洗心] 마
음속 깊숙한 곳[密=隱密]에 물러나 감춰두고서 길함이나 흉함에 대해 백성과 더불어 근심을
함께하면서[與民同患]²²⁸ 신묘함으로 앞으로 올 일을 알아내고[神以知來] 지혜로움으로 지
나간 일들을 보관하니[知以藏往]²²⁹, 그렇다면 누가 능히 이에 참여할 수 있겠는가?²³⁰ 옛날의
귀 밝고[聰] 눈 밝고[明] 일에 밝고[睿] 사람에 밝아[知] 신령스러운 무덕(武德)을 갖고 있
으면서도 일과 사물을 해치지 않는 자[不殺]이리라."

子曰 夫易 何爲者也? 夫易 開物成務 冒天下之道 如斯而已者也. 是故 聖人 以通
天下之志 以定天下之業 以斷天下之疑.
是故 蓍之德 圓而神 卦之德 方以知 六爻之義 易以貢. 聖人以此洗心 退藏於密
吉凶 與民同患 神以知來 知以藏往 其孰能與於此! 古之聰明睿智 神武而不殺者夫!

◉

　　총명예지(聰明睿智)는 곧바로 군주가 반드시 갖춰야 할 네 가지 덕목이다. 그만큼
『주역』 또한 제왕학의 관점에서 지어진 것임을 잊어서는 안 된다. 이것은 『중용』에 나
오는 말이기도 하다.

　　오직 천하제일의 빼어난 임금만이 능히 귀 밝고 눈 밝고 일에 밝고 사람에 밝아[聰明睿知=
聰明叡智] 족히 '제대로 된 다스림[臨]'이 있게 된다.

---

225 사물을 열어줘 천하의 뜻과 통한다는 것에 상응한다.

226 일을 이뤄 천하의 일을 정한다는 것에 상응한다.

227 천하의 도리를 다 감싸 천하의 의심스러운 것들을 끊어낸다는 것에 상응한다.

228 임금이 역(易)을 필요로 하는 것은 바로 백성의 근심과 함께하기 위함이다.

229 예를 들면 역사적 앎이 바로 그것이다.

230 이 물음에 대해서는 바로 답이 이어진다.

더불어 불살(不殺)의 문제 또한 짚어야 한다. 거기에는 공자의 깊은 속뜻이 숨어 있기 때문이다. 단순히 사람을 죽이지 않는다는 뜻이 아니다. 『논어』「안연」편이다.

(노나라의 실권자) 계강자(季康子)가 공자에게 정치에 관해 물으면서 이런 질문을 던졌다.

"만일 무도한 자를 죽여 없애 나라가 도리가 있는 데로 나아간다면 그것은 어떻습니까?"

공자가 말했다.

"대부여! 정치를 하면서 어찌 죽임을 쓸 수 있겠습니까[用殺]? 대부께서 선하고자 한다면 자연스레 백성이 선해질 것이니, 군자의 다움은 바람[風]이요 소인의 다움은 풀[草]입니다. 풀에 (죽임과 같은) 거센 바람이 가해지면 풀은 반드시 쓰러지고 말 것입니다."

다시 「계사전」 상 11장이다.

이 때문에 하늘의 도리에 밝고 백성의 일[民之故=民情][231]을 깊이 살펴[察] 이에 신령스러운 물건[神物-서죽이나 시초점]을 일으켜 백성의 쓰임[民用]에 앞장서야 하니[前=前導], 빼어난 이는 이로써 재계(齋戒)해 그 다움[其德]을 신명스럽게 끌어올린다.

이 때문에 문을 닫는 것[闔戶]을 일러 곤(坤)이라 하고, 문을 여는 것[闢戶]을 일러 건(乾)이라고 한다. 한 번 닫고 한 번 여는 것[一闔一闢]을 달라짐[變]이라 하고, 오가는 데 있어 막힘이 없는 것[不窮]을 일러 통함[通]이라고 한다. 나타나는 것[見]을 곧 상(象)[232]이라 하고, 형체를 갖춘 것[形]을 곧 기(器)라고 한다. 지어서 쓰는 것[制而用之]을 일러 법(法)이라 하고, 이롭게 써서 들어오고 나가[利用出入] 백성이 모두 그것을 쓰는 것을 신(神)이라고 한다.[233]

---

231 백성의 길흉화복을 가리킨다.

232 일반적으로 상(象)은 눈에 보이지만 형체가 없는 것으로, 예를 들면 빛이 그것이다.

233 이 문단에 대한 주희의 전반적인 풀이는 참고할 만하다. "닫고 여는 것[闔闢]은 움직임과 고요함[動靜]의 기틀[機]이다. 먼저 곤(坤)을 말한 것은 고요함으로 말미암아 움직이기 때문이다. 건곤(乾坤)의 변통(變通)은 바뀌고 길러주는 것[化育]의 공로요, 현상(見象)과 형기(形器)는 사물이 생겨나는 차례다. 법(法)은 빼어난 이가 도리를 닦기 위해 하는 바요, 신(神)은 백성이 자연스럽게 하루하루 쓰는 바[日用]다."

이 때문에 역(易)에는 태극(太極)²³⁴이 있고, 태극은 양의(兩儀)를 낳고²³⁵, 양의는 사상(四象)을 낳고²³⁶, 사상은 8괘(八卦)를 낳고²³⁷, 8괘는 길함과 흉함[吉凶]을 정하고, 길함과 흉함은 큰일[大業]을 낳는다.²³⁸

이 때문에 (본받아야 할) 법(法)과 (드러내는) 상(象) 중에 하늘보다 큰 것은 없고, 달라져 통하는 것[變通] 중에 사계절[四時]보다 큰 것은 없다.²³⁹ 상(象)을 매달아[縣=懸] 밝음을 드러내는 것[著明] 중에 해와 달보다 큰 것은 없고, 높이 받드는 것[崇高] 중에 부유함과 귀함[富貴]²⁴⁰보다 큰 것은 없다. 사물들을 갖춰 쓰게 하고 (상(象)을) 세워 기물을 이뤄서[成器] 그것으로 천하를 이롭게 하는 것 중에는 빼어난 이[聖人]보다 큰사람은 없다. 심오함을 탐구하고[探賾] 숨은 것을 찾아내며[索隱] 깊은 것을 잡아내고[鉤深] 먼 곳까지 이르러[致遠] 그것으로 천하의 길함과 흉함을 정함으로써 천하의 힘써야 할 일[亹亹=勉勉]을 이뤄내는 것 중에 시초와 거북점[蓍龜]보다 큰 것은 없다.²⁴¹

이 때문에 하늘이 신물(神物)을 낳자 빼어난 이는 그것을 모범으로 삼고[則], 하늘과 땅이 달라지고 바뀌자[變化] 빼어난 이가 그것을 본받고[效], 하늘이 상(象)을 드리워[垂象] 길함과 흉함을 보여주자 빼어난 이가 본뜨고[象]²⁴², 하수(河水)에서 그림[圖]이 나오고 낙수(洛水)에서 글[書]이 나오자 빼어난 이는 그것을 모범으로 삼았다.²⁴³

---

234 하나의 원리 정도로만 이해하고 넘어가자.

235 음과 양이 생겨난 것이다.

236 두 획을 그으면 태(太)·소(少)가 생겨난다.

237 세 획을 그으면 하늘·땅·사람 삼재(三才)의 상(象)이 갖춰진다.

238 길함을 고르고 흉함을 피해 끝에 가서 일을 이루게 된다는 것이다. 핵심은 여전히 일[事=業=務]이다.

239 다시 한번 『논어』「양화」편에서 제자 자공과의 대화 중에 했던 공자의 말을 깊이 음미해보기를 바란다. "하늘이 무슨 말씀을 하던가? 사시(四時)가 운행되고 온갖 생물이 나고 자란다. 하늘이 무슨 말씀을 하던가?"

240 이는 천하를 소유하고 천자의 지위에 오른다는 말이다.

241 주희가 말했다. "의심하면 게을러지니 (의심스러운 것들에 대해 점으로) 결단하기 때문에 힘쓰는 것이다."

242 괘상을 그려냈다는 말이다.

243 이는 하도(河圖)·낙서(洛書)를 말한 것이다. '하도'란 중국 고대 복희씨 때 황하강에서 용마(龍馬)가 지고 나왔다는 55개의 점으로 된 그림이다. 동서남북 중앙으로 일정한 수로 나뉘어 배열돼 있으며, 낙서와 함께 『주역』의 기본 이치가 되었다. '낙서'는 홍수를 다스린 것으로 유명한 중국 하(夏)나라 우왕이 낙수(洛水)에서 구한 거북 등에 쓰여 있었다는 45개의 점으로 된 9개의 무늬를 가리킨다. 8괘와 홍범구주(洪範九疇)가 여기에서 비롯한 것이다.

역(易)에 사상(四象)[244]이 있는 것은 보여주기[示] 위함이고, 말을 단 것[繫辭][245]은 알려주기[告] 위함이며, 이를 길함과 흉함으로 정하는 것은 의심을 끊기[斷=斷疑] 위함이다.

是以明於天之道而察於民之故 是興神物 以前民用 聖人 以此齋戒 以神明其德夫.
시이 명어 천지도 이 찰어 민지고 시흥 신물 이전 민용 성인 이차 재계 이 신명 기덕 부.

是故 闔戶謂之坤 闢戶謂之乾 一闔一闢謂之變 往來不窮謂之通. 見乃謂之象 形
시고 합호 위지 곤 벽호 위지 건 일합일벽 위지 변 왕래 불궁 위지 통. 현내 위지 상 형

乃謂之器 制而用之謂之法 利用出入 民咸用之謂之神.
내 위지 기 제이용지 위지 법 이용 출입 민함 용지 위지 신.

是故 易有太極 是生兩儀 兩儀生四象 四象生八卦 八卦定吉凶 吉凶生大業.
시고 역유 태극 시생 양의 양의 생 사상 사상 생 팔괘 팔괘 정 길흉 길흉 생 대업.

是故 法象 莫大乎天地. 變通 莫大乎四時. 懸象著明 莫大乎日月. 崇高莫大乎
시고 법상 막대 호 천지. 변통 막대 호 사시. 현상 저명 막대 호 일월. 숭고 막대 호

富貴. 備物致用 立成器 以爲天下利 莫大乎聖人. 探賾索隱 鉤深致遠 以定天下之
부귀. 비물 치용 입 성기 이위 천하 리 막대 호 성인. 탐색 색은 구심 치원 이정 천하 지

吉凶 (以)成天下之亹亹者 莫大乎蓍龜.
길흉 이 성 천하 지 미미 자 막대 호 시귀.

是故 天生神物 聖人則之 天地變化 聖人效之 天垂象 見吉凶 聖人象之 河出圖 洛
시고 천생 신물 성인 칙지 천지 변화 성인 효지 천 수상 현 길흉 성인 상지 하 출도 낙

出書 聖人則之.
출서 성인 칙지.

易有四象 所以示也 繫辭焉 所以告也 定之以吉凶 所以斷也.
역 유 사상 소이 시 야 계사 언 소이 고 야 정지 이 길흉 소이 단 야.

12. 「계사전」 상 12장

역(易)에 이르기를 "하늘에서 이를 도우니 길하고 이롭지 않음[不利]이 없다"라고 했다. 공자
가 말하기를 "우(祐)란 돕는다[助]는 뜻이다. 하늘이 도와주는 것은 고분고분하기[順] 때문이
고 사람이 도와주는 것은 믿을 만한 것[信]이기 때문이니, 믿음을 행하여 고분고분함을 생각
하고[履信思乎順] 나아가 그것으로 뛰어난 이를 높인다[尙賢]. 이 때문에 하늘에서 이를 도

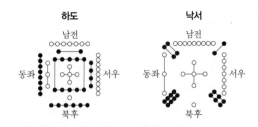

244 음양(陰陽)과 태소(太少=노소(老少))를 말한다.

245 문왕과 주공이 64괘 384효에 풀이하는 말을 단 것을 말한다.

우니 길하고 이롭지 않음이 없는 것이다"라고 했다.[246]

易曰 自天祐之 吉 无不利. 子曰 祐者 助也 天之所助者順也 人之所助者信也 履信
<small>역왈 자천 우지 길 무불리   자왈 우자 조야 천지 소조 자 순야 인지 소조 자 신야   이신</small>
思乎順 又以尙賢也. 是以 自天祐之吉无不利也.
<small>사호 순 우이 상현 야   시이 자천 우지 길 무불리 야</small>

◉

　　역(易)에서 했다는 말은 대유괘(大有卦, ䷍)의 맨 위에 있는 붙은 효[上九]에 대한 풀
이[爻辭]다.<small>효사</small> 그런데 이 효사와 그에 대한 공자의 풀이를 유심히 비교해볼 필요가 있다.
공자는 하늘에서 돕는다는 말은 사람이 스스로 최선을 다할 때 하늘이 도와주는 것이
라고 풀이한다. 즉 실제로 무슨 하늘이 돕는 것이 아니라 사람이 일에 정성을 다해 믿음
을 얻어내고, 늘 삼가고 겸손한 태도로 뛰어난 이를 뽑아 쓸 때 일이 성공을 이루게 된
다는 말이다. 이는 천리(天理)나 천도(天道)에서의 하늘을 진짜 하늘이 아니라 단순한
비유라고 보았던 진덕수의 생각과도 통한다. 즉 하늘의 이치, 하늘의 도리가 아니라 하
늘과도 같은 명명백백한 이치나 도리라는 말이다. 이 점은 구체적으로 천체로서의 하늘
을 지칭할 때를 제외하고는 일관되게 유지돼야 할 것이다. 다시 12장이다.

　　공자가 말했다. "글[書]로는 말[言]을 다 담아낼[盡] 수 없고 말로는 뜻이나 생각[意]을 다 담아
<small>서   언   진   의</small>
낼 수 없다. 그렇다면 빼어난 이의 뜻이나 생각은 이에[其] 다 나타나지 않는다는 것인가?"
<small>기</small>
　　공자가 말했다. "빼어난 이는 상을 세워[立象] 그것으로 뜻을 다 담아냈고[盡][247], 괘를 베풀어
<small>입상   진</small>
[設卦] 그것으로 진짜와 거짓[情僞]을 다 담아냈고, 말을 달아[繫辭] 그것으로 그 말을 다 담
<small>설괘   정위   계사</small>
아냈고[248], 그것을 달라지고 통하게 해[變而通] 그것으로 이로움[利]을 다했고[盡], 그것을 두
<small>변이통   이   진</small>

---

246 주희가 말했다. "마땅히 8장의 끝에 있어야 할 것이다." 즉 문맥상으로 여기에 배치된 것은 착오로 보인다는 말이
　　다. 「계사전」 상 8장의 사례의 하나로 충분하다는 말이다.

247 주희가 말했다. "말로 전하는 것은 얕고 상으로 보여주는 것은 깊다."

248 이 짧은 구절에 『주역』 형성의 역사가 담겨 있다. 일반적으로 복희씨가 황하강에서 나온 용마의 등에 그려진 그림
　　을 보고서 8괘를 그렸다고 하는데, 입상(立象)은 그것을 가리킨다. 그 후에 누군가가 8괘를 중첩시켜 64괘를 만들
　　었다. 이어 주나라 문왕이 그 그림을 보고서 64개의 괘사(卦辭)를 지었다고 하는데, 설괘(設卦)는 그것을 가리킨
　　다. 주공이 384개의 효사(爻辭)를 지었다고 하는데, 계사(繫辭)는 그것을 가리킨다. 공자는 이 「계사전」을 비롯해

드리고 춤추게 해[鼓之舞之] 그것으로 신묘함을 다했다[盡神].”[249]

(원리로서의) 건(乾)과 곤(坤)은 아마도[其] 역(易)의 얼[蘊]일 것이다. 건과 곤이 열(列)을 이루고 역은 그 속에서 세워진다.[250] (따라서) 건과 곤이 허물어지면[殷] 역을 볼 수 없고, 역을 볼 수 없으면 건과 곤(의 움직임)이 혹 거의 그치게[息=止] 될 것이다.[251]

이 때문에 형보다 위에 있는 것[形而上]을 일러 도리[道]라 하고 형보다 아래에 있는 것[形而下]을 일러 기물[器=器物]이라고 하며, 바뀌어 이를 마름질하는 것[化而裁之]을 일러 달라짐[變]이라 하고 미뤄 헤아려 이를 행하는 것[推而行之]을 일러 통함[通]이라고 하며, 이(같은 화재추행(化裁推行))를 갖고서 천하의 백성에게 베푸는 것[擧而措之]을 일러 사업(事業)이라고 한다.[252]

이 때문에 무릇 상(象)이란 빼어난 이가 그것을 갖고서[以] 천하의 심오함[賾]을 본 다음에 그모습[形容]들을 잘 본뜨고 헤아려[擬] 그 물체의 마땅함[物宜][253]을 형상화한 것이다[象]. 이 때문에 그것을 상(象)이라고 일렀다. 빼어난 이는 천하의 움직임[動]을 보면서 그 만나서 통하는 것[會通]을 깊이 살펴 그것으로 그 표본이 되는 사리[典禮]를 행하고, 말을 달아[繫辭] 그것으로 그 (행하는 사리의) 길함과 흉함을 결단한다. 이 때문에 그것을 효(爻-본받음)라고 일렀다. 천하의 심오함을 지극히 하는 것[極]이란 괘(卦)에 있고, 천하의 움직임을 두드리는 것[鼓=鼓舞]이란 효사[辭=爻辭]에 있으며[254], 바꾸어 이를 마름질하는 것[化而裁之]은 달라짐[變]에 있고, 미뤄 헤아려 이를 행하는 것[推而行之]은 통함[通]에 있다. (그리고) 신묘함을 다해 그것을 밝히는 것[神而明之]은 그 적합한 사람[其人]에게 있고, 묵묵히 그것을 이뤄내고

모두 10개의 글을 지었는데, 그것을 십익(十翼)이라고 한다.

249 주희가 말했다. “변통과 고무는 일[事]의 관점에서 말한 것이다.”

250 순양과 순음인 건과 곤 두 괘가 기본이 돼 착종하면서 64괘가 성립되는 것을 말한다.

251 그러나 64괘의 마지막이 미제(未濟-아직 끝나지 않음)괘(䷿)인 데서 보듯이 그치지 않고 계속 이어져간다.

252 변통의 목표는 결국 백성을 이롭게 하는 데 있다는 것을 말하고 있다는 점에서 이 모든 것은 제왕의 일하는 자세와 관련이 있다는 것을 알 수 있다. 핵심은 화재추행(化裁推行)이다. 화(化)란 변화를 이해하는 것이고, 재(裁)는 일의 선후본말(先後本末)을 가려내는 것이며, 추(推)는 일을 하기에 앞서 전체적인 그림을 그리는 것이고, 행(行)은 말 그대로 실행에 옮기는 것이다. 정확히 그 달라짐을 통하게 하는 것[通其變]으로서의 일[事]을 보다 상세하게 풀어내고 있다.

253 그 물체의 본질을 가리킨다.

254 괘사는 상황을 판단하는 근거이고 효사는 행동하는 지침임을 알 수 있다.

[默而成之] 말을 하지 않아도 (사람들이 따르고) 믿게 하는 것[不言而信]은 (일을 행하는 임금
묵이성지   불언이신
의) 다움과 일을 행하는 것[德行]에 있다.
                        덕행

子曰 書不盡言 言不盡意. 然則聖人之意 其不可見乎? (子曰) 聖人 立象以盡意
자왈 서 부진 언 언 부진 의   연즉 성인 지 의 기 불가 견 호   자왈   성인 입상 이 진의

設卦以盡情僞 繫辭焉以盡其言 變而通之 以盡利 鼓之舞之 以盡神.
설괘 이진 정위 계사 언 이진 기언   변이통 지 이진 리 고지 무지 이 진신

乾坤 其易之縕耶. 乾坤成列 而易立乎其中矣. 乾坤毀則无以見易 易不可見 則
건곤 기 역지온 야   건곤 성렬 이역 입호 기중 의   건곤 훼 즉 무이 견역 역 불가 견 즉

乾坤或幾乎息矣.
건곤 혹 기호 식 의

是故 形而上者謂之道 形而下者謂之器 化而裁之謂之變 推而行之謂之通
시고 형이상 자 위지 도 형이하 자 위지 기 화이재지 위지 변 추이행지 위지 통

擧而措之天下之民謂之事業.
거이조지 천하지민 위지 사업

是故 夫象 聖人有以見天下之賾 而擬諸其形容 象其物宜. 是故謂之象. 聖人有以
시고 부 상 성인 유 이 견 천하지색 이 의저 기 형용 상 기 물의   시고 위지 상 성인 유 이

見天下之動 而觀其會通 以行其典禮 繫辭焉 以斷其吉凶. 是故謂之爻.
견 천하지동 이 관 기 회통 이행 기 전례 계사 언 이단 기 길흉 시고 위지 효

極天下之賾者 存乎卦 鼓天下之動者 存乎辭 化而裁之 存乎變 推而行之 存乎通
극 천하지색 자 존호 괘 고 천하지동 자 존호 사 화이재지 존호 변 추이행지 존호 통

神而明之 存乎其人 黙而成之 不言而信 存乎德行.
신이명지 존호 기인 묵이성지 불언이신 존호 덕행

●

공자는 첫머리에서 "글[書]로는 말[言]을 다 담아낼[盡] 수 없고 말로는 뜻이나 생
                   서   언   진
각[意]을 다 담아낼 수 없다"고 했지만, 곧바로 빼어난 이는 상(象)을 세워 그 뜻을 다
 의
하고[盡意] 글을 달아[繫辭] 그 말을 다한다고 했다.
   진의   계사

　여기서 보다 상세한 풀이가 필요한 대목 두 곳이 있다. 하나는 "바꾸어 이를 마름
질하는 것[化而裁之]은 달라짐[變]에 있고"이고, 또 하나는 "미뤄 헤아려 이를 행하는
        화이재지   변
것[推而行之]은 통함[通]에 있다"이다.
   추이행지   통
　'바꾸어 이를 마름질하는 것[化而裁之]'은 정확히 무슨 뜻일까? 마름질[裁]부터
                        화이재지   재
알아보자. 『논어』「공야장」편이다.

　공자가 진(陳)나라에 머물 때 이렇게 말했다. "(고국으로) 돌아가야겠다, 돌아가야겠다. 우
리 당의 제자들이 뜻은 크나 일에는 거칠어[狂簡], 찬란하게 문장을 이루었지만, 그것을 마
                          광간
름질할 줄을 모르는구나[歸與歸與 吾黨之小子狂簡 斐然成章不知所以裁之]!"
                  귀 여 귀 여 오당 지 소자 광간 비연 성장 부지 소이 재 지

이는 도리나 이치를 자기 것으로 만든다는 뜻이다. 공자는 이를 또 다잡다[約]라
고 했는데, 일의 이치에 입각해 스스로를 다잡는 것[約禮]을 말한다. 그래서 「자한(子
罕)」편에서 공자의 수제자 안회는 "(스승님께서는) 애씀을 통해 나를 넓혀주셨고 일의
이치를 통해 나를 잡아주셨다[博我以文約我以禮]"라고 말했던 것이다.

바꾼다[化]는 것은 그래서 일의 이치를 통해 자신을 세우는 것[立己以禮]이다. 『논
어』 「태백」편에서 공자는 이렇게 말했다.

공손하되 예가 없으면 수고롭고, 삼가되 예가 없으면 두렵고, 용맹하되 예가 없으면 위아
래 없이 문란해질 수 있고, 곧되 예가 없으면 강팍해진다[恭而無禮則勞 愼而無禮則葸 勇而
無禮則亂 直而無禮則絞].

공손, 삼감, 용맹, 곧음이 다움[德]이라면 그것을 행할 때 일의 이치[事理=禮]에 맞
게 하라는 말이다. 이는 자신을 그렇게 바꿀[化] 때만 가능하다. 이렇게 바꾸는 것이
곧 마름질[裁]이다. 『논어』 「양화」편에서 공자는 이 같은 마름질이 전혀 안 되는 제자
자로에게 이렇게 말했다.

어짊을 좋아하기만 하고 (그에 필요한 일의 이치[禮=事理]를) 배움은 좋아하지 않는다면 그
폐단은 어리석게 된다는 것이다. 사람을 평하고 논하기를 좋아하기만 하고 (그에 필요한 일
의 이치[禮=事理]를) 배움은 좋아하지 않는다면 그 폐단은 쓸데없는 데 시간과 노력을 탕진
하는 것이 된다. 신의라고 하여 하나만 잡고서 (그에 필요한 일의 이치[禮=事理]를) 배움을 좋
아하지 않는다면 그 폐단은 잔인해진다는 것이다. 곧은 것을 좋아하고 (그에 필요한 일의 이
치[禮=事理]를) 배움을 좋아하지 않으면 그 폐단은 너무 급해진다는 것이다. 용맹을 좋아하
기만 하고 (그에 필요한 일의 이치[禮=事理]를) 배움을 좋아하지 않으면 그 폐단은 어지러워
진다는 것이다. 굳센 것을 좋아하기만 하고 (그에 필요한 일의 이치[禮=事理]를) 배움을 좋아
하지 않으면 그 폐단은 경솔하게 된다는 것이다[好仁不好學其蔽也愚 好知不好學其蔽也蕩
好信不好學其蔽也賊 好直不好學其蔽也絞 好勇不好學其蔽也亂 好剛不好學其蔽也狂].

이렇게 하는 것이 바뀌는 것[化]이고 마름질[裁]이며 달라짐[變]이다. 일의 이치를

모르는 제자 자로에 대해 공자는 이렇게 슬쩍 비아냥거리기도 했다.

공자가 말했다.

"세상에 도리가 행해지지 않는다. 뗏목을 타고 바다를 건너갈까 하는데, 나를 따를 사람은 아마도 저 자로뿐일 것이다."

자로는 이를 전해 듣고 무척 기뻐했다. 이에 공자가 말했다.

"자로는 용맹을 좋아하는 것은 나보다 낫지만 일을 마름질할 줄을 모른다[無所取裁]. 사리
를 헤아려 분별하려 하지도 않고 나를 따르려 한다."

공자가 뗏목을 타고 바다를 건너겠다고 했을 때 제대로 도리를 배운 제자라면 말려야 한다. 뗏목으로 큰 바다를 건넌다는 것은 대단히 위험한 일이기 때문이다. 그런데도 자로는 그저 자신을 칭찬하는 말로 듣고 기뻐했다. 이에 그 문제점을 정확하게 짚어내며 공자는 "자로는 마름질할 줄을 모른다[無所取裁]"라고 했던 것이다.

공자가 말하는 마름질[裁]의 의미를 충분히 이해했으리라 여기고 다음으로 넘어가자. "미뤄 헤아려 이를 행하는 것[推而行之]은 통함에 있다"라는 것은 곧 일[事]의 문제다. 아무리 사리를 잘 배워 달달 외워도 정작 일에 임해서 일을 잘 해내지 못한다면 그것은 무능(無能)이다. 이번에도 『논어』의 도움이 결정적이다. 「자한」편이다.

공자가 말했다.

"솜으로 된 남루한 옷을 입고서도 여우나 담비 가죽으로 만든 귀한 옷을 입은 자와 나란히
서 있으면서도 부끄러워하지 않는 자는 다름 아닌 자로일 것이다. '남을 해치지 않고 남의
것을 탐하지 않는다면 어찌 좋다고 하지 않을 수 있겠는가'라는 시가 있지 않은가?"

자로가 이 말을 듣고서 늘 이 시구를 읊고 다니자 공자는 꾸짖었다.

"그렇게 달달 외우기만 한다면 그 방법이 어찌 족히 좋다고 할 수 있겠는가?"

같은 맥락에서 「자로」편에는 바로 자로를 염두에 둔 듯한 공자의 말이 나온다.

공자가 말했다.

"『시경』300편을 달달 외우더라도 정사를 맡겼을 때 잘하지 못하고 외국에 사신으로 나가 혼자서 전적으로 처결하지[專對] 못한다면, 비록 많이 배웠다 한들 또한 어디에다 쓰겠는가?"
전대

자로의 추이행지(推而行之)하지 못함을 이렇게 꾸짖은 것이다. "신묘함을 다해 그것을 밝히는 것[神而明之]"에 대해서는『중용』24장이 풀이를 대신할 수 있다.
신이명지

지극한 열렬함의 길을 가게 되면 미리 (앞으로 일어날 일을) 알 수 있다. 국가(혹은 나라와 집안)가 바야흐로 일어나려 할 때는 반드시 길조(吉兆)가 있고 국가(혹은 나라와 집안)가 망하려 할 때는 반드시 흉조가 있어, 시초점과 거북점에 나타나며 사지의 움직임으로도 나타난다. 화·복이 닥쳐오려 할 때 선함을 먼저 알아보고 선하지 못함을 반드시 먼저 알아보는 것이니, 고로 지극한 열렬함은 신령과 같은 것이다[至誠之道 可以前知 國家將興 必有楨祥
지성 지 도 가이 전지 국가 장 흥 필유 정상
國家將亡 必有妖孼 見乎蓍龜 動乎四體 禍福將至 善必先知之 不善必先知之 故 至誠如神].
국가 장 망 필유 요얼 현호 시귀 동호 사체 화복 장지 선필 선지 지 불선 필 선지 지 고 지성 여신

특히 마지막의 "묵묵히 그것을 이뤄내고[黙而成之] 말하지 않아도 (사람들이 따르
묵이성지
고) 믿게 하는 것[不言而信]"은 일을 행하는 임금의 다움과 행함[德行]이라는 점에서
불언이신   덕행
주목할 필요가 있다.

묵묵히 이뤄낸다는 것은 그것을 내세워 자랑하지 않는다[不伐]는 것이다. 이를 정
불벌
확히 표현한 것이 바로『논어』「학이」편에서 공자가 말한, "남들이 나를 알아주지 않아
도 속으로조차 서운해하지 않는다면 진실로 군자가 아니겠는가[人不知而不慍 不亦君子
인 부지 이 불온 불역 군자
乎]?"라는 말이다.「술이」편에서 공자는 다움을 갖추려면 "마음속에 간직하고 내세우
호
지 말라[黙而識之]"고 했다. 다움[德]이란 떠벌리는 순간 내 몸을 떠나버린다.「양화」편
묵 이 지지   덕
에서 공자는 "길에서 (도리에 관한 좋은 말을) 듣고 길에서 말해버리면 이는 곧 다움[德]
덕
을 버리는 것이다"라고 했다. 말하지 않아도 믿게 한다는 것은 곧 군주 자신이 모범을
보이라는 말이다. 본인이 삼가는 마음으로[敬] 주도면밀하게 일을 잘 해내면[敬事] 백성
경   경사
은 신뢰를 보낸다는 뜻이다. 그것이 군주가 바르게 일을 하는 법[行事]이다.
행사

「계사전」하

「계사전」은 상하(上下)나 장(章)의 구분이 없었다. 따라서 전체를 하나의 흐름으로 보고
서 읽어나가면 된다. 상하나 장의 구분은 편의상 그렇게 한 것일 뿐이다. 내용은 본격적
으로 괘(卦)와 효(爻)의 변화로 들어간다.

1. 「계사전」하 1장

8괘가 열을 이루니[成列] 상(象)은 그 속에 있고[1] 이어 그것을 거듭하니[重] 효(爻)가 그 속에 있다.[2]

(양의) 군셈과 (음의) 부드러움[剛柔][3]이 서로 옮겨가니[相推][4] 달라짐[變]이 그 속에 있다.

말을 달아[繫辭] 그것을 알려주니[命=告] 움직임[動][5]이 그 속에 있다.

길함과 흉함[吉凶], 뉘우침과 안타까움[悔吝]은 움직임에서 생겨나고, 군셈과 부드러움이란 근본을 세우는 것[立本]이고, 달라져 통함[變通]이란 때에 맞추는 것[趣時=及時][6]이다.

길함과 흉함이란 늘[貞=正=常] 이기는 것이어서[7], 하늘과 땅의 도리는 늘 보여주는 것[觀=示]이고 해와 달의 도리는 늘 밝은 것이고 천하의 움직임은 오로지 늘 한결같음[一]이다.[8]

무릇 건(乾)은 확고해[確然] 사람들에게 평이한 길[易=易道]을 보여주고 곤(坤)은 고분고분해[隤然=順然] 사람들에게 간략한 길[簡=簡道]을 보여준다.[9] 효(爻)란 이를 본받은[效] 것이고[10]

---

1 8괘가 열을 이루었다는 것은 1건(乾, ☰, 하늘), 2태(兌, ☱, 못), 3이(離, ☲, 불), 4진(震, ☳, 우레), 5손(巽, ☴, 바람), 6감(坎, ☵, 물) 7간(艮, ☶, 산), 8곤(坤, ☷, 땅)을 가리키고, 상(象)이란 각 괘(卦)의 모양을 가리킨다.

2 거듭했다는 것은 8괘를 중첩시켜 64괘를 만들었다는 것이고, 효는 6효를 가리킨다. 즉 효 하나하나가 뜻을 갖는 것은 8괘에서가 아니라 64괘에서라는 말이다.

3 강과 유는 각각 양과 음에 해당한다.

4 여기서 추(推)는 미뤄 헤아리는 것이 아니라 상대방 쪽으로 옮겨간다는 뜻이다. 즉 추이(推移)의 뜻을 갖고 있다.

5 일을 실행한다는 뜻이다.

6 이는 때에 따른다는 말로 공자가 늘 강조하는 시중(時中), 곧 권도(權道)를 발휘하는 것과 통한다. 상황 판단이 중요하다는 말이다.

7 주희가 말했다. "정(貞)이란 바름[正]이요 일정함[常]이니 일[物=事]은 바른 것을 일정함으로 삼는다. 그래서 천하의 일은 길하지 않으면 흉하고 흉하지 않으면 길하여 늘 서로 이기려 함이 그치지 않는 것이다." 동시에 늘 길함이 이기면 다시 흉함이 이기게 되는 것이 반복된다고 이해할 수도 있다.

8 그래서 이런 도리에 부합하면 길하고 부합하지 못하면 흉하다. 이런 도리는 늘 변함없이 한결같다는 말이다.

9 이는 「계사전」 상에서 했던 말을 압축해서 표현한 것이다. "건은 평이함[易]으로 일을 주관하고 곤은 간결함[簡]으로 능히 해낸다. 평이하면 주관하기 쉽고 간결하면 따르기 쉽다[易從]. 주관하기 쉬우면 제 몸처럼 여기는 사람들이 있게 되고[有親] 따르기 쉬우면 성과가 있게 된다[有功]. 제 몸처럼 여기는 사람들이 있으면 오래 지속할 수 있고[可久], 성과가 있게 되면 (일을) 크게 할 수 있다[大]. 오래할 수 있으면 뛰어난 이의 다움[賢人之德]이고, 크게 할 수 있으면 뛰어난 일의 공적[業]이다."

10 손동원이 말했다. "384효의 절반에 해당하는 192효는 건괘의 강효로 이뤄지고 나머지 192효는 곤괘의 유효로 돼 있다. 천지 만물이 건괘의 이(易)와 곤괘의 간(簡)이라는 도리로 돼 있으니, 64괘 384효 또한 건곤의 이간(易簡)의

상(象)이란 이를 형상화한[像] 것이다.

효(爻)와 상(象)은 (괘의) 안에서 움직이고 길함과 흉함은 밖으로 드러나며, (일의) 공로와 업적[功業]은 달라짐[變]에서 나타나고 빼어난 이의 속내[聖人之情]는 말[辭]로 드러난다.[11]

하늘과 땅의 큰 다움[大德]을 낳아주고 살려줌[生]이라 하고, 빼어난 이의 큰 보물[大寶]을 자리[位]라고 한다.[12] 무엇으로 자리를 지키는가[守位]? 사람[人]이다.[13] 무엇으로 사람을 모으는가[聚人]? 재물[財]이다.[14] 재물을 다스리고[理財][15] 말을 바르게 하며[正辭=正名][16] 백성이 잘못을 범하는 것을 막는 것을 (군주된 자의) 마땅함[義]이라고 한다.[17]

도리를 본받았다는 의미다."

11 그렇기 때문에 계사(繫辭)의 말뜻을 제대로 이해하게 되면 문왕이나 주공의 속내를 알게 되는 것이다.

12 다움[德]과 그에 어울리는 지위나 자리[位]의 문제는 공자가 늘 강조하는 주제다. 『중용』에 나오는 말이다. "비록 그 지위가 있다 하더라도 진실로 그에 어울리는 다움[德]이 없다면 감히 예악을 지어서는 안 되며, 비록 그 다움이 있다 하더라도 진실로 그에 어울리는 지위가 없다면 이 또한 감히 예악을 지어서는 안 된다."

13 판본에 따라 인(人)이 아니라 인(仁)으로 돼 있는 경우도 있다. 그러나 문맥상 사람으로 보는 게 맞다. 이때 사람이란 수많은 사람[衆人], 즉 백성을 뜻한다.

14 재물이라고 한 데 대해 고개를 갸우뚱하는 사람이 있을지 모르겠다. 그러나 백성의 일상생활에 필요한 물건들을 가리킨다. 『대학』에 이런 구절이 나온다. "재물을 늘리는 데는 큰 방법이 있으니, 늘리는 자가 많고 쓰는 자가 적으며 늘리기를 빨리 하고 쓰기를 느리게 하면 재물은 늘 충분할 것이다. 어진 자는 재물로써 몸을 일으키고 어질지 못한 자는 몸으로써 재물을 일으킨다. 윗사람이 어짊[仁]을 좋아하는데 아랫사람이 마땅함[義]을 좋아하지 않는 자는 없으니, (아랫사람들이) 마땅함을 좋아하고서 윗사람의 일이 끝마쳐지지 못하는 경우는 없으며 창고의 재물이 윗사람의 재물이 아닌 경우가 없는 것이다."

15 이때의 재물이란 곧 일상생활에 필요한 재물들을 넉넉히 생산하고 고르게 분배해 사람들이 편안하게 일상생활을 누릴 수 있도록 해주는 것이다.

16 『논어』 「자로」편에 나오는 공자의 정명(正名)이 그 뜻을 정확하게 풀어내 준다. 자로가 물었다. "위나라 군주가 스승님을 기다려 정치에 참여시키려고 하니 스승님께서는 정치를 하시게 될 경우 무엇을 우선시하시렵니까?" 공자가 말했다. "반드시 이름부터 바로잡겠다[正名]." 이에 자로가 말했다. "이러하시다니! 스승님의 우활하심이여! (그렇게 해서야) 어떻게 (정치를) 바로잡으시겠습니까?" 이에 공자는 말했다. "한심하구나, 유여! 군자는 자기가 알지 못하는 것은 비워두고서 말을 하지 않는 법이다. 이름이 바르지 못하면 말이 순하지 못하고, 말이 순하지 못하면 일이 이뤄지지 못하고, 일이 이뤄지지 못하면 예악이 흥하지 않고, 예악이 흥하지 못하면 형벌이 알맞지 못하고, 형벌이 알맞지 못하면 백성이 손발을 둘 곳이 없게 된다. 고로 군자가 이름을 붙이면 반드시 말할 수 있고, 말할 수 있으면 반드시 행할 수 있는 것이니, 군자는 그 말에 있어 구차히 함이 없을 뿐이다." 정확히 이 문맥과도 이어진다.

17 백성이 잘못을 범하는 것을 막는 방법과 관련해서는 『논어』 「자로」편에 나오는 공자와 제자 염유(冉有)의 대화가 결정적 도움을 준다. 그것은 재물의 문제와도 연결된다. "공자가 위나라에 갈 때 염유가 수레를 몰았다. 공자가 '인민이 많구나!'라고 하자 염유는 '이미 인민이 많으면 또 무엇을 더해야 합니까?'라고 물었다. 공자는 '그들을 넉넉하게 해주어야 한다[富之]'고 답했다. 다시 염유가 '이미 넉넉해지면 또 무엇을 더해야 합니까?'라고 묻자 공자는 '(도리를) 가르쳐야 한다[敎之]'고 답했다."

八卦成列 象在其中矣 因而重之 爻在其中矣.
팔괘 성렬 상재 기중 의 인이 중지 효재 기중 의

剛柔相推 變在其中矣 繫辭焉而命之 動在其中矣. 吉凶悔吝者 生乎動者也.
강유 상추 변재 기중 의 계사 언 이 명지 동재 기중 의 길흉 회린 자 생호 동자 야

剛柔者 立本者也 變通者 趣時者也.
강유 자 입본 자야 변통 자 취시 자야

吉凶者 貞勝者也.
길흉 자 정 승자 야

天地之道 貞觀者也 日月之道 貞明者也 天下之動 貞夫一者.
천지지도 정 관자 야 일월지도 정 명자 야 천하지동 정 부 일자

夫乾 確然 示人易矣 夫坤 隤然 示人簡矣.
부 건 확연 시인 이의 부곤 퇴연 시인 간 의

爻也者 效此者也 象也者 像此者也.
효 야자 효차 자 야 상 야자 상차 자 야

爻象動乎內 吉凶見乎外 功業見乎變 聖人之情 見乎辭.
효상 동호 내 길흉 현호 외 공업 현호 변 성인 지정 현호 사

天地之大德曰生 聖人之大寶曰位 何以守位? 曰人 何以聚人 曰財. 理財 正辭
천지 지 대덕 왈생 성인 지 대보 왈위 하이 수위 왈 인 하이 취인 왈재 이재 정사

禁民爲非曰義.
금민 위비 왈 의

◉

　　공자는 우리를 고대 중국 역사 속으로 초대한다. 2장에서 괘(卦)가 처음 만들어질 때의 상황을 살짝 들려준다.

2. 「계사전」 하 2장

옛날에 포희씨(包犧氏)[18]가 천하에 왕 노릇을 할 때, 위로는[仰則=上以] 하늘에서 상(象-천체
　　　　　　　　　　　　　　　　　　　　양즉　　상이
현상)을 살피고 아래로는[俯則=下以] 땅에서 모양[法]을 살피며 새나 짐승의 무늬[文]와 땅의
　　　　　　　　　부즉　　하이　　　　법　　　　　　　　　　　문
마땅함[宜]을 살펴서 가깝게는 몸에서 취하고[19] 멀게는 사물에서 취해[20], 이에 처음으로 8괘
　　　　의

---

18 복희씨다. 복희씨는 음양 변화의 이치에 근거해 '8괘'를 만들었다고 한다. 여덟 종류의 간단하면서도 의미심장한
　　부호를 사용해 천지간의 사물을 개괄한 것이 8괘다.

19 예를 들면 건(乾)은 머리[首], 곤(坤)은 배[腹], 진(震)은 발[足], 손(巽)은 넓적다리[股], 감(坎)은 귀[耳], 이(離)는
　　　　　　　　　　　수　　　　　　　복　　　　　　　　　족　　　　　　　　　　　고　　　　　　　이
　　눈[目], 간(艮)은 손[手], 태(兌)는 입[口]에 해당한다.
　　　목　　　　　　수　　　　　　구

20 예를 들면 건(乾)은 말[馬], 곤(坤)은 소[牛], 진(震)은 용(龍], 손(巽)은 닭[鷄], 감(坎)은 돼지[豕], 이(離)는 꿩
　　　　　　　　　　　마　　　　　　　　　　　　　　　　　　　　　　계　　　　　　　　　시
　　[雉], 간(艮)은 개[狗], 태(兌)는 양(羊)에 해당한다.
　　　치　　　　　　구

(八卦)를 지어[21] 그것으로 신명(神明)의 다움[德]과 통했다[通].[22] (또) 그렇게 함으로써 만물의 실상[情]을 분류했다[類].[23]

노끈[繩]을 엮어서 그물[網罟]을 만들어 그것으로 사냥도 하고 물고기도 잡으니, 이는 대개[蓋][24] 이괘(離卦, ☲)에서 취한 것이다.[25]

포희씨가 세상을 떠나자[沒=歿] 신농씨(神農氏)[26]가 일어나[作=起] 나무를 깎아서[斲木=刻木] 보습[耜]을 만들고 나무를 휘어서[揉木] 쟁기 자루[耒]를 만들어 농사짓기[耒耨]의 이로움으로 천하를 가르쳤으니[27], 이는 대개 익괘(益卦, ☳)에서 취한 것이다.[28]

한낮[日中]에 시장을 만들어 천하의 백성이 오게 하고 천하의 재화를 모이게 해 서로 사고 판 다음에 물러가게 하자 각자가 그 원하는 바[其所]를 얻었으니, 이는 대개 서합괘(噬嗑卦, ☲)에서 취한 것이다.[29]

---

21 소성괘가 이뤄진 것이다.

22 이때의 다움이란 성질[性]을 뜻한다. 즉 건건(乾健), 곤순(坤順), 진동(震動), 손입(巽入), 감함(坎陷), 이리(離麗-걸림), 간지(艮止), 태열(兌悅)을 말한다.

23 건천(乾天), 곤지(坤地), 진뢰(震雷), 손풍(巽風), 감수(坎水), 이화(離火), 간산(艮山), 태택(兌澤)을 말한다.

24 앞에 나온 문장의 내용을 풀이하거나 해명할 때 흔히 사용되는 부사다. 그래서 '이는 대개'라고 풀이했다.

25 이괘의 모양이 그물처럼 생겼다. 내지덕(來知德)이 말했다. "이는 노끈으로 그물을 만드니 거기에 이괘의 괘상이 있었다는 말이지, 이괘의 모양을 보고 그물을 처음 만들었다는 뜻은 아니다." 이는 식생활 측면에서 수렵 시대를 나타낸 것이다. 여기서 시대를 설명할 때 괘가 쓰임을 알 수 있다. 이 점은 계속 이어진다. 주목해야 할 부분이다.

26 『제왕세기(帝王世紀)』 등에 따르면 신농씨의 성은 강(姜) 씨고, 어머니는 유교씨(有嬌氏)의 딸로 소전씨(小典氏)의 아내가 돼 신룡(神龍)에게서 영감을 얻어 인신우수(人身牛首)의 신농씨를 낳았다고 한다. 화덕(火德)을 가지고 있었기 때문에 염제(炎帝)라 했는데, 나무를 잘라 구부려서 뇌사(耒耜)를 만들어 백성에게 농경을 가르쳤으며, 백초(百草)를 맛보아 약초를 찾아내 병을 고쳤고, 오현금(五絃琴)을 만들었으며, 8괘를 겹쳐 64효로 점을 보는 점술을 고안해냈고, 시장을 세워 백성에게 교역을 가르쳤다고 한다. 농업과 의약, 음악, 점서(占筮), 경제의 조신(祖神)이며 중국 문화의 원천으로 알려져 있다.

27 수렵 시대를 지나 농경 시대에 접어든 것이다. 정착 생활의 시작이다.

28 남동원이 말했다. "풍뢰익괘(風雷益卦)는 농업을 상징하는 괘다. 상괘는 손괘(巽卦, ☴), 즉 풍(風)이고 하괘는 진괘(震卦, ☳), 즉 뇌(雷)다. 바람과 우레가 서로 도와서 더욱 성하게 된다는 의미에서 괘의 이름을 익(益)이라고 했다. 하괘의 진(震)은 양목(陽木)이니 여문 나무가 된다. 곧 여문 나무로 만든 보습의 선단(先端-앞쪽의 끝)을 의미하고, 또 진(震)은 움직이는 성질을 가졌다. 제2, 3, 4효의 호괘(互卦-초효와 상효를 제외하고, 서로 이어져 있는 3개의 효로 된 소성괘)는 곤괘(☷) 곧 흙을 의미하며, 상괘는 손괘(☴)로서 음목(陰木)이니 무른 나무 곧 보습의 자루를 가리킨다. 또 손괘는 들어가다[入]의 의미를 가졌다. 그러므로 진괘(☳)의 모습이다. 머리가 움직이니 호괘인 곤(坤)의 흙 속으로 들어가서[巽入] 전진한다[震動]는 의미가 생기고, 그리하여 곧 경작(耕作)을 의미하게 된다. 이렇듯 신농씨는 아마 익괘를 이용해서 농사법을 사람들에게 가르쳤으리라는 말이다."

신농씨가 세상을 떠나자 황제(黃帝)[30]·요(堯)[31]·순(舜)[32]이 (차례로) 일어나 그 달라짐을 통하게 해서[通其變][33] 백성을 게으르지 않게[不倦] 하고 신묘하게 백성을 교화시켜[神而化之][34] 백성으로 하여금 그 교화를 마땅하게 여기도록 했다[使民宜之].[35] 역(易)은 궁해지면 달라지

---

29 남동원이 말했다. "화뢰서합괘(火雷噬嗑卦)의 상괘는 이괘(離卦, ☲), 즉 태양이고 낮을 의미한다. 그러므로 한낮[日中]이라 했다. 하괘는 진괘(☳), 즉 움직임[動]의 의미를 가졌다. 그러므로 사람들이 활동한다는 의미로 '천하의 백성이 오게 하고' '천하의 재화를 모이게 한다'고 했다. 서합(噬嗑)은 씹어 먹는다의 의미다. 곧 초구(初九)와 상구(上九)의 두 양효는 이[齒]를 의미하고 구사(九四-밑에서 네 번째 붙은 효)는 여문 방해물로 본다. 곧 사람들이 가지고 있으되 쓰지 않는(도리어 방해되는) 물건을 저자에 가져가서 필요한 물품과 교환한다. 그러므로 방해물이 없어지고 필요한 것을 입수하여 바라는 바와 부합한다는 뜻이다." 농경 시대로 접어들어 잉여 생산물이 생기면서 교환 경제가 발생한 것을 나타낸다. 이 또한 신농씨 때의 일이다.

30 희수(姬水)에 살아 희(姬)라 했으며, 헌원의 언덕에서 살아 헌원씨(軒轅氏)라고도 한다. 또 유웅(有熊)에 국도를 정한 까닭에 유웅씨(有熊氏)로도 일컫는다. 소전(少典)의 아들이다. 염제(炎帝) 때 제후들 사이에 분쟁이 일어나자 병사들에게 무기 사용법을 가르쳐 판천(阪泉) 들에서 함귀(咸歸)를 물리쳐 해결했고, 배와 수레를 고안해 교통을 편리하게 했다. 당시 지남거(指南車)를 만들어 탁록(涿鹿)의 벌판에서 치우(蚩尤)를 쳐서 평정하자, 제후들이 천자로 받들어 신농씨 뒤를 잇게 됐다. 토덕(土德)의 서기(瑞氣)가 있다고 해서 황제로 일컫는다. 세상 사람들에게 집을 짓고 배와 수레를 만들며 양잠과 직면(織綿)을 하도록 가르쳤고, 간지법(干支法)과 역산(曆算), 문자를 발명하고, 음률을 제정하며, 의약품을 알려주었다고 한다.

31 이름은 방훈(放勳)이고, 부계(父系)는 씨족 사회 후기 부족의 수령이었다. 처음에 도(陶)에서 살다가 나중에 당(唐)으로 옮겨 살아 도당씨(陶唐氏)로 불리며, 역사에서는 당요(唐堯)라 부른다. 전하는 말로 관청을 설치해 시령(時令)을 관장하게 하고 역법(曆法)을 정했다고 한다. 곤(鯀)에게 명령해 홍수를 다스리게 했지만 성공하지 못했다. 사악(四嶽)에 물어보아 순(舜)을 선발하고 후계자로 정했으며, 순의 행실을 3년 동안 지켜보다가 순에게 섭정(攝政)하게 했다. 죽은 뒤 순이 자리를 이었는데, 역사에서는 이를 선양(禪讓)이라 부른다. 일설에는 요가 만년에 다움[德]이 쇠하여 순에 의해 투옥됐다가 지위를 빼앗겼다고도 한다.

32 성은 우(虞) 또는 유우씨(有虞氏)고, 이름은 중화(重華)다. 유덕(有德)한 성인으로서 선양 설화의 대표적 인물이며, 요(堯)·우(禹)와 병칭되고 있다. 『사기』「오제본기(五帝本紀)」편에 따르면 전욱(顓頊)의 6세손으로 아버지는 시각 장애자였고, 계모와 이복동생의 미움을 사 여러 방법으로 살해당할 뻔한 사건들을 슬기롭게 극복해 효행(孝行)의 도리를 다했다. 당시 천자(天子) 요가 순의 평판을 듣고 자기 딸을 순에게 출가시켜 등용했다. 순의 치적이 훌륭했으므로 사악의 천거를 받아 섭정을 했다. 팔원(八元)과 팔개(八愷)를 등용하고 사방을 순행(巡行)하면서 곤(鯀)과 공공(共工), 환도(驩兜), 삼묘(三苗) 등 사악(四惡)을 제거했다. 요가 죽자 요의 아들 단주(丹朱)를 즉위시키려 했지만, 천하의 인심이 순에게 기울어졌기 때문에 마침내 순이 제위에 올랐다. 현인(賢人)을 등용하고 우를 사공(司空)에 임명해 홍수를 다스리게 했으며, 우를 후계자로 삼았다. 또 기(夔)와 설(契), 고요(皋陶), 수(垂), 익(益), 백이(伯夷), 기(棄), 용(龍) 등에게 민사(民事)를 맡겨 천하가 잘 다스려졌다. 그 후 남방을 순행하면서 사냥하던 도중 병을 얻어 창오(蒼梧)의 들판에서 죽자 구의(九疑)에서 장례를 지내니 지금의 영릉(零陵)이다. 일설에는 우에게 방축(放逐)당해 창오에서 죽었다고도 한다.

33 바로 뒤에 나오는 궁변통구(窮變通久)를 가리킨다. 이것이 바로 일[事]이다.

34 지(之)를 그 달라짐으로 보아 그런 달라짐을 신묘하게 알아내 세상에 적용한다는 뜻으로 풀이할 수도 있다.

35 이는 백성에게 사람으로서의 도리를 가르치는 문제다.

고[窮則變] 달라지면 통하고[變則通] 통하면 오래간다[通則久].[36] 이 때문에 하늘에서 그것을 도우니 길하여 이롭지 않음이 없게 된다. (이런 식으로) 황제·요·순이 (차례로) 의상(衣裳)을 드리우고서[垂] 천하를 다스렸으니[治天下], 이는 대개 건괘(乾卦, ☰)와 곤괘(坤卦, ☷)에서 취한 것이다.[37]

나무를 파서[刳木] 배를 만들고 나무를 깎아서[剡木] 노[楫]를 만들어 배와 노의 이로움으로 통하지 못했던 것[不通]을 건너게 해 멀리까지 이르게 함[致遠]으로써 천하를 이롭게 했으니, 이는 대개 환(渙-흩어짐)괘(☴)에서 취한 것이다.[38]

소를 부리고[服牛] 말을 타서[乘馬] 무거운 것을 끌고[引重] 멀리까지 이르게 함[致遠]으로써 천하를 이롭게 했으니, 이는 대개 수괘(隨卦, ☱)에서 취한 것이다.[39]

문을 겹으로 하고[重門] 딱딱이를 쳐서[擊柝] 사나운 손님[暴客]을 대비하니, 이는 대개 예괘(豫卦, ☳)에서 취한 것이다.[40]

나무를 잘라[斷木] 절굿공이[杵]를 만들고 땅을 파서[掘地] 절구[臼]를 만들어 절구와 절굿공이의 이로움으로 만백성을 구제했으니, 이는 대개 소과괘(小過卦, ☳)에서 취한 것이다.[41]

나무에 활시위를 매어[弦木] 활[弧]을 만들고 나무를 깎아 화살을 만들어 활과 화살의 이로움으로 천하를 두렵게 했으니[威天下], 이는 대개 규괘(睽卦, ☲)에서 취한 것이다.[42]

---

36 이것이 하늘과도 같은 도리[天道]다. 이에 대한 상세한 풀이는 곧바로 뒤에 이어지는 7괘에 대한 설명에서 나온다.

37 주희는 "건과 곤은 달라지고 바뀌되 작위적인 행위는 없다[變化而无爲]"라고 했다. 이는 달라지고 바뀌는 표준을 제시하되 시시콜콜하게 이러저러한 행위를 하지는 않았다는 말이다. 여기서 무위(无爲)는 대단히 중요하다. 노자의 무위(無爲)와는 다른 뜻이다. 『논어』 「위령공」편에서 공자는 이렇게 말한다. "무위하면서 다스린[無爲而治] 임금은 아마도 순임금일 것이다. 무릇 무엇을 했겠는가? 몸을 공손하게 하고 바르게 남면(南面)했을 뿐이다." 의상을 드리웠다는 말은 곧 몸을 공손하게 하고 바르게 남면(南面)했다는 뜻이다. 그리하여 다움[德]으로 아랫사람들을 다스렸다는 말이다.

38 남동원이 말했다. "환(渙)은 풍수환괘(風水渙卦, ☴)를 뜻하니 그 상괘는 손괘(☴), 즉 바람과 나무의 상이다. 곧 나무로 만든 배를 의미한다. 하괘는 감괘(坎卦, ☵) 곧 물이다. 그러므로 환괘는 강물 위에 뜬 배가 바람을 받아 나아가는 상이 된다."

39 수(隨)는 택뢰수괘(澤雷隨卦, ☱)다. 하괘는 진괘(☳)이니 움직임이고 상괘는 태괘(兌卦, ☱)이니 기뻐함이다. 기뻐서 따르는 모습이다.

40 사나운 손님이란 도둑이나 강도다. 미리 대비한다는 뜻이다.

41 남동원이 말했다. "뇌산소과괘(雷山小過卦, ☳)의 상괘는 진괘(☳), 즉 움직임과 나무의 상이다. 곧 움직이는 나무이니 공이의 상이 된다. 하괘는 간괘(艮卦, ☶), 즉 땅이나 산의 상이다. 산은 움직이지 않는다. 곧 땅과 움직이지 않음을 절구로 본 황제와 요순의 시대에 절구와 절굿공이를 발명했다는 말이다."

먼 옛날에는 동굴에서 살고[穴居] 들판에서 지냈는데 후세에 빼어난 이가 이를 궁실(宮室-일반 가옥)로 바꿔[易] 위에는 용마루[棟]를 얹고 아래에는 처마[宇]를 두어 비바람에 대비하게 했으니, 이는 대개 대장괘(大壯卦, ䷡)에서 취한 것이다.[43]

옛날에 사람을 땅에 묻을 때는 섶[薪]을 두껍게 입혀 들 가운데로 가서 묻고 봉분을 만들지도 않고 나무도 심지 않았으며 상기(喪期)에 일정한 규정[无數]이 없었는데 후세에 빼어난 이가 이를 속널과 겉널[棺槨]로 바꿨으니, 이는 대개 대과괘(大過卦, ䷛)에서 취한 것이다.[44]

먼 옛날에는 노끈을 묶어서 다스렸는데[結繩而治][45] 후세에 빼어난 이가 이를 글과 문서[書契]로 바꿔 이로써 백관을 다스리고 만백성을 살폈으니, 이는 대개 쾌괘(夬卦, ䷪)에서 취한 것이다.[46]

古者包義氏之王天下也 仰則觀象於天 俯則觀法於地 觀鳥獸之文與地之宜 近取
고자 포희씨 지 왕천하 야 앙즉 관상 어천 부즉 관법 어지 관 조수지문 여 지지의 근취
諸身 遠取諸物 於是 始作八卦 以通神明之德 以類萬物之情.
저신 원취저물 어시 시작 팔괘 이통 신명지덕 이류 만물지정

作結繩而爲網罟 以佃以漁 蓋取諸離.
작 결승 이위 망고 이전 이어 개 취저 이

包義氏沒 神農氏作 斲木爲耜 揉木爲耒 耒耨之利 以敎天下 蓋取諸益.
포희씨 몰 신농씨 작 착목 위사 유목 위뢰 뇌누 지리 이교 천하 개 취저 익

日中爲市 致天下之民 聚天下之貨 交易而退 各得其所 蓋取諸噬嗑.
일중 위시 치 천하지민 취 천하지화 교역 이퇴 각득기소 개 취저 서합

神農氏沒 黃帝堯舜氏作 通其變 使民不倦 神而化之 使民宜之. 易 窮則變 變則通
신농씨 몰 황제 요순 씨작 통 기변 사민 불권 신이화지 사민 의지 역 궁즉변 변즉통
通則久. 是以自天祐之 吉无不利. 黃帝堯舜 垂衣裳而天下治 蓋取諸乾坤.
통즉구 시이 자천 우지 길 무불리 황제 요순 수 의상 이 천하 치 개 취저 건곤

刳木爲舟 剡木爲楫 舟楫之利 以濟不通 致遠 以利天下 蓋取諸渙.
고목 위주 염목 위즙 주즙 지리 이제 불통 치원 이리 천하 개 취저 환

服牛乘馬 引重 致遠 以利天下 蓋取諸隨.
복우 승마 인중 치원 이리 천하 개 취저 수

重門擊柝 以待暴客 蓋取諸豫.
중문 격탁 이대 포객 개 취저 예

斷木爲杵 掘地爲臼 臼杵之利 萬民以濟 蓋取諸小過.
단목 위저 굴지 위구 구저 지리 만민 이제 개 취저 소과

---

42 주희가 말했다. "어그러진[睽乖] 다음에 위엄으로 복종시키는 것이다." 남동원이 말했다. "규괘(睽卦, ䷥)의 상괘는 이괘(離卦, ☲), 즉 불이며 하괘는 태괘(☱), 즉 택수(澤水)다. 불은 위로 타오르고 물은 밑으로 흘러가니 수화상극(水火相剋)을 의미한다." 갈등이 극에 이르러 폭발하는 것이다. 그러나 활의 반발력을 이용해 화살을 멀리 보내는 힘으로 활용하듯이 그러한 갈등이나 반목은 어떻게 하느냐에 따라 길할 수도 있고 흉할 수도 있다.

43 위에서 우레가 진동하니 방비를 튼실하게 한다는 뜻이다.

44 주희가 말했다. "죽은 이를 보내는 일[送死=葬禮]은 큰일이니 그 두터움[厚]을 지극하게 하는 것이다."

45 문자가 없어 그렇게 한 것이다.

46 남동원이 말했다. "택천쾌괘(澤天夬卦, ䷪)는 양 다섯이 성대한 세력으로 위에 있는 하나의 음을 제거한다. 그리하여 해결한다는 의미를 지닌다."

弦木爲弧 剡木爲矢 弧矢之利 以威天下 蓋取諸睽.
<small>현목 위 호 염목 위 시 호시 지 리 이위 천하 개 취 저 규</small>

上古 穴居而野處 後世聖人 易之以宮室 上棟下宇 以待風雨 蓋取諸大壯.
<small>상고 혈거 이 야처 후세 성인 역지 이 궁실 상 동 하 우 이대 풍우 개 취 저 대장</small>

古之葬者 厚衣之以薪 葬之中野 不封不樹 喪期无數 後世聖人 易之以棺槨 蓋取
<small>고 지 장자 후 의지 이신 장지 중야 불봉 불수 상기 무수 후세 성인 역지 이 관곽 개 취</small>

諸大過.
<small>저 대과</small>

上古 結繩而治 後世聖人 易之以書契 百官以治 萬民以察 蓋取諸夬.
<small>상고 결승 이 치 후세 성인 역지 이 서계 백관 이치 만민 이찰 개 취 저 쾌</small>

◉

　　2장에서는 8괘의 내력을 설명하고 12괘를 들어 괘의 형성 원리를 간략하게 풀이
했다. 12괘 중에서 하나만 골라 왜 이런 설명이 가능한지 정약용의 도움을 통해 보다
상세하게 살펴보자.

　　　　노끈[繩]을 엮어 그물[網罟]을 만들어서 그것으로 사냥도 하고 물고기도 잡으니, 이는 대개
　　　　　　<small>승</small>　　　　　<small>망고</small>
　　　　[蓋] 이괘(離卦, ☲)에서 취한 것이다.
　　　　<small>개</small>

　　이괘는 2개의 눈구멍이 있어 그물눈과 닮았다. 이괘의 2, 3, 4위(位)를 보면 하호괘
(下互卦)는 손괘(巽卦, ☴)가 되는데, 손(巽)은 나무이자 숲이다. 그래서 사냥한다고 했
다. 이어 3, 4, 5위의 상호괘(上互卦)는 손괘를 뒤집어놓은 태괘(兌卦, ☱)가 되는데, 태
(兌)는 연못이다. 그래서 물고기를 잡는다고 했다. 나머지 11개도 정약용은 이런 식으
로 괘와 효의 변화를 통해 풀어낸다. 그러나 우리는 괘나 효의 형성 원리보다는 그 뜻
풀이에 주안점을 두고 있기 때문에 이 정도에서 그칠까 한다.
　　3장은 '이 때문에'라는 단어로 시작하기 때문에 별도의 장으로 보지 않고 2장에 이
어지는 것으로 보기도 한다. 여기서는 일단 주희의 장 구분을 따랐다.

3. 「계사전」 하 3장

이 때문에 역(易)이란 상(象)이요, 상(象)이란 본뜸[像]이다.
　　　　　　　　　　　　　　　　　　　　　　　<small>상</small>
단(彖-판단)이란 (괘의 바탕이 되는) 재질[材]이요.[47], 효(爻)란 천하의 움직임을 본받아 드러낸 것
　　　　　　　　　　　　　　　　　　　<small>재</small>

[效=倣]이다.

이 때문에 길함과 흉함이 생겨나고 뉘우침과 안타까움[悔吝]이 드러나는 것이다.[48]

是故 易者 象也 象也者 像也.

彖者 材也 爻也者 效天下之動也.

是故 吉凶生而悔吝著也.

◉

단과 효에 대한 정약용의 풀이다.

단사(彖辭)는 예컨대 아름다운 재목과 같으며, 육효(六爻)의 달라짐은 곧 그 재목을 바꾸어 이를 마름질해[化而裁之] 건물의 동량과 지도리를 만드는 것과 같다. 효(爻)는 달라짐을 위주로 해 천하의 모든 일과 사물이 움직이는 실상을 모사한 것이다. 길흉회린은 그런 달라짐과 움직임[變動]에서 생겨나니, 만약에 효가 달라지지 않는다면 길흉회린은 그 어디서든 생겨날 데가 없다.

4장에서는 음과 양의 성질을 말한다. 대단히 중요하다.

4. 「계사전」하 4장

양괘(陽卦)는 음이 많고 음괘(陰卦)는 양이 많으니 그 까닭은 어째서인가? 양괘는 홀수[奇=奇數]이고 음괘는 짝수[耦=偶數]이기 때문이다.

陽卦多陰 陰卦多陽 其故 何也? 陽卦奇 陰卦耦.

---

47 주희가 말했다. "한 괘의 재질을 말한다."

48 주희가 말했다. "뉘우침과 안타까움은 본래 작아서 미미한데 이로 인해 드러나게 되는 것이다."

◉

여기서 양괘, 음괘란 소성괘 8괘 중에서 건괘와 곤괘 둘을 제외한 나머지 6개의 홀짝을 풀이한 것이다. 진괘(☳), 감괘(☵), 간괘(☶)가 양괘다. 양효가 홀수(1개)이기 때문이다. 그래서 양괘에는 음이 많다고 한 것이다. 반대로 손괘(☴), 이괘(☲), 태괘(☱)가 음괘다. 양효가 짝수(2개)이기 때문이다. 다시 4장으로 돌아간다.

그것(즉 음괘와 양괘)의 성질과 작용[德行]은 무엇인가? 양(陽)은 한 군(君)에 두 민(民)이니 군자(君子)의 도리요, 음(陰)은 두 군(君)에 한 민(民)이니 소인(小人)의 도리다.

其德行 何也? 陽 一君而二民 君子之道也 陰 二君而一民 小人之道也.
기 덕행 하야   양 일군 이 이민 군자지도 야 음 이군 이 일민 소인지도 야

◉

여기서 군(君)은 양(陽)이고 민(民)은 음(陰)이다. 군자는 임금과 통하고 소인은 백성과 통한다. 역(易)의 원리는 적은 것이 우두머리가 되고 많은 것이 피지배자가 된다. 그래서 양괘, 즉 진괘(☳), 감괘(☵), 간괘(☶)는 음효가 둘이므로 홀수[奇數]인 양효가 군주[君]가 되고 음괘, 즉 손괘(☴), 이괘(☲), 태괘(☱)는 양효가 둘이므로 짝수[偶數]인 음효가 주인[主]이 된다. 이는 뒤에 구체적으로 괘상(卦象)을 우리 눈으로 직접 보고서 분석할 때 대단히 중요하다. 명심해둬야 한다. 좀 더 구체적으로 역(易)의 원리와 작용을 풀이하는 5장로 들어간다. 즉 효사(爻辭)의 구체적 사례를 통해 짤막한 효사를 어떻게 풀어야 하는지 보여주는 용례라 할 수 있다.

5. 「계사전」 하 5장

역(易)에 이르기를 "왕래하기를 끊임없이 하면[憧憧往來] 봉우만이 네 생각을 따른다[朋從爾思]"라고 했다. 공자가 말했다. "천하가 무슨 생각을 하며 무슨 염려를 하는가? 천하는 같은 곳으로 돌아가지만[同歸] 가는 길은 다르며[殊塗=異道], 이르는 곳은 하나이지만[一致] 온갖 염려를 한다[百慮]. 천하가 무슨 생각을 하며 무슨 염려를 하는가?"

114

易曰 憧憧往來 朋從爾思. 子曰 天下何思何慮? 天下同歸而殊塗 一致而百慮 天下
何思何慮?

●

"왕래하기를 끊임없이 하면[憧憧往來] 붕우만이 네 생각을 따른다"라는 말은 함괘 (咸卦, ䷞)의 밑에서 네 번째 붙은 효[九四]에 대한 풀이[爻辭]다. 택산함괘(澤山咸卦) 는 감응(感應)을 나타내는 괘다. 공자는 십익(十翼)의 하나인, 괘의 차례를 풀어낸 「서 괘전」에서 함괘를 이렇게 풀이했다.

하늘과 땅이 있은 다음에야 만물이 있고, 만물이 있은 다음에야 부부(夫婦)가 있고, 부부 가 있은 다음에야 아버지와 자식[父子]이 있고, 아버지와 자식이 있은 다음에야 임금과 신 하[君臣]가 있고, 임금과 신하가 있은 다음에야 위아래[上下]가 있고, 위아래가 있은 다음 에야 예와 마땅함[禮義]이 행해질 바[所錯=所措]가 있게 된다.

이것은 공자가 『논어』 「양화」편에서 제자 자공과 대화를 나누면서 했던 질문에 대 한 공자 자신의 답이다. 거기서 공자는 이렇게 물었다.

하늘이 무슨 말씀을 하던가? 사시(四時)가 운행되고 온갖 생물이 나고 자란다. 하늘이 무 슨 말씀을 하던가?

결국 여기서 공자는 천지 만물과 인간사 전반의 감응하는 원리를 말하고 있는데, 그렇다면 "왕래하기를 끊임없이 하면 붕우만이 네 생각을 따른다"라는 말은 도대체 무슨 뜻인가? 정이는 그런 식으로 끊임없이 오가며 남을 감동시키는 것을 "사심(私 心)을 써서 감동시키는 것"이라고 했다. 그래서 널리 감동시키지 못하고 좁은 범위에 서 붕우의 무리[朋類]만 감동시킬 수가 있다고 보았다. 이 때문에 원문에는 없지만 이 를 번역할 때 "왕래하기를 끊임없이 하면 붕우만이 네 생각을 따른다"라고 하는 경우 가 많다. 5장으로 돌아간다.

해가 가면 달이 오고 달이 가면 해가 와서 해와 달이 서로를 밀쳐가며[相推=相移] 밝음[明]이 생겨난다. 추위가 가면 더위가 오고 더위가 가면 추위가 와서 추위와 더위가 서로를 밀쳐가며 한 해[歲]가 이뤄진다. 가는 것[往者]은 굽힘[屈]이고 오는 것[來者]은 펴짐[信=伸]이니, 굽히고 펴짐이 서로 감응해서[相感] 이로움이 생겨난다.

日往則月來 月往則日來 日月相推而明生焉. 寒往則暑來 暑往則寒來 寒暑相推而
일 왕 즉 월 래 월 왕 즉 일 래 일월 상추 이 명 생 언 한 왕 즉 서 래 서 왕 즉 한 래 한서 상추 이
歲成焉. 往者屈也 來者信(伸)也 屈信相感而利生焉.
세 성 언 왕자 굴 야 내자 신 신 야 굴신 상감 이 이 생 언

◉

여기서 주희는 중요한 주석을 덧붙였다. "오고 감[往來]과 굽히고 펴짐[屈伸]은 모두 감응하는 스스로 그러한 일정한 이치[常理]이니, 여기에 애태움[憧憧]이 더해지면 사사로움[私]에 들어가는 것이다. 이 때문에 반드시 생각한 뒤에라야 따르게 됨[從]이 있는 것이다." 이제 함괘(䷞)의 밑에서 네 번째 붙은 효[九四]에 대한 공자의 언급이 좀 더 분명히 이해됐을 것이다. 5장의 본문이다.

자벌레[尺蠖=蚇蠖]가 몸을 굽히는 것[屈]은 펴기[信=伸] 위함이고, 용이나 뱀이 들어박히는 것[蟄]은 몸을 보존하기 위함이며, (군자가) 마땅함을 정밀하게 하기[精義]를 신묘함에까지 들어가는 것[入神][49]은 제대로 쓰기[致用] 위함이고, 그 쓰임을 이롭게 하고 몸을 (도리에) 편안하게 하는 것[利用安身][50]은 다움을 높여가기[崇德] 위함이다.[51]
(정의입신(精義入神)) 이를 지난 이후는 혹 알 수 없으니, 신묘함을 끝까지 파고들어[窮神] 만물이 변화 생성하는 이치를 아는 것[知化]은 다움이 성대한 것[德之盛]이다.

尺蠖之屈 以求信也 龍蛇之蟄 以存身也 精義入神 以致用也 利用安身 以崇德也.
척확 지 굴 이 구신 야 용사 지 칩 이 존신 야 정의 입신 이 치용 야 이용 안신 이 숭덕 야
過此以往 未之或知也 窮神知化 德之盛也.
과차 이왕 미지 혹 지 야 궁신 지화 덕지성 야

---

49 사리(事理)와 사세(事勢)로서 역(易)을 연마하는 것도 그 길 중의 하나다.

50 몸을 편안하게 한다는 것은 스스로를 도리에 맞게 수양함으로써 행동이나 생각 하나하나가 사리와 맞지 않음이 없어 편안하다는 뜻이다.

51 외적으로 이용안신(利用安身)하다 보면 내면에서 다움이 쌓여 높아지게 된다는 뜻이다.

116

◉

여기까지가 함괘(䷞)의 밑에서 네 번째 붙은 효[九四]에 대한 공자의 풀이다. 『주
역』의 384개 효 하나하나를 어떻게 곱씹어 익혀야 하는지 그 전범을 공자가 보여준
것이다. 5장의 본문이다.

역(易)에 이르기를 "돌에 치여 곤란하고 가시나무에 찔려 앉아 있다. 그 집에 들어가도 아내를
만나보지 못하니 흉하다[困于石 據于蒺藜 入于其宮 不見其妻 凶]"라고 했다.
공자가 말했다. "곤란을 당할 바가 아닌데 곤란을 당하니 이름이 반드시 욕될 것이고, 앉아
있을 곳이 아닌데 앉아 있으니 몸이 반드시 위태로울 것이다. 이미 욕되고 위태로워 죽을 때
[死期가 장차 다가오는데 아내를 어찌[其=豈] 만나볼 수 있겠는가!"
易曰 困于石 據于蒺藜 入于其宮 不見其妻 凶. 子曰 非所困而困焉 名必辱 非所據
而據焉 身必危. 旣辱且危 死期將至 妻其可得見邪!

◉

"돌에 치여 곤란하고 가시나무에 찔려 앉아 있다. 그 집에 들어가도 아내를 만나
보지 못하니 흉하다"라는 말은 곤괘(困卦, ䷮)의 밑에서 세 번째 떨어진 효[六三]에 대
한 풀이다. 곤괘(䷮)의 상괘는 태괘(☱)로 못[澤]이며 하괘는 감괘(☵)로 물이다. 못에
물이 담겨 있는 것이 정상인데 물이 못 아래에 있으니, 다 흘러 가버려 곤핍한 상황
[困=困乏]이다. 돌에 괴롭힘을 당한다는 것은 바로 위에 붙은 효[九四]의 압박을 받
는다는 뜻이고, 가시나무에 찔려 앉아 있다는 것은 독하고 강한 바로 아래에 붙은 효
[九二] 위에 앉아 있다는 뜻이다. 곤괘의 전반적인 효의 위치와 모습에 대해 정이는 이
렇게 말한다.

태괘가 음괘(陰卦)로 위에 있고 감괘가 양괘(陽卦)로 아래에 있으며 맨 위의 떨어진 효
[上六]는 두 양효 위에 있고(☱) 밑에서 두 번째 붙은 효[九二]가 두 음효의 가운데 빠져 있
으니(☵), 모두 음유(陰柔)가 양강(陽剛)을 가리고 있기 때문에 곤(困)이라고 한 것이다. 군

자가 소인에게 가려지는 것은 곤궁한 때다.

남동원(南東園)의 풀이는 여기서 한 걸음 더 나아간다. 참고할 필요가 있다.

곤괘의 (밑에서) 2, 3, 4효(☲)의 호괘(互卦)는 이괘(離卦)로 궁(宮)이며 3, 4, 5효(☴)의 호괘는 들어감[入]이다. 그러므로 '자기 집에 들어간다[入于其宮]'라고 했다. 밑에서 세 번째 떨어진 효[六三]에 상응하는 효[應爻]는 맨 위의 떨어진 효[上六]다. 그러므로 상륙(上六)을 아내[妻]라 했다. 상륙은 2, 3, 4효의 호괘인 이괘, 즉 집[宮] 밖에 있다. 그래서 '아내를 보지 못한다'라고 했다. 이러한 상(象)을 종합 판단해서 흉하다[凶]라고 했다. 문왕의 단사(彖辭)와 주공의 효사(爻辭)는 모두 괘상(卦象-괘의 모양)에서 취한 말이다. 그러므로 말이 상에서 나왔다[辭出於象]라고 한다.

즉 괘의 모양만 갖고서도 「설괘전」의 개념 규정을 활용하면 이 정도의 괘 풀이와 효 풀이를 스스로 추출해낼 수 있다는 말이다. 5장의 본문이다.

역(易)에 이르기를 "공(公)이 높은 담[高墉] 위의 새매[隼]를 쏘아서 그것을 잡았으니 이롭지 않음이 없다[公用射隼于高墉之上 獲之 无不利]"라고 했다.
공자가 말했다. "새매란 날짐승[禽]이고 활과 화살[弓矢]이란 기구[器=武器]이며 활을 쏘는 것은 사람이다. 군자가 기구를 몸에 감추고 때를 기다려 움직이니[待時而動] 무슨 이롭지 못함이 있겠는가? 움직이게 되면 막히는 일이 없다[不括=不碍]. 이리하여 나아가서 얻음[獲=得]이 있으니, 기구를 만들어[成器] 움직이는 것을 말하는 것이다."
易曰 公用射隼于高墉之上 獲之 无不利. 子曰 隼者 禽也 弓矢者器也 射之者 人也.
君子藏器於身 待時而動 何不利之有! 動而不括. 是以出而有獲 語成器而動者.

●

"공(公)이 높은 담[高墉] 위의 새매[隼]를 쏘아서 그것을 잡았으니 이롭지 않음이 없다[无不利]"라는 것은 뇌수해괘(雷水解卦, ䷧)의 맨 위의 떨어진 효[上六]의 풀이다.

이에 대해 정이는 이렇게 풀이했다.

상륙(上六)은 높은 곳이지만 임금의 자리[밑에서 다섯 번째 자리]는 아니므로 공(公)이라고 말한 것이다. 새매는 사납고 해치는 동물이니 해로운 짓을 하는 소인을 상징한 것이다. 담장은 안과 밖을 한계짓는 것이다. 해악이 만일 안에 있다면 이는 아직 풀 수 없는 때이지만, 만일 담 밖으로 나갔다면 이는 (안에는) 없는 것이니 다시 무엇을 풀겠는가? 그래서 담 위에 있다는 것은 안에서는 떠났으나 아직 떠나가지 않은 것이다. 높다고 말한 것은 막으려는 노력이 엄격하나 떠나가지 않음을 나타낸 것이다. 상(上-맨 윗자리)은 해결[解]의 끝이니, 해결이 지극한 때 홀로 풀리지 않고 있는 것은 바로 해로움이 견고하고 강하다는 것이다. 상(上)은 해결의 끝에 있으니 해결의 도리가 이미 지극하고 기구가 이미 이뤄졌다. 그러므로 쏘아서 잡을 수 있는 것이니, 이미 잡고 나면 천하의 우환이 모두 풀리게 되므로 어찌 불리함이 있겠는가?

"때를 기다려 움직인다[待時而動]"는 것은 곧 공자가 말하는 시중(時中-때에 적중함)이다. 5장의 본문이다.

공자가 말했다. "소인은 어질지 못함[不仁]을 부끄러워하지 않고[不恥] 마땅하지 못함[不義]을 두려워하지 않고[不畏] 이익을 보지 않으면 힘쓰지 않고[不勸] 위협하지 않으면 징계되지 않는다. (그러나) 조금 징계하여 크게 경계시키는 것[52], 이것이 소인에게는 복(福)이다. 역(易)에 이르기를 '나무 차꼬를 채워 발꿈치를 상하게 하니 허물이 없다[屨校 滅趾 无咎]'라고 한 것은 이를 말한 것이다."

子曰 小人 不恥不仁 不畏不義 不見利不勸 不威不懲. 小懲而大誡 此小人之福也. 易曰 屨校 滅趾 无咎 此之謂也.

◉

---

52 소인의 특성을 감안해 "조금만 징계해도 크게 경계하는 것"이라고 옮겨도 된다.

표현 방식이 바뀌었다. 「계사전」 상에 나왔던 사례들과 마찬가지로 인간사의 이치를 말하고서 그에 해당하는 역(易)의 효사를 제시한다. 즉 역(易)에서 인간사(人間事)로 갈 수도 있지만, 인간사를 먼저 꿰뚫어 그 마땅한 이치를 파악한 다음 그것을 역(易)에서 검증할 수도 있음을 시사하는 표현 방식임에 주목해야 한다. "나무 차꼬를 채워 발꿈치를 상하게 하니 허물이 없다"라는 것은 화뢰서합괘(䷔)의 밑에서 첫 번째 붙은 효[初九]의 풀이다.
　　초구(初九)의 처지를 점검해보자. 초구란 가장 아래에 있는 미천한 사람이다. 서합괘에서 초효나 상효는 형벌을 받는 사람이고 나머지 네 효는 다 형벌을 주는 사람이다. 정이의 풀이다.

이는 일반 백성의 모습이자 형벌을 받는 사람이다. 형벌을 쓸 초창기에는 죄가 작고 형벌이 가볍다. 교(校)란 나무로 만든 차꼬이니, 허물이 적기 때문에 발에 차꼬를 채워 그 발을 손상시킨다. 이렇게 되면 징계가 되고 두려워해 감히 더는 악행을 저지르지 않으므로 허물이 없게 되는 것이다.

좋은 것[善]을 쌓지 않으면 이름을 이룰[成名] 수 없고 나쁜 것[惡]이 쌓이지 않으면 몸을 없앨 수 없다[滅身]. 소인은 자그마한 좋은 일[小善]은 도움이 되지 않는다고 여겨 하지 않으며 자그마한 나쁜 일[小惡]은 해롭지 않다고 여겨 내버리지 않는다. 그 때문에 나쁜 것이 쌓여 가릴 수도 없고 죄가 커져 풀 수도 없다. 역(易)에 이르기를 "차꼬를 목에다 차서 귀를 상하게 하니 흉하다[何校 滅耳 凶]"라고 했다.
善不積 不足以成名 惡不積 不足以滅身. 小人 以小善爲无益而弗爲也 以小惡爲无傷而弗去也. 故 惡積而不可掩 罪大而不可解. 易曰 何校 滅耳 凶.

◉

"차꼬를 목에다 차서 귀를 상하게 하니 흉하다"라는 것은 화뢰서합괘(䷔)의 밑에서 맨 위의 붙은 효[上九]의 풀이다. 중죄인은 결국 작은 악을 쌓은 결과다. 귀를 없앤다는 것은 큰 형구에 덮여 귀가 보이지 않는다는 말이다. 길함과 흉함의 출발점을 보여주는 풀이다. 5장의 본문이다.

공자가 말했다. "위태로움(을 걱정하는 것)[危]이란 그 자리를 편안케 해주는 것이고, 망함(을 걱
정하는 것)[亡]이란 그 잘 지냄[存]을 보호해주는 것이고, 어지러움[亂](을 걱정하는 것)이란 그
다스려짐을 있게 하는 것이다. 이 때문에 군자는 편안할 때 위태로움을 잊지 않고, 잘 지낼 때
망함을 잊지 않고, 다스려질 때 어지러워짐을 잊지 않는다. 이리하여 몸은 편안하고[身安] 국
가는 보존될 수 있다. 역(易)에 이르기를 '망하면 어떻게 하나 망하면 어떻게 하나 염려해야
더부룩하게 자란 뽕나무에 매어놓은 듯할 것이다[其亡其亡 繫于苞桑]'라고 했다."

子曰 危者 安其位者也 亡者 保其存者也 亂者 有其治者也. 是故 君子安而不忘危
存而不忘亡 治而不忘亂. 是以身安而國家可保也. 易曰 其亡其亡 繫于苞桑.

◉

"망하면 어떻게 하나 망하면 어떻게 하나 염려해야 더부룩하게 자란 뽕나무에 매
어놓은 듯할 것이다"라는 것은 천지비괘(天地否卦, ䷋)의 밑에서 다섯 번째 붙은 효
[九五]에 대한 풀이다. 뽕나무 줄기를 견고하다고 보면 지금처럼 번역해야 하고, 반대
로 뽕나무를 약한 나무로 볼 경우 '망하면 어쩌지 망하면 어쩌지 하면서 뽕나무 줄기
에 매달려 있는 듯이 조심해야 한다'라고 옮겨야 한다. 그러나 늘 조심해야 한다는 본
래의 뜻은 똑같다. 공자의 제자 중에 안회는 늘 삼가고 조심했던 반면 자로는 수시로
자신의 용맹스러움을 내세우며 과시하려 했다. 『논어』 「술이」편에 나오는 이야기를 음
미해볼 필요가 있다.

공자가 제자 안회에게 말했다.
"(인재로) 써주면 도리를 행하고 (벼슬에서) 버려지면 숨어 지내는 것을 오직 너하고 나만이
갖고 있구나!"
이에 자로가 물었다.
"만일 스승님께서 삼군을 통솔하신다면 누구와 함께하시겠습니까?"
공자가 말했다.

"맨손으로 호랑이를 때려잡고 맨몸으로 강을 건너려 하면서 죽어도 후회할 줄 모르는 사람과 나는 함께할 수 없다. 반드시 일에 임해서는 두려워하고[臨事而懼] 치밀한 전략과 전술을 잘 세워[好謀] 일을 성공으로 이끄는 사람과 함께할 것이다."

다시 5장의 본문이다.

공자가 말했다. "다움은 엷은데[德薄] 지위는 높고[位尊] 지혜는 작은데 도모함은 크고 힘은 작은데 맡은 바가 크면 (재앙에) 이르지 않는 경우가 드물다. 역(易)에 이르기를 '세 발 쇠솥[鼎]이 발이 부러져 공(公)에게 바칠 솥 안의 음식[餗]을 엎어서 그 형벌[形=刑]이 무거울 것이니 흉하다[鼎折足 覆公餗 其形渥 凶]'라고 했으니, 이는 그 맡은 바를 이겨내지 못하는 것[不勝=不堪]을 말한 것이다."

子曰 德薄而位尊 知小而謀大 力小而任重 鮮不及矣. 易曰 鼎折足 覆公餗 其形渥 凶 言不勝其任也.

◉

여기서 우리가 주목해야 할 것은 공자의 말 중에서 앞부분이다. 세 가지 유형을 말한 다음에 모두 재앙에 이를 수 있음을 경고했다. 그런데 이를 깊이 들여다보면 그 세 가지 유형이란 곧 『논어』에서 공자가 수시로 강조하는 인자(仁者), 지자(知者), 용자(勇者)에 각각 부정적으로 조응하고 있음을 알 수 있다. 「헌문」편에 나오는 말이다.

군자의 도리는 셋인데 나는 능하지 못하니, 어진 사람[仁者]은 (이치를 알아 사리사욕에 꺾이지 않기 때문에 사사로운) 근심을 하지 않고[不憂] 사리를 아는 사람[知者]은 (사리를 알기 때문에 불필요하게) 미혹되지 아니하고[不惑] 용력이 센 사람[勇者]은 (당당하기 때문에) 두려워하지 않는다[不懼].

즉 『주역』의 사리(事理)나 사세(事勢)에 앞서 먼저 자기를 갈고닦는 수기(修己)의 문제가 선행해야 한다는 말이다. 그 때문에 『논어』를 충분히 제대로 이해하고 『주역』

으로 나아갈 때 그 내용을 제대로 이해할 수 있다. 이제 한 걸음 더 나아가 보자.

"세 발 쇠솥[鼎]이 발이 부러져 공(公)에게 바칠 솥 안의 음식[餗]을 엎어서 그 형벌[形=刑]이 무거울 것이니 흉하다"라는 것은 화풍정괘(火風鼎卦, ䷱)의 밑에서 네 번째 붙은 효[九四]의 풀이다. 남동원의 풀이다.

구사(九四)는 (아래에서 네 번째이니) 재상의 자리다. 그러나 양효이면서 (네 번째는 짝수이니) 음위(陰位)에 있으니 위치가 바르지 못하다[不正]. 구사(九四)에 호응하는 효[應爻]는 초륙(初六)인데, 이 또한 음효로서 (첫 번째는 홀수이니) 양위(陽位)에 있으니 위치가 바르지 못하다. 또 초륙은 가장 아래의 자리에 있으니 천(賤)하고 음효이니 재주도 없다고 본다. 구사의 바르지 못한 재상이 이런 초륙을 (응효라 하여) 사사로운 정[私情]으로 중용했다. 솥의 다리가 부러졌다는 것은 초륙이 그 임무를 완수하지 못하고 대실패했다는 뜻이다. 그러므로 구사의 재상이 박덕위존(薄德位尊)으로 말미암은 중대한 실패에 책임을 지니 흉하게 된다는 의미다.

5장의 본문이다.

공자가 말했다. "기미나 조짐을 안다[知幾]는 것은 아마도 신묘하다[神]고 할 수 있으리라! 군자는 위와 사귐에 있어 아첨하지 않고[不諂] 아래와 사귐에 있어 함부로 하지 않으니[不瀆][53] 아마도 (이렇게 처신하기 때문에) 기미나 조짐을 안다고 할 수 있을 것이다. 기미나 조짐[幾=幾微]이란 (일하기 위해) 움직임에 있어서의 은미함[微=隱微]이자 길함(이나 흉함)이 먼저 나타나는 것이다. 군자는 기미를 보고서 일어나지[作=去] 하루를 마칠 때까지[終日] 기다리지 않는다.[53] 역(易)에 이르기를 '절개가 돌과 같아 하루도 되지 않아 (단호하게) 행동하니 반듯하고 길하다[介于石 不終日 貞吉]'라고 했다. 단연코 알 수 있다. 군자는 기미를 알고[知微] 훤히 드러나 있는 것을 알며[知彰] 부드러움을 알고[知柔] 굳셈을 알고 있으니[知剛], 모든 장부[萬夫]가 우러러본다."

子曰 知幾其神乎! 君子上交不諂 下交不瀆 其知幾乎. 幾者 動之微 吉(凶)之先見者

---

53 위와 아래에 대해 늘 이런 마음을 갖고 있는 사람이라야 기미를 잘 읽어낼 수 있다.

也. 君子 見幾而作 不俟終日. 易曰 介于石 不終日 貞吉. 斷可識矣. 君子 知微 知彰
야   군자 견기 이작 불사 종일 역왈 개 우석 부종일 정길 단 가식 의 군자 지미 지창

知柔 知剛 萬夫之望.
지유 지강 만부 지 망

◉

기미를 미리 알아차리고 미련 없이 떠나는 모습은 공자 자신이 『논어』「미자(微
子)」편에서 보여준다.

제나라의 군주 경공(景公)이 공자를 대우하려는 마음으로 이렇게 말했다.
"만일 계씨처럼 해야 한다면 내 불가능하겠지만 계씨와 맹씨의 중간으로는 대우할 수 있다."
그리고 또 말했다.
"내가 늙어서 쓸 수는 없다."
이에 공자는 떠나버렸다.

이는 대우의 경중(輕重) 때문이 아니고 '공자의 말씀'을 경공이 쓰지 못할 것으로
미리 판단했기 때문에 떠나간 것이다. 경공의 말이 너무도 쉽게 오락가락하는 것을 보
고서 기미를 읽어낸 것이다.
"절개가 돌과 같아 하루도 되지 않아 (단호하게) 행동하니 반듯하고 길하다"라는 것
은 뇌지예괘(䷏)의 밑에서 두 번째 떨어진 효[六二]의 풀이다. 음효로서 두 번째 자리인
                                        육이
음위(陰位)에 있으니 자리는 바르고, 또 아래 괘의 가운데 있으니 중효(中爻)다. 이런 것
을 중정(中正)이라고 하는데 이런 효는 일반적으로 길하다. 5장의 본문이다.

공자가 말했다. "안씨(顏氏)의 아들은 아마도 거의 (도리를 아는데) 가까웠다고 할 것이다. (자
기 자신에게) 좋지 못한 점[不善]이 있으면 일찍이 알지 못한 적이 없었고, 그것을 알게 되면 일
                    불선
찍이 다시는 그 잘못을 행하지 않았다. 역(易)에 이르기를 '멀리 가지 않고 돌아오니 뉘우침에
이르지 않아서 으뜸으로 길하다[不遠復 无祗悔 元吉]'라고 했다."
                              불원 복 무 지회 원길

子曰 顏氏之子 其殆庶幾乎. 有不善 未嘗不知 知之 未嘗復行也. 易曰 不遠復 无
자왈 안씨 지자 기태 서기 호 유 불선 미상 부지 지지 미상 부행 야 역왈 불원 복 무

祗悔 元吉.
지회 원길

124

안씨의 아들이란 바로 안회다. 공자의 이 말은 『논어』 「옹야」편에 나오는 이야기와 직결된다.

(노나라 임금) 애공(哀公)이 물었다.

"제자들 중에서 누가 배우는 것을 좋아하는가[好學]?"
　　　　　　　　　　　　　　　　　　　　　　　호학

공자가 말했다.

"안회라는 자가 있어 배우기를 좋아해 분노를 다른 데로 옮기지 않고[不遷怒] 잘못을 두
　　　　　　　　　　　　　　　　　　　　　　　　　　　　　　　불천노

번 다시 반복하지 않았는데[不貳過], 불행하게도 명이 짧아 죽었습니다. 지금은 그가 가고
　　　　　　　　　　　　불이과

없으니 아직 배우기를 좋아하는 자[好學者]를 들어보지 못했습니다."
　　　　　　　　　　　　　　　　호학 자

공자는 호학(好學)의 뜻을 풀이하면서 안회를 끌어들였는데, 두 가지 근거 중 하나가 여기서 언급된 불이과(不貳過)다. 잘못을 두 번 다시 반복하지 않았다는 말이다.

"멀리 가지 않고 돌아오니 뉘우침에 이르지 않아서 으뜸으로 길하다"라는 것은 지뢰복괘(䷗)의 밑에서 첫 번째 붙은 효[初九]에 대한 풀이다. 1양이 맨 밑에 혼자 있다.
　　　　　　　　　　　　　　　　　　　　초구
이는 처음으로 돌아온 것이니 앞으로 도리가 회복되리라는 것을 상징한다. 5장의 본문이다.

하늘과 땅이 그 기운을 친밀하게 서로 한데 뒤섞어[絪縕=交密] 만물이 하나가 돼 엉기고
　　　　　　　　　　　　　　　　　　　　　　　인온　　교밀

[化醇], 남자와 여자가 정기를 맺어[構情] 만물이 화생(化生)한다. 역(易)에 이르기를 "세 사람
　화순　　　　　　　　　　　구정

이 갈 때는 한 사람을 덜고, 한 사람이 갈 때는 그 벗을 얻는다[三人行 則損一人 一人行 則得
　　　　　　　　　　　　　　　　　　　　　　　　　　　　　삼인 행 즉 손 일인　일인 행 즉 득

其友]"라고 했으니 하나에 이르게 됨[致一]을 말한 것이다.
기우　　　　　　　　　　　　　　치일

天地絪縕 萬物化醇 男女構情 萬物化生. 易曰 三人行 則損一人 一人行 則得其友
천지　인온　만물　화순　남녀　구정　만물　화생　역왈　삼인 행 즉 손 일인　일인 행 즉 득 기우
言致一也.
언 치일 야

"세 사람이 갈 때는 한 사람을 덜고, 한 사람이 갈 때는 그 벗을 얻는다"라는 것은 산택손괘(山澤損卦, ䷨)의 밑에서 세 번째 떨어진 효[六三]에 대한 풀이다. 이는 별도의 풀이가 필요 없는 인지상정(人之常情)에 따른 남녀의 행동 방식이다. 남녀의 경우에는 셋이면 마땅히 하나를 덜어내야 한다. 그래야만 둘이서 하나가 될 수 있다. 이는 『논어』에 나오는 삼인행(三人行)과는 전혀 무관하다. 이것은 그저 남녀 관계일 뿐이다. 그렇기 때문에 공자가 풀이에서 '셋이면 의심을 받기 때문'이라고 한 것 또한 분명하다. 남녀는 두 사람이 하나의 관계를 형성할 뿐이기 때문에 한 명이 더 있게 되면 그 사람은 의심의 대상이 되는 것이다. 5장의 마지막 본문이다.

공자가 말했다. "군자는 자기 몸을 편안히 한[安其身] 다음에 움직이고[動] 자기 마음을 화평하게 한[易=和] 다음에 말을 하며[語] 그 사귐을 (바르게) 정한 다음에 구한다[求]. 군자는 이 세 가지를 닦는다. 그래서 온전하다[全]. (반면에) 위태로움으로 움직이면 백성이 함께하지 않고[不與] 두려움으로 말을 하면 백성이 응하지 않으며[不應] 사귐이 없이 구하면 백성이 (도움을) 주지 않는다[不與=不授]. 백성이 도움을 주지 않으면 해치려는 자가 이르게 될 것이다. 역(易)에 이르기를 '더해주는 이가 없고 어떤 사람은 공격한다. 마음을 세우는 데 (욕심을) 오래 지속하지 말아야 하니 (만일 그렇게 한다면) 흉하다[莫益之 或擊之 立心勿恒 凶]'라고 했다."

子曰 君子安其身而後動 易其心而後語 定其交而後求. 君子修此三者. 故全也.
危以動 則民不與也 懼以語 則民不應也 无交而求 則民不與也. 莫之與則傷之者
至矣. 易曰 莫益之 或擊之 立心勿恒 凶.

◉

안신(安身)은 곧 몸을 닦는 것[修身]이다. 앞의 이용안신(利用安身)과도 정확히 통한다. 또 하나 풀이가 필요한 것은 그 사귐을 정한다[定其交]는 말의 보다 구체적인 의미다. 이에 대해서는 『논어』 「공야장」편에 나오는 안평중(晏平仲)에 대한 공자의 인물평이 도움을 준다.

안평중은 사람들과 잘 사귀었다. 사이가 오래되어도 삼가는 마음을 잃지 않기 때문이다

[久而敬之].
구이경지

"더해주는 이가 없고 어떤 사람은 공격한다. 마음을 세우는 데 (욕심을) 오래 지속하지 말아야 하니 흉하다"라는 것은 풍뢰익괘(䷩)의 맨 위에 붙은 효[上九]에 대한 풀이다. 과욕이나 무덕(無德)은 재앙을 부를 수 있다는 뜻이다. 무덕은 곧 무항심(無恒心)이다. 『논어』「술이」편에는 바로 이 항심이 없는 사람이 어떤 사람인지 구체적으로 제시하고 있다.

공자가 말했다.
"내가 만일 훌륭한 이[善人]를 만나보는 것이 불가능하다면 떳떳한 마음을 가진 자[有恒者]라도 만나보면 괜찮다. 아무것도 없으면서 있는 척하고[亡(無)而爲有] 텅 비어 있으면서 가득한 척하며[虛而爲盈] 보잘것없으면서 큰 척하면[約而爲泰] 항심을 가졌다[有恒]고 말하기 어려울 것이다."

공자는 또 「자로」편에서는 이렇게 말한다.

공자가 말했다.
"남쪽 나라 사람들이 하는 말 중에 '사람으로서 항심(恒心)이 없으면 점이나 의술로도 고칠 수 없다'는 것이 있는데 참으로 좋도다."
그 다움[德]을 항상 일정하게 가지지 못하면, 혹 치욕에 이르게 될 것이다.
공자가 말했다.
"(항심이 없는 사람은) 점칠 필요가 없다."

여기서 "점칠 필요가 없다"는 말은 『주역』을 공부해봤자 소용이 없다는 말이다.
이렇게 해서 효사를 공자가 어떻게 풀이하고 인간사의 이치[事理]를 공자가 어떻게 효사에서 검증하는지 보았다. 마지막에서 다움[德]을 닦는 문제를 다뤘는데, 이제 그 다움을 체계적으로 분석하는 문제는 7장에서 깊이 있게 다루게 될 것이다. 그에 앞서 논리적 완결성에 논란이 많은 6장을 살펴볼 차례다. 6장에 대해 주희는 "빠진 글과

의문스러운 글자가 많아 남김없이 다 통하지 않는데, 뒤에도 다 이렇다"라고 말했다. 이 말은 참고만 하고 본문에 충실해보자.

6. 「계사전」 하 6장

공자가 말했다. 건(乾)과 곤(坤)은 아마도[其] 역(易)으로 들어가는 문이라 할 것이다.[54] 건은 양물(陽物)이고 곤은 음물(陰物)이니, 음과 양이 그 성질 혹은 다움[德]을 합하여 굳셈과 부드러움[剛柔]이라는 본체[體]가 있게 됐다. 이로써 하늘과 땅의 일[撰=事=作事]을 체득하고 또 그렇게 함으로써 신명(神明)의 다움과도 통하게 된다.

그 명칭을 붙임에 있어 뒤섞여 있으면서도 (일정한 조리와 법도를) 뛰어넘지 않으니[雜而不越],[55] 그 유(類)를 상고해볼 때 아마도 쇠퇴한 세상의 뜻[衰世之意]일 것이다.[56]

무릇 역(易)이란 지나간 일을 드러내고[彰往] 앞으로 올 일을 살피며[察來], 훤히 드러난 것의 기미를 살피고[微顯] 그윽하게 숨어 있는 것을 밝히며[闡幽], 마땅한 이름을 만들어 일과 사물들을 분별하고 말을 바르게 해서[正言] 판단하는 말을 했으니[斷辭=彖辭], 다 갖춰져 있는 것[備=具備]이다.

그 명칭을 붙인 것은 작지만 그 유(類-명칭에 해당하는 일과 사물의 무리)는 크며, 그 뜻[旨]은 심원하지만, 그 문장[辭]은 문채를 갖고 있고[文], 그 말[言]은 곡진해서 사안에 적중하고[曲而中] 그 일은 널리 베풀어져 있으면서도 은미하니[肆而隱],[57] 이것의 도움 혹은 보충[貳=

---

54 건과 곤, 음과 양 두 원리에서 62괘가 만들어졌기 때문이다.

55 명칭을 붙였다는 것은 64괘와 384효에 각각 이름을 달았다는 말이다. 예를 들면 건위천(乾爲天)이나 지천태(地天泰)와 같은 괘명을 붙이거나, 건괘(☰)의 밑에서 첫 번째 효[初九]에 잠겨 있는 용[潛龍], 다섯 번째 효[九五]에 나는 용[飛龍]이라는 명칭을 붙인 것 등을 가리킨다. 괘와 효의 명칭에는 각종 사물의 이름이 섞여 있으나 거기에는 일정한 원칙이 있다는 말이다.

56 쇠퇴한 세상이란 은나라 말기 주왕(紂王)과 이 시기를 살았던 괘사의 작자 문왕(文王)을 지칭한다.

57 이는 『중용』에 나오는 비이은(費而隱)과 정확히 같은 뜻이다. "군자의 도리[道]는 널리 영향을 미치면서도 (본체는) 숨어 있다[費而隱]. 필부필부의 우매함으로써도 가히 함께하여 알 수 있는 것이지만, 그 지극함에 이르러서는 비록 빼어난 이라도 역시 알지 못하는 바가 있는 것이다. 하늘과 땅의 크기에 대해 말할 때도 사람들은 오히려 (말로 다 담아내지 못해) 안타깝게 생각하는 바가 있다. 그래서 군자가 큰 것을 말하게 되면 천하는 그것을 능히 싣지 못하고, 군자가 작은 것을 말하게 되면 (너무 미세하여) 천하가 능히 그것을 깨트리지 못한다."

佐=副]⁵⁸을 통해 백성의 행동을 구제하고 이로써 잃고 얻음[失得]⁵⁹의 되갚음[報=報應]을 밝
힌다.

子曰 乾坤 其易之門邪. 乾 陽物也 坤 陰物也 陰陽合德 而剛柔有體 以體天地之撰
以通神明之德. 其稱名也 雜而不越 於稽其類 其衰世之意耶.
夫易 彰往而察來 微顯而闡幽 開而當名 辨物 正言 斷辭 則備矣.
其稱名也小 其取類也大 其旨遠 其辭文 其言曲而中 其事肆而隱 因貳 以濟民行
以明失得之報.

◉

5장을 이어받아 다움[德]을 체계적으로 분석하고 있는 7장이다. 대단히 중요함에
도 불구하고 그동안 『주역』을 논하는 사람들 사이에서 별다른 주목을 받아오지 못한
부분이기도 하다. 본문을 옮긴 다음 분석하자.

7. 「계사전」 하 7장

역(易)이 일어난 것은 아마도 중고(中古) 때일 것이다! 역(易)을 지은 자는 아마도 우환(憂患)
을 겪은 자일 것이다!

易之興也 其於中古乎! 作易者 其有憂患乎!

◉

중고 때란 주나라 문왕(文王)의 시기를 말한다. 문왕은 은나라 마지막 임금 주왕
(紂王)의 견제를 받아 유리(羑里)에 유폐된 적이 있었다. 기록에 따르면 바로 이 어려

---

58 정약용의 풀이를 따랐다.

59 남동원은 "선(善)은 길함의 동기가 되고 악(惡)은 흉함의 동기가 된다"라고 했다.

움을 겪던 시기에 문왕은 64괘의 괘명을 정하고 단사(彖辭)를 썼다고 한다. 이 말은 그 일을 기록한 것이다. 이어서 아홉 괘의 이름을 다움[德]의 연마와 관련지어 이렇게 말한다. 괘의 이름이라 번역은 하지 않고 발음 그대로 옮겼다.

이 때문에 이(履)는 다움의 바탕[德之基]이요, 겸(謙)은 다움의 자루[德之柄]요, 복(復)은 다움의 근본[德之本]이요, 항(恒)은 다움의 견고함[德之固]이요, 손(損)은 다움의 닦음[德之修]이요, 익(益)은 다움의 넉넉함[德之裕]이요, 곤(困)은 다움의 분별함[德之辨]이요, 정(井)은 다움의 땅[德之地]이요, 손(巽)은 다움의 마름질[德之制]이다.

是故 履 德之基也 謙 德之柄也 復 德之本也 恒 德之固也 損 德之修也 益 德之裕也 困 德之辨也 井 德之地也 巽 德之制也.

◉

이 아홉 괘명(卦名)은 모두 자기 몸에 돌이켜[反身] 다움을 형성하는 것이다. 이 아홉 괘명을 검토하기 전에 다움[德]을 형성한다[爲德=成德]는 것이 무엇인지 『논어』를 통해 잘 정리하는 것이 여러모로 도움을 준다. 다움[德]이란 무엇인가? 「안연」편에서 제나라 경공이 정치에 대해 묻자 공자는 이렇게 답했다.

임금은 임금다워야 하고 신하는 신하다워야 하며 아버지는 아버지다워야 하고 자식은 자식다워야 한다[君君臣臣父父子子].

임금이 임금다우려면 너그러움[寬]이 있어야 하고 신하가 신하다우려면 충성스러움[忠]이 있어야 하고 아버지가 아버지다우려면 자애로움[慈]이 있어야 하고 자식이 자식다우려면 효성스러움[孝]이 있어야 한다. 즉 관(寬)·충(忠)·자(慈)·효(孝)가 바로 임금·신하·부모·자식의 마땅히 갖춰야 할 다움[德]이다. 그러면 이런 다움을 어떻게 갖출 수 있을까? 공자는 그 방법으로 적중해서 오래 유지하는 것[中庸]을 제시했다. 『논어』「옹야」편이다.

적중해서 오래 유지하는 것[中庸]이 다움을 이뤄냄[爲德=成德]이 지극하구나! (그런데) 사
람들 가운데는 적중해서 오래 유지하는 것을 지속하는[久] 이가 드물다.

즉 다움을 갖추는 데 있어 관건이 되는 것은 (도리나 사안에) 적중하는 것[中]과 오
래 유지하는 것[庸=常=久]이다. 다움을 닦는다[修德]고 할 때는 좋지 못한 면들을 털
어내거나 닦아서 없애는 것을 말하고, 다움을 높인다[崇德]고 할 때는 좋은 점들을
조금씩 쌓아가는 것[積善]을 말한다. 즉 같은 다움을 이뤄낸다고 할 때도 여러 측면이
있다는 것을 이해할 때 우리는 여기서 말한 아홉 괘명이 다움에서 갖는 각기 다른 역
할을 제대로 파악할 수 있다. 아홉 괘명을 하나씩 짚어보자.

이(履)는 천택리괘(天澤履卦, ䷉)다. 이괘(履卦)는 일의 이치[禮=事理]를 가리킨다.
이(履)는 '밟다'는 뜻이니, 일의 이치를 밟아가며 일을 행한다는 말이다. 8괘 중에서
가장 높은 것이 하늘이고 가장 낮은 것이 못이다. 이괘의 모양을 보면 위에 있어야 할
하늘이 위에 있고 아래에 있어야 할 못이 아래에 있다. 위와 아래의 순서를 바로잡아
바꾸지 못하는 것이 예(禮)라고 했다. 이런 일의 이치가 있는 다움이라야 그것은 다움
의 바탕[德之基]이 될 수 있다.

겸(謙)은 지산겸괘(地山謙卦, ䷎)다. 이괘(履卦)와 비교하면 음과 양이 모두 같은 자
리에서 바뀌어 있다. 이런 관계를 뒤에 상세히 살펴보겠지만 착괘(錯卦) 혹은 이괘(裏
卦)라고 부른다. 겸(謙)이란 땅 아래에 산이 있다. 원래 땅은 낮고 산은 높은 것인데, 산
이 땅 아래에 있다는 것은 스스로를 낮춘 것이다. 자신을 낮추고 남을 높이는 것[自卑
而尊人]이 겸(謙)이다. 일을 사리에 맞게 행하려는[行禮] 사람은 일단 자신을 낮추지
않고서는 일을 성공적으로 할 수 없다. 그래서 다움의 자루[德之柄]라고 한 것이다.
자루를 잡지 않고서는 칼을 쓸 수 없는 것과 같다.

복(復)은 지뢰복괘(䷗)다. 맨 밑에 양효가 온 일양래복(一陽來復)의 모양으로, 본래
의 이치를 회복한다는 뜻이다. 주희는 "마음이 밖으로 달리지 않고 좋은 마음이 보존
되는 것"이라고 했다. 그래서 다움의 근본[德之本]이라고 한 것이다.

항(恒)은 뇌풍항괘(䷟)다. 우레와 바람이 서로 감동해 오래간다는 뜻이다. 앞서 근
본을 회복했으니 이를 오래 유지해야 한다. 중용(中庸)의 용(庸)과 통한다. 그래서 다
움의 견고함[德之固]이라고 한 것이다.

손(損)은 산택손괘(山澤損卦, ䷨)다. 산이 위에 있고 연못이 아래에 있다. 정이는 "못이 산 아래에 있어 그 기운이 위로 통해서 윤택함이 초목과 온갖 물건에 미치니, 이는 아래를 덜어[損] 위를 더하는 것이다"라고 했다. 또 위를 덜어 아래에 더하면 익괘(益卦, ䷩)가 되고 아래에서 덜어 위에 더하면 손괘가 된다고 했다. 주희는 이를 "분통해함을 경계하고 욕심을 막아 몸을 닦는 것"이라고 했다. 그래서 다움의 닦음[德之修]이라고 한 것이다.

익(益)은 풍뢰익괘(䷩)다. 손괘(䷨)를 위아래로 회전하면 익괘가 되는데, 이런 관계를 종괘(綜卦)라고 한다. 손괘가 수덕(修德)이었다면 익괘는 숭덕(崇德)이다. 『논어』 「안연」편에서 공자는 제자 자장(子張)이 다움을 높이는 방법[崇德]을 묻자 이렇게 대답한다.

충(忠)과 신(信)을 근본 바탕으로 하면서 의(義-마땅함)로 옮겨감(-마땅함을 따르는 것)이 다움을 높이는 것[崇德]이다.

이어 번지(樊遲)라는 제자가 같은 질문을 하자 이렇게 대답했다.

(공적인) 일[事]을 우선하고 (사사로운) 이득[得]을 뒤로하는 것이 다움을 높이는 것[崇德] 아니겠는가?

이는 바로 뒤에서 손(損)의 의미를 풀이하는 데서 다시 나온다. 그래서 익(益)을 다움의 넉넉함[德之裕]이라고 한 것이다.

곤(困)은 택수곤괘(澤水困卦, ䷮)로 곤궁함을 상징한다. 어려움 속에서야 사람의 본모습을 보게 된다. 그래서 다움의 분별함[德之辨]이라고 한 것이다. 이 점을 명확하게 보여주는 것이 바로 『논어』 「자한」편에 나오는 공자의 유명한 말이다.

날씨가 추워진[歲寒] 뒤에야 소나무와 잣나무가 뒤늦게 시듦을 알 수 있다.

정(井)은 수풍정괘(水風井卦, ䷯)다. 정괘는 곤괘 바로 다음에 이어지는데, 곤궁함을 겪은 자는 반드시 아래로 돌아온다고 해서 정괘가 곤괘를 잇는다고 했다. 감(坎, ☵)은 물이고 손(巽, ☴)은 바람이면서 나무다. 나무는 그릇의 상(象)이니, 나무가 물 아래로 들어가 물을 퍼서 올리는 것은 우물물을 긷는 상이다. 우물은 대지처럼 한곳에 있으면서 오가는 모든 사람에게 물을 제공한다. 그래서 다움의 땅[德之地]이라고 한 것이다.

손(巽)은 손위풍괘(巽爲風卦, ☴)다. 공손하고 공순해[巽順=遜順] 고분고분 따르는 것이다. 그래서 일과 사물의 변화를 그에 맞게 마름질할[制=裁] 수 있다.

이렇게 해서 다움을 형성하는 데 있어 중요한 아홉 괘명(卦名)을 살펴보았다. 아홉 괘명 각각의 깊은 뜻을 음미할 차례다. 그런데 그 뜻을 옮기기에 앞서 'O而O'라는 구문에 주목할 필요가 있다. 자칫 O, O에 해당하는 단어만 덜렁하고 옮길 경우 전혀 엉뚱한 번역이 나올 수 있기 때문이다. 주희도 이 점에 주목해 그것을 『서경』의 구덕(九德)과 같은 것이라고 했다. 구덕이 무엇이길래 주희는 이렇게 말한 것일까? 『서경』「고요모(皐陶謨)」편이다.

재상 고요(皐陶)가 우왕에게 이렇게 말했다.

"일을 행하는 데는 모두 아홉 가지 다움[九德]이 있습니다. 어떤 사람이 가진 다움을 총괄해서 말할 때, 이는 곧 그 사람이 구체적으로 어떤어떤 일을 행했다고 말하는 것입니다."

우왕이 물었다.

"그 아홉 가지라는 게 무엇이냐?"

이에 고요가 답했다.

"너그러우면서도 엄정하고[寬而栗], 부드러우면서도 꼿꼿하고[柔而立], 삼가면서도 공손히 하고[愿而恭], 다스리는 능력이 뛰어나면서도 경외하는 마음을 잃지 않고[亂而敬], 순하면서도 과단성이 있고[擾而毅], 곧으면서도 온화하고[直而溫], 털털하면서도 예리하고[簡而廉], 굳세면서도 독실하고[剛而塞], 힘이 세면서도 의리에 맞게 행동하는 것[彊而義]입니다. 내면의 다움[德]이 (외적으로 일을 행함을 통해) 드러나서 (일회적인 것이 아니라) 지속적으로 이어진다면 그런 사람은 뛰어난 인물[吉=賢]이라 할 수 있을 것입니다."

주목해야 할 점은 다움을 일을 하는 것[行事]과 연결해서 말하고 있다는 점이다. 이에 대해서는 송나라 유학자 진덕수가 『대학연의(大學衍義)』(이한우 옮김, 해냄)에서 남김없이 풀어냈다. 이 책은 원래 황제에게 올린 글이기 때문에 경어체로 옮겼다.

고요는 말하기를 "사람을 아는 것이 진실로 쉬운 일은 아니지만 그럼에도 그것은 다움[德]으로써 그것을 추구하는 것일 뿐"이라고 했습니다. 다움이 있으면[有德] 군자가 되고 다움이 갖춰지지 못하면 소인이 되는 것입니다. 이것이 바로 사람을 아는 것의 핵심 요체입니다.

(또) 사람의 행실에는 모두 아홉 가지 다움[德]이 있다고 합니다. 우리가 어떤 사람이 다움을 갖고 있다고 말할 때, 이는 반드시 그 사람이 일을 행하는 것[行事]이 어떠한지 살피는 것입니다. 무릇 다움이라는 것은 일의 근본이고, 일이라는 것은 다움이 베풀어진 것일 뿐입니다. 그래서 많은 사람은 "다움은 있는데 일은 제대로 하지를 못한다"고 말하지만, 그렇게 되면 그 다움이라는 것은 실은 허망한 말일 뿐입니다. 이 또한 바로 사람을 아는 것의 핵심 요체입니다.

'너그러우면서 엄정함[寬而栗]'부터 그 이하 아홉 가지 다움[九德]이 어떤 때는 굳셈[剛]으로 부드러움[柔]을 보완하고 어떤 때는 부드러움으로 굳셈을 보완하는 식으로 혼연일체가 돼 어느 하나 버릴 것이 없게 된 연후에야 다움이 이뤄지고 또 그러한 다움이 이뤄졌는지 여부와 그 사람의 능력의 우열을 판단할 수 있습니다. 이 또한 바로 사람을 아는 것의 핵심 요체입니다.

선배 유학자는 말하기를 "너그러움부터 강함까지 앞쪽의 것은 모두 (하늘로부터) 부여받은 바 성품이고, 엄정함에서 의리에 맞춤까지 뒤쪽의 것은 곧 배우고 묻는[學問] 공력"이라고 했습니다.[60] 이 설이 맞다면 다움을 갖춘 사람은 또 오래 지속함[常=恒=久=恒=長]과 변하지 않음[不變]을 귀하게 여겨야 합니다. 만약에 잠시만 힘쓰고 오랫동안 그것을 유지하지 못한다면 이는 진실로 다움이 있다고 말하기에 부족할 것입니다.

그래서 공자도 "사람으로서 오래가는 마음[恒=恒心]이 없으면 점이나 의술로도 고칠 수 없다"(『논어』「자로」편)고 말한 것이니, 만일 임금이 제대로 오래 지속하는 마음을 가진 선비를 드러내어 쓴다면[顯用] 이는 나라에 큰 복이 될 것입니다. 그래서 고요는 말하기를 "이같은 다움이 오랫동안 지속되는 사람을 드러내어 쓴다면 길할 것입니다[彰厥有常吉哉]"라고 했던 것입니다. 오래 지속함[常=恒=久]이 있는지 없는지를 사람 보는 척도로 삼을 경우 오래 지속하는 자는 군자요 오래 지속할 수 없는 자는 소인이 되는 것이니, 이 또한 바로 사

---

60 앞뒤란 구덕을 이루는 ○而○의 앞뒤 글자를 말한다.

람을 아는 것의 핵심 요체입니다.

그렇지만 사람이 아홉 가지 다움을 갖추려 나아가더라도 그 아홉 가지를 모두 갖출 수는 없고, 혹 그중 3개를, 혹 그중 6개를 가진 사람이 있을 수 있습니다. 그래서 오직 임금만이 사람을 잘 씀으로써 3개의 다움을 가진 자를 날마다 더욱 펴주어서 침체함이 없게 해준다면, 그 사람은 아침저녁으로 엄히 자기와 남을 다스리게 돼 대부(大夫)의 직책을 맡아서 빛나고 밝게[光明] 해낼 수 있을 것입니다. 또 6개의 다움을 가진 자를 날마다 더욱 엄정하고 심가게 만들어서 매사를 소홀히 하거나 거만하게 처리하지 않도록 해준다면, 그 사람은 매사 엄밀하고 밝아져서 제후의 직책을 맡아서 두루 막힘이 없이 해낼 수 있을 것입니다.

세상에 아무런 재주도 타고나지 않은 사람은 없으니, 윗사람이 담금질하고 갈아줌으로써 [淬礪=淬勵] 그를 일으켜준다면 아랫사람 역시 정신을 깨끗이 씻어냄으로써[澡雪] 그에 응할 것입니다. 만일 아랫사람이 그리하지 않는다면 그의 정신은 퇴락하고 혼탁해질 것이니 어찌 빼어나고 밝으며 맑고 깨끗한 기상을 가질 수 있겠습니까?

그리고 3개의 다움을 가진 사람은 대부가 될 수 있고 6개의 다움을 가진 사람은 제후가 될 수 있다고 한 것은 대체로 그러하다는 말이지 반드시 그 숫자에 구애된다는 것은 아닙니다. 천자야말로 한 시대에 인재를 길러내는 최고의 책임자[宗主]입니다. 아홉 가지 다움 중에서 만일 1개만 가졌다 하더라도 본인이 (내용과 성질이 다른 것들을) 전부를 받아들여 아울러 보존하고[兼收竝蓄] 잘 나눠서 넓게 펴고 사람들이 가진 각각의 장점을 잘 따르면서 일에 적합하게 그것을 베푼다면, 백관은 모두 현능해져서 이 점을 서로 보고 배울 것이며 백공은 모두 잘 다스려져서 그 일마다의 마땅한 때[時]를 잃는 일이 없을 것입니다.

무릇 오신(五辰)[61]은 하늘에 있다고 했는데, 이 말은 곧 하늘과 사람이 하나의 근본을 갖고 있다는 뜻입니다. 그래서 사람의 일[人事]이 순조로우면 하늘의 도리[天道]도 순조롭습니다. 엉겨 굳음[凝]이라는 것은 덩어리를 이뤄 단단하게 오래가는 것[凝定堅久]을 말합니다. 공을 이루는 것[成功]이 어려운 것이 아니라 단단하게 오래가는 것[堅久]이 어렵습니다. 그래서 수많은 현능한 인재들을 다 써서 수많은 자리가 다 제대로 갖춰졌을 때라야 그 공이 단단하게 오래갈 수 있는 것입니다.

---

61 봄·여름·가을·겨울의 사시(四時)와 그때마다의 땅의 쓰임[所用]을 가리킨다.

아홉 가지 다움[九德]이라는 말은 고요(皐陶)로부터 처음 시작됐고, 그 후에 주공이 성왕에게 고한 것도 성왕이 그 취지를 정확히 알고서 아홉 가지 다움의 행함을 성심성의를 다해 따르기를 바랐기 때문입니다.

대개 옛날에 사람을 논했던 경우에는 반드시 다움이 있는지[有德] 여부를 귀하게 여겼는데, 후세의 임금들은 혹 재능(만)으로 사람을 취하고 여러 가지 다움과 행실[德行]은 중요하게 생각지 않습니다. 그러다 보니 재주만 있고 다움은 없는 소인들이 자기를 팔아서[自售] 자리를 차지하니, 일을 망치지 않는 경우가 거의 없게 되는 것입니다.

(그렇기 때문에) 고요의 말은 진실로 만세에 이어져야 할 사람 보는 법[知人之法]이라 하겠습니다.

다 그런 것은 아니지만 대체로 이(而)는 역접(逆接)의 의미가 있다. 그것은 다름 아니라 적중함[中], 즉 지나침도 없고 못 미침도 없는 것[過猶不及]을 표현하기 위한 방법이다. 다시 한번 공자가 말한 "적중해서 오래 유지하는 것[中庸]이 다움을 이뤄냄[爲德=成德]이 지극하구나! (그런데) 사람들 가운데는 적중해서 오래 유지하는 것을 지속하는[久] 이가 드물다"라는 구절을 음미해야 한다. 고요나 공자 모두 뒤에서 지속함[常=久]을 강조하는 점에서도 똑같다. 그것은 오래감[庸]과 연결되기 때문이다. 다움과 중용(中庸)의 관계는 더 반복하지 않아도 그 중요성을 알 수 있을 것이다. 본문 풀이에 들어간다.

이(履)는 억지로 사람들에게 힘쓰게 하지 않으면서도 지극하고[和而至],[62] 겸(謙)은 (자신을 낮춤으로써 결과적으로) 스스로를 높이면서도 빛나게 하고[尊而光], 복(復)은 (양(陽)이 하나밖에 안 돼 여러 음(陰)에게 방해를 받지 않아) 미미하면서도 일과 사물을 잘 분별해내고[小而辨於物], 항(恒)은 뒤섞여 있으면서도 일정한 다움에 싫증을 내지 않고[雜而不厭], 손(損)은 어려움을 먼저 하고 쉬운 일을 뒤로하며[先難而後易], 익(益)은 오래오래 넉넉하되 억지스러움을 베풀지 않고[長裕而不設], 곤(困)은 궁하되 통하고[窮而通], 정(井)은 자기 자리에 머물

---

62 화(和)를 주희의 풀이에 입각해 풀어 옮겼다.

136

러 있으면서도 남에게 (물을) 옮겨주고[居其所而遷], 손(巽)은 일에 걸맞으면서도 숨어 있다
[稱而隱].[63]
　칭이은

履 和而至 謙 尊而光 復 小而辨於物 恒 雜而不厭 損 先難而後易 益 長裕而不設
이　화이지　겸　존이광　복　소이변어물　항　잡이불염　손　선난이후이　익　장유이불설
困 窮而通 井 居其所而遷 巽 稱而隱.
곤　궁이통　정　거기소이천　손　칭이은

●

　　그리고 바로 아홉 괘명의 효용을 말한다. 이 또한 일하는[行事] 문맥이다.
　　　　　　　　　　　　　　　　　　　　　　　　　　행사

이(履)로써 일을 행하는 바를 조화시키고[和行], 겸(謙)으로써 일의 이치를 제정하고[制禮], 복
　　　　　　　　　　　　　　　　　　화행　　　　　　　　　　　　　　　　제례
(復)으로써 스스로를 알고[自知], 항(恒)으로써 다움을 한결같이 하고[一德], 손(損)으로써 해
　　　　　　　　　　자지　　　　　　　　　　　　　　　일덕
로움을 멀리하고[遠害], 익(益)으로써 이로움을 일으키고[興利], 곤(困)으로써 원망을 적게 하
　　　　　원해　　　　　　　　　　　　흥리
고[寡怨], 정(井)으로써 마땅함을 분별하고[辨義], 손(巽)으로써 권도(權道)를 행한다[權行].
　과원　　　　　　　　　　　　　　변의　　　　　　　　　　　　　　　　권행

履以和行 謙以制禮 復以自知 恒以一德 損以遠害 益以興利 困以寡怨 井以辨義
이이　화행　겸이　제례　복이　자지　항이　일덕　손이　원해　익이　흥리　곤이　과원　정이　변의
巽以行權.
손이　행권

●

　　이 중에서 몇 가지만 보충 설명을 하고자 한다. "이(履)로써 일을 행하는 바를 조화
시킨다[和行]"라는 말을 『논어』의 사례로 구체화할 필요가 있다. 「태백」편에 나오는 공
　　　　화행
자의 말이다. 이(履)는 곧 예(禮)임을 염두에 두고 보아야 한다. 예란 사리(事理)다.

공손하되 예가 없으면 수고롭고[恭而無禮則勞], 삼가되 예가 없으면 두렵고[愼而無禮則葸],
　　　　　　　　　　공 이 무례 즉 노　　　　　　　　　　　　　　　　신 이 무례 즉 시
용맹하되 예가 없으면 위아래 없이 문란해질 수 있고[勇而無禮則亂], 곧되 예가 없으면 강
　　　　　　　　　　　　　　　　　　　　　　용 이 무례 즉 난
팍해진다[直而無禮則絞].
　　　　직 이 무례 즉 교

63　이것도 『중용』에 나오는 비이은(費而隱)과 정확히 같은 뜻이다.

두 번째로 "정(井)으로써 마땅함을 분별한다[辨義]"라는 말에 대해 주희는 "마음
을 편안히 해 능히 멀리 생각할 수 있다[安而能慮]"라고 풀이했다. 이때의 안(安)은
『논어』「이인」편에 나오는 말로, 어짊을 편안하게 여기다[安仁]라는 뜻이다. 이는 『대
학』에 나오는 말의 일부다. 그 말이 등장하는 문맥 전체를 음미해볼 필요가 있다.

(가장 바람직한 상태에서) 오랫동안 머무를 줄 알게 된 후에야 (뜻이 나아갈 방향이) 정해짐이
있고, 뜻의 방향이 정해지고 난 이후에야 능히 흔들림이 없는 마음을 갖게 되고, 마음의 흔
들림이 없어진 후에야 능히 (인이나 도를) 편안하게 여기게 되고, 어짊을 편안하게 여길 수
있게 된 후에야 능히 심모원려를 할 수 있고[安而後能慮], 심모원려를 할 수 있게 된 후에야
능히 (그에 어울리는 지위나 뜻했던 바를) 얻게 된다. 모든 일에는 근본과 곁가지가 있고 모든
일에는 끝과 시작이 있으니, 먼저 해야 할 것과 뒤에 해야 할 것을 잘 알고 있다면 도리에
보다 가까이 다가가게 될 것이다[知止而後有定 定而後能靜 靜而後能安 安而後能慮 慮而後
能得 物有本末 事有終始 知所先後 則近道矣].

이로써 7장을 마치고 8장으로 넘어간다. 어려운 고비는 거의 다 넘었으니 가벼운
능선을 걸어가는 기분으로 하나씩 점검해보자.

8. 「계사전」 하 8장

역(易)이라는 책은 멀리해서는 안 되고[64] 그 역의 도리[道]라고 하는 것은 거듭해서 옮겨감
[屢遷][65]이다. 달라지고 움직여[變動] 한곳에 머물지 않고[不居] 여섯 빈자리를 두루 흘러 다
닌다[周流六虛].[66] 오르고 내림[上下]에 일정함이 없고[无常] 굳셈과 부드러움[剛柔]이 서로
바뀌어[相易], 일정한 법칙[典要]으로 삼을 수 없고 오로지 달려져가는 바[所適] 그 자체를

---

64 여기서 책이란 마침내 공자가 그것을 다 풀어내 책으로 만들었다는 뜻이다. 그러니 어렵다고 해서 멀리해서는 안
되다는 정도의 뜻으로 읽을 수 있다.

65 고정되지 않고 지속적으로 변화한다는 말이다.

66 음과 양이 여섯 효의 자리[爻位]를 흘러 다닌다는 말이다. 효위는 실체가 아니기 때문에 허(虛)라고 불렀다.

138

따를 뿐이다.

그것이 들고날 때 법도에 맞게 함으로써 (사람의) 안팎으로 두려움을 알게 하고 또 우환(憂患)[67]과 그 이유나 원인을 밝힌다. 그래서 스승[師保]은 없지만, 부모가 곁에 계신 듯하다.[68]
<small>사보</small>

처음에 그 말[辭]을 따라서 그 방도를 헤아려보면 이미 일정한 법도[典常]가 있기는 하지만,
<small>사</small> <small>전상</small>
그러나 진실로 그 적임자[其人]가 아니면 도리는 헛되이 행해지지 않는다.[69]
<small>기인</small>

易之爲書也 不可遠 爲道也屢遷. 變動不居 周流六虛. 上下无常 剛柔相易 不可爲
<small>역 지 위서 야 불가 원 위도 야 누천 변동 불거 주류 육허 상하 무상 강유 상역 불가위</small>
典要 唯變所適.
<small>전요 유 변 소적</small>
其出入以度 外內 使知懼 又明於憂患與故. 无有師保 如臨父母.
<small>기 출입 이도 외내 사 지구 우 명어 우환 여 고 무유 사보 여임 부모</small>
初率其辭而揆其方 旣有典常 苟非其人 道不虛行.
<small>초 솔 기사 이규 기방 기유 전상 구비 기인 도 불 허행</small>

9. 「계사전」 하 9장

역(易)이라는 책은 시작으로 거슬러 올라가고[原始] 끝을 찾아서[要終] 그것을 바탕[質][70]으
<small>원시</small> <small>요종</small> <small>질</small>
로 삼고, 6효(爻)가 서로 섞이는 것은 오직 그때와 일[時物]에 따를 뿐이다.[71]
<small>시물</small>

그 처음[其初]은 알기가 어렵고 그 위[其上][72]는 알기가 쉬우니 근본과 곁가지[本末]이기 때문
<small>기초</small> <small>기상</small> <small>본말</small>
이다. 초효[初辭]는 일의 시초를 헤아려 붙잡고 상효[卒]는 그 끝마침을 이룬다. 예를 들어 일
<small>초사</small> <small>졸</small>
이나 사물이 뒤섞이는 것[雜物], 다움을 갖춤[撰德], 옳고 그름의 판별 등은 그 중간에 있는
<small>잡물</small> <small>찬덕</small>
(2, 3, 4, 5효, 4개의) 효들(의 변동)이 아니면 제대로 갖출 수 없다[不備].
<small>불비</small>

易之爲書也 原始要終以爲質也 六爻相雜 唯其時物也.
<small>역 지 위서 야 원시 요종 이위 질 야 육효 상잡 유 기 시물 야</small>

---

67 엄밀하게는 미래의 근심을 우(憂)라고 하고 현재의 환란을 환(患)이라고 한다.

68 그만큼 삼가고 조심함을 지극히 해야 한다는 말이다.

69 사람이 있지 않고서는 도리가 밝혀지지 않는다. 이는 『논어』 「위령공」편에서 공자가 했던 말과 정확히 통한다. "사람이 도리를 크게 하는 것이지, 도리가 사람을 크게 하는 것은 아니다." 예를 들어 『주역』의 도리는 문왕, 주공, 공자 등이 있어 밝혀진 것이다. 그것을 행하려면 적어도 앞서 말한 아홉 가지 다움을 갖춘 군자라야 가능하다는 말이다. 다시 말하지만 『주역』은 군자의 도리이지 소인의 도리가 아니다. 아무나 『주역』을 입에 올려서는 안 된다는 경고인 셈이다.

70 괘체(卦體)를 가리킨다.

71 괘와 효를 읽어내는 지침을 말하고 있다.

72 그 처음이란 초효(初爻), 그 위란 상효(上爻)를 가리킨다. 그 처음은 사물의 시초이기 때문에 알기 어려운 것이다.

其初難知 其上易知 本末也. 初辭擬之 卒成之終.
기초 난지 기상 이지 본말 야 초사 의지 졸 성지 종

若夫雜物撰德 辨是與非 則非其中爻 不備.
약부 잡물 찬덕 변 시여비 즉비 기 중효 불비

◉

이에 대해 정약용은 다음과 같이 풀었다.

6개의 효가 달라져 비록 각각 다른 하나의 괘를 이루지만 (그 효의) 자리에는 높고 낮음이
있고 일[事]에는 시작과 끝이 있다. 그래서 빼어난 이가 효사를 엮을 때 초효와 상효가 일
의 시초를 헤아려 붙잡고[擬之] 끝마침을 이룸[成之]이 되도록 한 것이다. 예를 들어 초효
가 발[趾]이나 꼬리[尾]가 되면 그 상효는 반드시 머리[首]나 정수리[頂]가 된다. 또 예를 들
어 초효가 침잠하는 것이나 가까운 것이 되면 그 상효는 상승하는 것이나 멀리 있는 것이
된다. 『주역』을 공부하는 자가 먼저 그 초효를 보면 그 뜻을 이해하기 어렵지만, 그 상효까
지 보게 되면 환히 쉽게 알게 되니, 초효는 근본이 되고 그 상효는 곁가지가 된다.

여기서 그 중간에 있는 효들[中爻]이라는 것은 결국 2, 3, 4, 5위의 효가 변하는 것이다.
중효

아! 진실로 존망(存亡)과 길흉(吉凶)을 살피고자 하면 가만히 앉아서도 (쉽게) 알 수 있으니,
사리를 아는 자[知者]가 그 단사(彖辭)를 살펴보게 된다면 (괘의 의미를) 그 절반 이상을 생각
지자
해낼 수 있으리라.

噫 亦要存亡吉凶 則居可知矣 知者觀其彖辭 則思過半矣.
희 역요 존망 길흉 즉 거 가지 의 지자 관 기 단사 즉 사 과반 의

◉

이에 대해 정약용은 다음과 같이 풀었다.

단(彖)이란 근본을 세우기 위한 것이니, 근본을 세운 이후에야 변화가 근거할 데가 있는 것
이다. 그러므로 여섯 효의 변화는 모두 본상(本象-효가 속해 있는 괘)에 의거해 변화하는 것
이니, 그 본상을 모르고서 어찌 그 변화를 파악할 수 있겠는가? 그러므로 단사(彖辭)의 의

미를 파악하고 나면 효사(爻辭)에서 말한 그 변화도 역시 칼에 닿자 베어지듯이 쉽게 이해될 것이다.

이(二)와 사(四)는 공능(功能)은 같은데[同功][73] 지위가 달라 그 좋음[善]이 같지 않으니, 이(二)는 영예로움이 많은 데 반해 사(四)는 두려움이 많은 것은 (군주의 지위인 오(五)와) 가깝기 때문이다. 부드러움[柔]이라는 도리는 멀리 있는 것이 이로울 바가 없으나 이(二)의 경우 요컨대 허물이 없는 것은 모두 유중(柔中)을 쓰기 때문이다.

삼(三)과 오(五)는 공능은 같은데[同功][74] 지위가 달라 삼(三)은 흉함이 많고 오(五)는 공덕이 많은 까닭은 귀함과 천함[貴賤]의 차등 때문이다. 이에 (삼이나 오의 자리에서는) 부드러움은 위태롭고 굳셈은 그보다는 낫다[勝=堪].

二與四 同功而異位 其善不同 二多譽 四多懼 近也. 柔之爲道 不利遠者 其要无咎
其用柔中也.

三與五 同功而異位 三多凶 五多功 貴賤之等也. 其柔危 其剛勝也.

◉

이 부분은 뒤에 우리가 직접 괘의 효사들을 살피는 데 있어 긴요한 역할을 한다. 유의해서 읽어둬야 한다.

10. 「계사전」하 10장

역(易)이라는 책은 넓고 크게 다 갖추고 있으니[悉備], 하늘의 도리[天道]가 있고 사람의 도리[人道]가 있고 땅의 도리[地道]가 있다. 그런데 이 삼재(三才-하늘·사람·땅)를 겸해서 두 번 겹쳤으니 그래서 육(六)이다. 육이란 다름 아니라 삼재의 도리다.[75]

---

73 둘 다 음위(陰位)라는 말이다.

74 둘 다 양위(陽位)라는 말이다.

75 그렇게 해서 초효는 땅의 양, 2효는 땅의 음, 3효는 사람의 양, 4효는 사람의 음, 5효는 하늘의 양, 상효는 하늘의 음

(그런데) 도리에는 달라지고 움직이는 것이 있으니 그래서 (그것을 가리켜) 효(爻-엇갈림)라고 했고, 효에는 등급이 있으니 그래서 (그것을 가리켜) 물(物-일과 사물)이라고 했고, 물은 서로 섞이니 그래서 (그것을 가리켜) 문(文-문채)이라고 했고[76], 문이 자리에 (마땅하거나) 마땅하지 않거나 하면 길함과 흉함이 생겨난다.

易之爲書也 廣大悉備 有天道焉 有人道焉 有地道焉. 兼三才而兩之 故六. 六者
역 지 위 서 야 광대 실비 유 천도 언 유 인도 언 유 지도 언 겸 삼재 이 양지 고육 육자

非他也 三才之道也.
비타 야 삼재 지도 야

道有變動 故曰爻 爻有等 故曰物 物相雜 故曰文 文不當 故吉凶生焉.
도 유 변동 고왈 효 효 유등 고왈 물 물 상잡 고왈 문 문 부당 고 길흉 생 언

◉

다시 말하지만 달라져 바뀌지 않으면 효(爻)가 아니다.

11.「계사전」하 11장

역(易)이 일어난 것[興]은 아마도 은나라의 말세나 주나라의 성대한 다움[盛德]의 시기였을 것
　　　　　　　　　　　　　홍　　　　　　　　　　　　　　　　　　　　성덕
이다. 문왕과 주왕(紂王)의 일이 여기에 해당할 것이다. 이 때문에 그 말은 위태롭다. 위태로
워질까 걱정하는 사람[危者]을 평안하게 해주고 안이하게 여기는 자[易者]를 기울어지게 만
　　　　　　　　　　위자　　　　　　　　　　　　　　　　　　　이자
들었으니, 그 도리가 참으로 크다. 온갖 일들을 폐기하지 않고 처음부터 끝까지 두려워하면
[懼以終始] 요컨대[其要] 허물이 없을 것이니, 이것을 일러 역의 도리[易之道]라고 한다.
구 이 종시　　기요　　　　　　　　　　　　　　　　　　　　　역지도

易之興也 其當殷之末世 周之盛德耶. 當文王與紂之事邪. 是故 其辭危. 危者
역 지 흥 야 기당 은 지 말세 주 지 성덕 야 당 문왕 여 주 지 사 야 시고 기사 위 위자

使平 易者使傾 其道甚大. 百物不廢 懼以終始 其要无咎 此之謂易之道也.
사평 이자 사경 기도 심대 백물 불폐 구 이 종시 기요 무구 차 지위 역지도 야

이 된다. 「설괘전」에서 "하늘의 도리는 음과 양, 사람의 도리는 어짊과 마땅함[仁義], 땅의 도리는 굳셈과 부드러움
　　　　　　　　　　　　　　　　　　　　　　　　　　　　　　인의
[剛柔]이다"라고 했던 것을 상기해둘 필요가 있다.
강유

76　64괘 384효가 바로 천지 만물의 문(文)이다.

12. 「계사전」 하 12장

무릇 건(乾)이란 천하의 지극한 튼튼함[至健]이니 (건의) 다움과 행실[德行]은 늘[恒] 평이함[易]으로 위험함을 알아차리고[知險], 무릇 곤(坤)이란 천하의 지극한 고분고분함[至順]이니 (곤의) 다움과 행실은 늘 간결함[簡]으로 험난함을 알아차린다[知阻].[77]

능히 마음속으로 기뻐하며[78] 능히 머릿속으로 강구해[79] 천하의 길함과 흉함을 정하고 천하의 힘써야 할 일[亹亹]을 이뤄낸다.

이런 식으로 달라지고 바뀌고[變化] 말하고 행동하니[云爲] 길한 일에 상서로움[祥]이 있는 것이다. 일을 본떠[象事] 기구나 기물을 (이용할 줄) 알고 일을 점쳐[占事] 앞으로 올 일을 안다.

하늘과 땅이 자리를 베풀어[設位] 빼어난 이가 능함을 이뤄내니[成能], 사람과 모의해보고 귀신에게도 모의해보니 (어리석은) 백성도 그 능함에 참여하게 된다.

8괘는 상(象)[80]으로 알려주고[81] 효(爻)와 단(彖)은 실상[情][82]으로써 말해주니, 굳셈과 부드러움이 섞여 있어 (그것을 통해) 길함과 흉함을 볼 수가 있다.[83]

달라지고 움직이는 것은 이로움[利]로써 말하고 길함과 흉함은 실정[情]으로 인해 옮겨간다[遷].[84] 이 때문에 사랑과 미움이 서로 공격해 길함과 흉함이 생겨나고, 멀고 가까움이 서로 관계를 맺어 뉘우침과 안타까움[悔吝]이 생겨나며, 진실과 거짓[情僞]이 서로 감응해 이로움과 해로움[利害]이 생겨난다. 무릇 역(易)의 실정[易之情]은 가까우면서도 서로 잘 어울리지 못할 경우 흉하거나 해를 끼쳐 뉘우치게 되고 또 안타까워하게 된다.

---

77 「계사전」 상 1장에서 우리는 쉬움과 간결함의 문제를 살펴본 바 있다. "건은 쉬움[易]으로 일을 주관하고 곤은 간결함[簡]으로 능히 해낸다. 쉬우면 주관하기 쉽고 간결하면 따르기 쉽다[易從]."

78 이는 마음이 이치와 합치한다는 것이니 건(乾)의 소관이다.

79 이는 이치가 생각으로 인해 깊이 검토된다는 것이니 곤(坤)의 소관이다.

80 「설괘전」에 나온 물상을 말한다.

81 이는 64괘도 마찬가지다.

82 변동이 생겨난 것을 말한다.

83 건괘와 곤괘를 제외한 62괘는 모두 양구(陽九)와 음륙(陰六)이 뒤섞여 있다. 그것들은 모두 다른 환경 속에 놓이게 되기 때문에 그것을 통해 길흉을 알아낼 수 있다는 말이다.

84 정(情)은 진정함, 진실함이라는 뜻도 있다. 사람의 언행이 진실하면 길한 쪽으로 옮겨가고 진실하지 못하면 흉한 쪽으로 옮겨가게 된다는 말이다.

장차 배반할 사람[叛者]은 그 말에 부끄러움[慙]이 있고, 마음속에 의혹을 품고 있는 사람
[疑者]은 그 말이 갈라지고[枝], 뛰어난 이[吉人=賢人]는 말이 적고 초조해하는 사람[躁人]은
말이 많으며, 위선적인 사람[誣善=僞善]은 그 말이 둥둥 떠다니고[游], 지켜야 할 절의를 잃
은 사람은 그 말이 비굴하다.

夫乾 天下之至健也 德行恒易以知險 夫坤 天下之至順也 德行恒簡以知阻.
부건 천하 지지건 야 덕행 항 이이 지험 부곤 천하 지지순 야 덕행 항 간이 지조

能說諸心 能研諸慮 定天下之吉凶 成天下之亹亹者.
능열 제심 능연 제려 정 천하 지 길흉 성 천하 지 미미 자

是故 變化云爲 吉事有祥. 象事 知器 占事 知來.
시고 변화 운위 길사 유상 상사 지기 점사 지래

天地設位 聖人成能 人謀鬼謀 百姓與能.
천지 설위 성인 성능 인모 귀모 백성 여능

八卦以象告 爻彖以情言 剛柔雜居而吉凶可見矣.
팔괘 이상 고 효단 이정 언 강유 잡거 이 길흉 가견 의

變動以利言 吉凶以情遷. 是故 愛惡相攻而吉凶生 遠近相取而悔吝生 情僞相感而
변동 이리 언 길흉 이정 천 시고 애오 상공 이 길흉 생 원근 상취 이 회린 생 정위 상감 이

利害生. 凡易之情 近而不相得 則凶或害之 悔且吝.
이해 생 범 역지정 근이불 상득 즉흉 혹 해지 회차린

將叛者 其辭慙 中心疑者 其辭枝 吉人之辭寡 躁人之辭多 誣善之人 其辭游 失
장 반자 기사 참 중심 의자 기사 지 길인 지사 과 조인 지사 다 무선 지인 기사 유 실

其守者 其辭屈.
기수 자 기사 굴

◉

마지막 문단에서 말을 통해 그 사람의 속내를 읽어내는 방법을 언급한 까닭은 바
로 이런 식으로 괘사와 효사를 거슬러 올라가면서 정밀하게 해독해야 함을 강조하기
위함이었다. 흥미롭게도 이는 『논어』의 맨 마지막에 있는 문장, 즉 「요왈(堯曰)」에 나오
는 "말을 알지 못하면 사람을 알 수 없다[不知言 無以知人也]"에 대한 풀이 역할을 하
고 있다. 다시 말해 『논어』의 결론과 『주역』에 대한 공자의 총괄적 풀이인 「계사전」의
결론이 같은 이야기를 하고 있다는 점에 주목해야 한다. 「계사전」의 이 부분을 송나
라 학자 진덕수는 『대학연의』에서 이렇게 풀어내고 있다.

　　신이 가만히 살펴보겠습니다. 『주역』의 대전(大傳)[85]에 이르기를 "장차 배반할 사람[叛者]

은 그 말에 부끄러움[慙]이 있고, 마음속에 의혹을 품고 있는 사람[疑者]은 그 말이 갈라지

고[枝], 뛰어난 이[吉人=賢人]는 말이 적고 초조해하는 사람[躁人]은 말이 많으며, 위선적

인 사람[誣善=僞善]은 그 말이 둥둥 떠다니고[游], 지켜야 할 절의를 잃은 사람은 그 말이

비굴하다"라고 했습니다. 이는 말에 근거해서 사람을 살피는 법[觀人之法]입니다. 백성의

임금이 된 자는 마땅히 이를 깊이 알아야 합니다.

무릇 사람이 앞으로 악한 일을 저지르려 하면 반드시 마음속에 창피한 마음[愧]이 듭니다.

그래서 그 사람의 말에도 부끄러워함[慙]이 드러나고 논리가 분명하지 못하며 마음이 현혹

돼 그 말이 이리저리 왔다 갔다 하게 되니, 이를 일러 지리멸렬[支離]하고 복잡다단[多端]

하다고 하는 것입니다. 마음이 바르고 선량하며[端良] 평온하고 곧은[易直] 사람은 말이 구

차스럽지 않아서 간명하면서도 말수가 적은 반면, 허황하거나 거짓을 일삼고[狂妄] 안달복

달하는[躁急] 사람은 말이 항상 쉽게 나와서 번잡하면서도 말수가 많습니다.

선량한 사람을 근거 없이 비방하게 되면 마음속에 부끄러운 겸연쩍음[羞惡]이 생겨나게 되

니, 그런 상태에서 하는 말은 둥둥 떠다니고 확실한 것이 없습니다. 그리고 이런 사람은 지

키는 바가 굳건하지 못하고 이해관계[利害]에 마음을 빼앗겨 그 말이 굴욕적이고 쉽게 궁

해져서 마음속에 뭔가가 있게 되면 반드시 그것이 겉으로 드러나 숨길 수가 없습니다. 그

렇기 때문에 말을 모르면 사람을 알 수 없다고 한 것입니다.

그럼에도 불구하고 입을 딱 봉한 채 말을 하지 않는 사람은 말수가 적은 사람과 비슷하고,

반대로 온갖 이야기를 다 해서 숨기는 게 없는 사람은 말수가 많은 사람과 비슷해 보입니

다. 그래서 말을 듣는 사람이 만약에 잘 살피지 않는다면 속으로 간사함을 품은 자가 멋진

선비[吉士]라는 명예를 얻을 수 있고 반대로 충심을 다하는 자가 말만 많은 사람의 부류에

들어갈 수 있으니, 어찌 실수하지 않을 수 있겠습니까? 이런 상황에서 무엇보다 임금이 잘

알아야 하는 것은 멋진 선비(처럼 보이는 자)의 말은 간명하면서 이치에 맞되 입을 딱 봉한

채 말을 하지 않는 것은 아니라는 것과, (조급해서) 말만 많은 사람의 말은 번잡하고 이치에

맞지 않되 온갖 이야기를 다 해서 숨기는 게 없는 것은 아니라는 것입니다.

이처럼 서로 비슷해 보이지만 그것들이 결코 같지 않다는 것을 꿰뚫어본 이후에야 진정으

로 말을 아는[知言] 사람이 될 수 있습니다.

『춘추좌씨전』에 실린 다음 이야기는 바로 이 문맥에 이어진다.

(노나라) 소공(昭公) 원년 초(楚)나라 공자 위(圍)가 회맹을 하고서[86] 임금의 복식을 진열하고 창을 든 두 사람을 앞에 벌려 자신을 호위하게 했다[設服離衛]. (이를 본) 노(魯)나라 숙손목자(叔孫穆子)가 말했다.

"초나라 공자가 아름답기가 임금과 같군요."[87]

백주리(伯州犂)가 말했다.

"이 복장은 우리 임금께 말씀드리고서 빌려온 것입니다."[88]

정(鄭)나라 행인(行人-외교관) 자우(子羽)가 "빌린 것을 돌려주지 않을 것입니다"라고 하자[89] 백주리는 "그대는 우선 그대 나라의 자석(子晳)[90]이 동맹을 어기고 방자하게 행동하는 것부터 걱정해야 할 것이오"라고 했다. 자우가 말했다.

"빌린 것을 돌려주지 않는다면 그대는 어찌 근심이 없을 수 있겠소?"[91]

제(齊)나라 국자(國子)가 말했다.

"나는 두 분[二子]을 대신해 근심합니다[閔=憂]."[92]

진(陳)나라 공자 초(招)가 말했다.

"근심하지 않고서 어찌 일을 이룰 수 있겠소? 두 분은 즐거워하고 있습니다."[93]

위(衛)나라 제자(齊子)가 말했다.

"만약에 혹시 (사전에) 그것을 알고 있다면 설사 근심하더라도 무슨 해가 되겠습니까?"[94]

회합을 마치고 물러나 자우가 사람들에게 말했다.

---

86 위는 초나라 공왕(恭王)의 아들이다. 이때 초나라 영윤으로 있으면서 괵(虢)나라에서 제(齊)·송(宋)·위(衛)·진(陳)·채(蔡)·정(鄭)나라와 회동했다.

87 숙손목자는 숙손표(叔孫豹)다. 그의 말은 위(圍)의 복장이 화려한 것이 마치 임금과도 같다는 뜻이다.

88 백주리는 초나라 태재(太宰)다. 초나라 왕의 명을 받아서 옷을 빌려 입고 이 예를 행할 뿐이라고 말한 것인데, 이는 대개 자신의 영윤을 위해 그의 허물을 꾸며댄[文] 것이다.

89 자우는 공손휘(公孫揮)의 자(字)다. 이렇게 말한 것은 장차 임금이 되리라는 것이다.

90 자석은 정나라 대부 공손흑(公孫黑)이다.

91 영윤이 장차 임금이 되려고 도모하면 초나라에는 어려움이 있게 될 것이니 그대 또한 근심이 있을 것이라는 말이다.

92 국자는 제나라 대부 국약(國弱)이다. 두 분이란 왕자 위와 백주리다. 위는 이해에 왕위를 찬탈했으나 결국 끝을 제대로 마칠 수 없었고 주리 또한 위에게 피살됐기 때문에 근심스럽다고 말한 것이다.

93 초는 애공(哀公)의 동생이다. 근심을 갖고서 일을 행하면 일이 이뤄져 즐겁다는 말이다.

94 제자는 위나라 대부 제악(齊惡)이다. 미리 알아서 대비한다면 아무리 근심이 커도 손해 될 바가 없다는 말이다.

"제나라·위나라·진나라 대부들은 아마도[其] (환난을) 면치 못할 것 같습니다. 국자는 남
    기
을 대신해서 근심했고, 자초는 근심을 즐긴다고 했으며, 제자는 비록 근심이 있어도 해가
되지 않는다고 했습니다. 무릇 자신에게 미치지 않을 일을 근심하는 것과 더불어 근심해
야 할 일을 즐거워하는 것과 우환이 닥쳐도 해가 되지 않는다고 여기는 것은 모두 근심을
불러들이는 길입니다. 「태서(太誓)」에 이르기를 '백성이 원하는 바가 있으면 하늘은 반드시
그것을 따른다'[95]라고 했습니다. 저 세 대부에게는 우환의 조짐이 있으니 우환이 이르지 않
을 리가 있겠습니까? 말로써 일의 유형을 안다[言以知物][96]고 했는데 아마도 이를 두고 했
                            언 이 지물
던 말 같습니다."

이렇게 해서 「계사전」과 「설괘전」에 대한 풀이를 모두 마쳤다.

---

95 『서경』「주서(周書)」에 실려 있다.

96 일은 유형이다. 그 말하는 바를 잘 살펴보면 그 사람이 당하게 될 화복(禍福)의 종류나 유형을 알 수 있다는 말이다.

「서괘전」

본격적으로 64괘를 탐색하기에 앞서 64괘의 차례가 왜 그렇게 돼 있는지 충분히 이해하고 넘어가는 것이 대단히 중요하다. 그것이 「서괘전」이다. 간략하게나마 그 차례를 검토함으로써 우리는 64괘에 대한 총체적인 그림을 그릴 수 있다. 『주역』은 끊임없는 '전체와 부분의 선순환'이라는 점에서 더욱 그렇다. 전체를 알려면 부분들을 알아야 하고, 부분을 정확히 이해하려면 그 부분들이 속해 있는 전체, 즉 문맥을 정확히 알아야 한다. 「서괘전」은 사리(事理)를 기초로 한 사세(事勢)를 말한다는 점에서 대단히 중요하다. 「서괘전」도 상·하편으로 나눠져 있다. 그것은 64괘를 상·하경으로 나누면서 상경 30개, 하경 34개로 나눈 데 따른 것이다. 그러나 여기서는 하나로 통합해 풀어나가겠다.

1. 건(乾) 2. 곤(坤) 3. 준(屯)

하늘과 땅이 있게 된 다음에 만물이 생겨나니, 하늘과 땅 사이에 가득한 것[盈]은 오직 만물
이다. 그래서 하늘과 땅의 뒤를 준괘(屯卦)로 받았다. 준(屯)이란 가득한 것[盈]이고 준이란
사물이나 일[物=事]이 처음 생겨나는 것[始生]이다.

有天地然後 萬物生焉 盈天地之間唯萬物. 故受之以屯. 屯者 物之始生也.
유 천지 연후 만물 생언 영 천지지간 유 만물 고 수지 이준 준 자 물 지 시생 야

◉

하늘과 땅은 각각 건위천괘(乾爲天卦, ☰)와 곤위지괘(坤爲地卦, ☷)를 말했다. 이
글에 따르면 하늘과 땅이 생기고 처음 생겨난 것이 준괘(屯卦, ䷂)다. 어째서인가? 하늘
과 땅 사이에 가득한 만물을 상징하는 것이 준(屯)이기 때문이라고 했다. 또한 사물이
처음 생겨남[始生]이기 때문에 준이라고 했다. 그러면 하늘과 땅에 가득한 만물과 사
물이 처음 생겨남을 왜 준이라고 한 것일까?

실마리는 글자의 모양에 있다. 왼손 좌(屮) 위에 땅을 나타내는 일(一) 자가 얹혀
있으니 풀의 싹이 이제 막 돋아나려는 모양이고, 그래서 어렵다·힘들다는 뜻도 생겨
나고 태초(太初)의 의미도 갖게 된다. 만물이 아무리 하늘과 땅 사이에 가득 찼다 해
도 절로 되는 것이 아니라 이 같은 처음 생겨나는 고통을 거쳐야만 가능한 일이다. 결
국 준괘의 핵심 의미는 가득한 것보다는 이제 막 어렵사리 생겨남[始生]에 있음을 알
아야 한다.

이런 점을 염두에 두고서 준괘를 보면 수뢰준괘(水雷屯卦, ䷂)로, 진괘(震卦, ☳)가
아래에 있고 감괘(坎卦, ☵)가 위에 있는 진하감상(震下坎上)의 모양을 하고 있다.

4. 몽(蒙) 5. 수(需)

일이나 사물이 생겨났다. 그러면 당장 어떤 일이 이어질까? 이 점을 염두에 두며 「서괘
전」의 본문을 살펴보자.

일이나 사물이 생겨나면 반드시 어려서 어리석다[蒙]. 그래서 준괘의 뒤를 몽괘(蒙卦)로 받았다. 몽(蒙)이란 어린 것[蒙]이니 일이나 사물이 아직 어린 것[稺=幼]이다. 일이나 사물이 어리면 길러주지[養] 않을 수 없다. 그래서 몽괘의 뒤를 수괘(需卦)로 받았다. 수(需)란 음식의 도리[道]다.

物生必蒙. 故受之以蒙. 蒙者 蒙也 物之稺也. 物稺不可不養也. 故受之以需. 需者
물생 필몽 고 수지 이몽 몽자 몽야 물지치야 물치 불가 불양 야 고 수지 이수 수자
飮食之道也.
음식 지 도 야

◉

사람이든 일이든 사물이든 막 생겨났을 때는 아직 어리다. 몽(蒙)이라는 글자의 모양을 보자. 뜻을 나타내는 초두머리 초(艸)와 음을 나타내는 동시에 덮다·어둡다는 뜻을 가진 몽(冡) 자로 이뤄져 있다. 아직 어리니 사리에 어두운 것은 당연하다. 이런 점을 염두에 두고서 몽괘를 보면 산수몽괘(山水蒙卦, ䷃)로, 감괘(坎卦, ☵)가 아래에 있고 간괘(艮卦, ☶)가 위에 있는 감하간상(坎下艮上)의 모양을 하고 있다. 산은 위에 있고 물은 아래에 있다. 산은 그침[止]이고 물은 험난함[險]이다. 즉 사람이나 일이 험난함을 만나자 멈춘 것이 몽괘의 상(象)이다. 정이는 "물은 반드시 흘러가는 것이지만 처음 나와서 갈 곳이 없어 몽(蒙)이 된 것"이라고 했다. 뭔가 돌파구가 필요한 상황이다. 사람으로 치면 준괘는 막 태어난 것이고 몽괘는 2~3살까지의 시기다.

그 실마리가 길러줌[養]이다. "일이나 사물이 어리면 길러주지[養] 않을 수 없다." 길러줌의 과제를 떠맡는 것이 수괘다. 수(需)라는 글자의 모양을 보자. 그것은 비를 기다리는 모양이다. 그래서 구하다[求]라는 뜻도 있다. 수괘를 보면 수천수괘(水天需卦, ䷄)로, 건괘(☰)가 아래에 있고 감괘(☵)가 위에 있는 건하감상(乾下坎上)의 모양을 하고 있다. 하늘 위에 물이 있어 만물이 그 물이 내려오기를 기다리고 있다. 그만큼 사람이 간절히 기다리고 있는 것인데, 사람들이 필요로 하는 것 중에 음식이 가장 중요하다고 보아 수(需)를 음식의 도리라고 했다. 그러나 조금 넓게는 의식주(衣食住)를 다 필요로 한다고 봐야 할 것이다.

6. 송(訟) 7. 사(師)

음식에는 반드시 송사[訟]가 있다. 그래서 수괘의 뒤를 송괘(訟卦)로 받았다. 송사에는 반드시 무리가 일어남[衆起]이 있다. 그래서 송괘의 뒤를 사괘(師卦)로 받았다. 사(師)란 무리[衆]다.

飲食必有訟. 故受之以訟. 訟必有衆起. 故受之以師. 師者 衆也.
음식 필유 송 고 수지 이송 송 필유 중기 고 수지 이사 사 자 중야

◉

그런데 왜 공자는 음식에서 바로 송사로 넘어간 것일까? 여기에는 어떤 일의 이치가 숨어 있는 것일까? 앞서 본 대로 역(易)의 원리 중 하나가 궁즉통(窮則通)이다. 동시에 통즉궁(通則窮)이기도 하다. 먹을 것이 많아지면 자연스레 다툼이 생겨나는 것이다. 소유욕(所有欲)의 문제다. 송(訟)이라는 글자의 모양을 보자. 말로써 욕심이나 욕망을 공공연하게 드러낸다는 뜻이다. 그래서 다투게 되는 것이다. 송괘를 보면 천수송괘(天水訟卦,䷅)로, 수괘(需卦)와 위아래 괘가 바뀌어 있어 서로 종괘(綜卦) 관계다. 감괘(☵)가 아래에 있고 건괘(☰)가 위에 있는 감하건상(坎下乾上)의 모양을 하고 있다.

상황은 점점 더 악화돼간다. 싸움이 시작되면 편이 갈리고 양쪽으로 각각 사람들이 모이게 된다. 점점 큰 싸움이 된다. 그래서 송괘의 뒤를 사괘가 이어받게 된다. 사(師)라는 글자의 모양을 보자.

원래 사(師)란 무리, 많다는 뜻이다. 그래서 옛날에는 수도를 경사(京師)라고 했다. 사(師)라는 글자의 모양은 왼쪽에 언덕이 있고, 잡(帀)은 주(周)와 같은 뜻으로 두루두루, 많다 등의 뜻을 갖는다. 따라서 언덕 위에 사람이 많이 모여 살고 군대가 주둔하고 있다는 뜻이 됐다. 즉 전쟁하는 군대를 뜻하는 것이다.

사괘를 보면 지수사괘(地水師卦,䷆)로, 감괘(☵)가 아래에 있고 곤괘(☷)가 위에 있는 감하곤상(坎下坤上)의 모양을 하고 있다. 송괘와 비교하면 상괘 자리만 건(乾)에서 곤(坤)으로 바뀐 것이다. 땅 아래에 물이 가득한 것으로 '많다[衆]'는 뜻을 취했다. 이미 전쟁은 시작됐다.

8. 비(比) 9. 소축(小畜)

궁즉통(窮則通), 궁하면 통하게 된다. 물론 그 반대도 마찬가지의 형세다.

무리가 있으면 반드시 어깨를 나란히 하는 바[所比]가 있게 마련이다. 그래서 사괘의 뒤를 비
괘(比卦)로 받았다. 비(比)란 서로 친해지는 것[比=親比]이다. 어깨를 나란히 하는 바가 있으
면 반드시 길러주는 바[畜]가 있게 마련이다. 그래서 비괘의 뒤를 소축괘(小畜卦)로 받았다.
衆必有所比. 故受之以比. 比者 比也. 比必有所畜. 故受之以小畜.
중 필유 소비　고 수지 이비　비 자 비야　비 필유 소축　고 수지 이 소축

◉

　　싸움은 결국 화해로 이어진다. 끝까지 싸울 수 없는 노릇이기 때문이다. 그래서 서
로 친해진다는 의미에서 사괘의 뒤를 비괘(比卦)가 받게 된 것이다. 사람이 모이게 되
면 거기에는 친밀함이 생겨나게 된다. 비(比)라는 글자는 두 사람이 나란히 서 있는 모
양이라고 한다. 그래서 '비교하다'도 되고 '친해진다'도 된다. 여기서는 친해진다는 뜻
이다. 수지비괘(水地比卦, ䷇)는 사괘(師卦)와 위아래 괘가 바뀌어 있어 서로 종괘 관계
다. 곤괘(☷)가 아래에 있고 감괘(☵)가 위에 있는 곤하감상(坤下坎上)의 모양을 하고
있다. 땅에 고인 물은 땅과 친밀한 관계라서 그 뜻을 취했다고 한다.
　　친해지면 키워주고 싶다. 인지상정이다. 그래서 비괘의 뒤를 소축괘가 받은 것이다.
축(畜)은 길러준다는 뜻 외에 머물게 한다, 쌓아둔다는 뜻도 있다. 풍천소축괘(風天小
畜卦, ䷈)는 건괘(☰)가 아래에 있고 손괘(☴)가 위에 있는 건하손상(乾下巽上)의 모양
을 하고 있다. 괘 모양만으로는 밑에서 네 번째 떨어진 효[六四]가 위아래의 다섯 양효
를 붙잡아 머물게 한다[畜=止]는 뜻이다.
　　참고로 64괘 중에는 소축괘 외에 대축괘(大畜卦)도 있다. 대축괘는 산천대축괘(山
天大畜卦, ䷙)로, 상괘가 간괘(☶)이고 하괘는 소축괘와 마찬가지로 건괘(☰)다. 하늘이
산속에 들어 있는 모양이니 모인 바가 지극히 크다는 뜻이다.

10. 이(履) 11. 태(泰)

물질 물자가 쌓여 풍요로워지면 사람들은 예(禮)를 알게 된다. 예란 사람이라면 마땅히 따르고 지켜야 할 사리나 도리다.

사물이 쌓인 다음에야 예(禮)가 있게 마련이다. 그래서 소축괘의 뒤를 이괘(履卦)로 받았다. (이(履)란 사리를 밟아가는 것[禮]이니) 예가 행해져 태평스럽게 된 후에야 편안해지게 마련이다. 그래서 이괘의 뒤를 태괘(泰卦)로 받았다. 태(泰)란 두루두루 통한다[通]는 말이다.

物畜然後有禮. 故受之以履. 履而泰然後安. 故受之以泰. 泰者 通也.
물 축 연후 유례 　고 수지 이이 　이이태 　연후 안 　고 수지 이태 　태 자 통야

◉

『논어』「자로」편에 나오는 자로와 공자의 대화는 곧바로 "사물이 쌓인 다음에야 예(禮)가 있게 마련이다"에 대한 풀이가 된다.

자로가 물었다.

"위(衛)나라 군주가 스승님을 기다려 정치에 참여시키려고 하니 스승님께서는 정치를 하시게 될 경우 무엇을 우선시하시렵니까?"

공자가 말했다.

"반드시 이름부터 바로잡겠다[正名]."
　　　　　　　　　　정명

이에 자로가 말했다.

"그렇게 해서야 어떻게 정치를 바로잡으시겠습니까?"

이에 공자가 말했다.

"한심하구나, 자로야! 군자는 자기가 알지 못하는 것은 비워두고서 말을 하지 않는 법이다. 이름이 바르지 못하면 말이 순리에 맞지 못하고, 말이 순리에 맞지 못하면 일이 이뤄지지 못하고, 일이 이뤄지지 못하면 예악이 흥하지 않고, 예악이 흥하지 못하면 형벌이 알맞지 못하고, 형벌이 알맞지 못하면 백성이 손발을 둘 곳이 없게 된다."

다시 말해 이름이 바르게 되면[正名] 말이 순리에 맞고[言順], 말이 순리에 맞으면 일이 이뤄지고[事成], 일이 이뤄지면 예악이 일어나게 되는 것이다[禮興]. 이(履)라는 글자의 모양을 보자. 사람을 나타내는 시(尸)와 '실천하다'를 뜻하는 복(復)이 합쳐진 것으로, 원래는 밟다, 신발 등인데 사람이 밟아가야 할 길이라는 점에서 예(禮)라는 뜻도 갖게 됐다. 맨발과 신발을 신는다는 것의 차이를 생각해보면 '예'라는 뜻이 왜 생겨났는지 알 수 있을 것이다. 의식주가 충족되고 일이 잘 이뤄지니 '예'로서의 이(履)가 있게 되는 것이다.

이괘(履卦)를 보면 천택리괘(天澤履卦, ䷘)로, 태괘(兌卦, ☱)가 아래에 있고 건괘(☰)가 위에 있는 태하건상(兌下乾上)의 모양을 하고 있다. 하늘이 위에 있고 못이 아래에 있으니 위아래의 구분이 명백하다. 그래서 예를 상징하는 것이다. 예(禮)는 조화로움[和]이 중요하다. 조화를 빚어내는 것이 바로 '예'이기 때문이다. 그렇다고 마냥 화(和)로만 가서도 안 되는 것이 예의 본질이다. 이와 관련해서는 『논어』「학이」편에 나오는 유자(有子)의 말이 결정적이다. 유자는 공자의 제자로 '예'에 특히 밝았다.

예(禮)의 쓰임[用]은 화(和-조화로움)를 귀하게 여긴다. 옛 임금들의 도리도 바로 이런 예의 조화로움을 중요하게 생각했으니, 상하가 통용돼 잘 행해졌다. (그러나) 해서는 안 되는 일이 있다. 조화로움만을 알아서 조화나 화합에만 힘쓰고 예(禮)의 본체[體]로써 그것을 마디마디 매듭지어주지[節之] 않는다면 그 또한 역시 제대로 행해질 수 없다.

그것이 예다. 모든 것이 조화로워 두루 통하게 되면 사회는 안정된다. 태(泰)라는 글자의 모양을 보자. 물 수(水)와 두 손을 모은 모양인 대(大)가 합쳐져 양손으로 물을 떠낸다는 말이며, 매끄럽다·편안하다는 뜻 외에 태(太)에서 크다·거만하다는 뜻도 나온다. 여기서는 태평(泰平/太平)의 태(泰)로 평안하다는 뜻이다. 태괘(泰卦)를 보면 지천태괘(地天泰卦, ䷊)로, 건괘(☰)가 아래에 있고 곤괘(☷)가 위에 있는 건하곤상(乾下坤上)의 모양을 하고 있다. 얼핏 보면 건괘가 위에 있고 곤괘가 아래에 있어야 정상인 듯 보인다.

그러나 하늘의 기운은 위로 올라가려 하고 땅의 기운은 아래로 내려가려 하는 법이니, 여기서는 그래서 천지 음양의 기운이 서로 사귀어 화합을 이루었다는 뜻이다.

그것이 오래갈 수는 없다. 태(泰)란 두루두루 통한다[通]는 말이라고 했으니 통즉궁(通則窮)이라는 바뀜[易]의 원리가 작동할 수밖에 없다.

12. 비(否) 13. 동인(同人)

일이나 사물[物]은 끝까지 통할[終通] 수는 없다. 그래서 태괘의 뒤를 비괘(否卦)로 받았다. (그러나) 일이나 사물은 끝까지 막힐[否] 수는 없다. 그래서 비괘의 뒤를 동인괘(同人卦)로 받았다.

物不可以終通. 故受之以否. 物不可以終否. 故受之以同人.
물 불가이 종통 고 수지 이비 물 불가이 종 비 고 수지 이 동인

◉

　말 그대로 통극궁(通則窮), 궁즉통(窮則通)이다. 태평의 시대가 계속될 수는 없다. 쇠퇴해 막히는 비색(否塞)의 시대가 찾아오게 된다. 비(否)라는 글자의 모양을 보자. 아니다[不]라고 말하다[口=言]라는 뜻이다.

　비괘(否卦)를 보면 천지비괘(天地否卦, ䷋)로, 태괘(泰卦)와 위아래 괘가 바뀌어 있어 서로 종괘 관계다. 동시에 음양이 서로 바뀌어 있어 서로 착괘(錯卦) 관계이기도 하다. 곤괘(☷)가 아래에 있고 건괘(☰)가 위에 있는 곤하건상(坤下乾上)의 모양을 하고 있다. 이 또한 위치로만 보면 정상으로 보이나 사귐[交]의 관점에서 보면 하늘은 위에 그냥 머물러 있고 땅은 자기 자리만을 지키며 하늘을 고분고분 받들지 않기 때문에 하늘과 땅이 서로 막혀 있는 것[否塞]으로 본다. 사귐은 좋은 것[善]이고 막힘은 나쁜 것[惡]이다. 태괘와 비괘는 결국 흥망(興亡) 성쇠(盛衰)의 자취다. 한나라 유학자 유향(劉向)은 이를 군자와 소인의 진퇴(進退)와 연결지어 반고의 『한서』 「초원왕전(楚元王傳)」에서 이렇게 말했다.

　이렇게 된 근원을 거슬러 올라가 보면, 그것이 그렇게 된 까닭은 참소꾼과 간사한 자들이 (충직하고 바른 신하들과) 아울러 조정에 나아온 때문입니다. 그리고 참소꾼과 간사한 자들이 이처럼 아울러 나아올 수 있었던 까닭은, 상께서는 의심이 많아 이미 뛰어난 인물을 써

서 좋은 정사를 행하다가 혹시라도 누군가가 그를 참소하면 그 뛰어난 인물은 물러나고 좋은 정사를 도로 거둬들이십니다. 무릇 여우와 같은 의심하는 마음을 갖고 있는 사람은 (그 스스로) 참소하고 해치는 입을 불러들이고 단호하지 못한 뜻을 가진 사람은 여러 굽은 자들[群枉]¹이 들어올 수 있는 문을 열어줍니다. 참소꾼과 간사한 자들이 조정에 나아오면 여러 뛰어난 이들[群賢]은 물러나고, 여러 굽은 자들이 성하면 바른 선비는 쇠합니다. 그래서 『주역』에는 비괘(否卦, ䷋)와 태괘(泰卦, ䷊)가 있어, 소인의 도리가 자라고 군자의 도리가 스러지면 정치는 날로 어지러워지니 그래서 비(否)라고 한 것입니다. 비(否)란 닫혀서 어지러워진다[閉而亂]는 뜻입니다. (반대로) 군자의 도리가 자라고 소인의 도리가 스러지면 정치는 날로 다스려지는 것이니 그래서 태(泰)라고 한 것입니다. 태(泰)란 두루 통해서 다스려진다[通而治]는 뜻입니다. 『시경』에 이르기를 "함박눈 펄펄 내려도 햇빛을 보면 죄다 녹아내리리"²라고 했으니, 이는 방금 『주역』에서 말한 것과 같은 뜻입니다.

마찬가지로 비색의 시대가 계속될 수는 없다. 사람이 사는 세상이기 때문에 그러하다. 비색을 걱정하는 사람들이 하나둘씩 모여 함께 걱정하기 시작하는 것이다. 동인(同人)이란 말 그대로 뜻을 함께하는 사람들이 모여 함께 일을 해나가는 것이다. 동인괘(同人卦)를 보면 천화동인괘(天火同人卦, ䷌)로, 이괘(☲)가 아래에 있고 건괘(☰)가 위에 있는 이하건상(離下乾上)의 모양을 하고 있다. 아래에 있는 불이 위를 향해 타고 올라가서 하늘과 함께한다는 뜻이 담겨 있다. 여기서 핵심이 되는 효는 아래에서 두 번째 떨어진 효[六二]와 다섯 번째 붙은 효[九五]다. 아래에서 두 번째 떨어진 효[六二]는 이괘의 가운데 있어 중심이 되고 음의 자리에 있으니 중정(中正)이다. 다섯 번째 붙은 효[九五]는 천괘의 가운데 있어 중심이 되고 양의 자리에 있으니 마찬가지로 중정(中正)이다. 이 둘이 서로 응효(應爻)이면서 위아래에서 주체가 되고 있으니 서로 뜻이 맞아떨어진다.

---

1 왕(枉)은 곧음[直]의 반대말이다.

2 『시경』 「소아(小雅)·각궁(角弓)」편에 나오는 구절이다.

14. 대유(大有) 15. 겸(謙)

다른 사람과 함께하는 자에게는 반드시 일과 물자들이 모일 것이다. 그래서 동인괘의 뒤를 대유괘(大有卦)로 받았다. 크게 소유한 자[有大]는 가득한[盈=驕慢] 척해서는 안 된다. 그래서 대유괘의 뒤를 겸괘(謙卦)로 받았다.

與人同者 物必歸焉, 故受之以大有. 有大者 不可以盈. 故受之以謙.

◉

사람들이 함께하게 되면 일도 잘 풀리고 물자가 많이 모여들어 풍부하게 된다. 그래서 동인괘 다음에 대유괘가 온다고 했다. 대유괘를 보면 화천대유괘(火天大有卦, ䷍)로 건괘(☰)가 아래에 있고 이괘(☲)가 위에 있는 건하이상(乾下離上)의 모양이며, 천화동인괘(䷌)와는 종괘 관계를 이루고 있다. 모양을 보면 하나의 음[六五]이 나머지 다섯 양을 거느리고 있는 형상이다. 그래서 많이 소유하고 있다는 뜻이 나왔다.

그러나 많이 소유하게 되면 사람은 쉽게 거만해진다[盈]. 여기서 『논어』「학이」편에 나오는 공자와 자공의 대화를 깊이 음미해야 한다.

자공이 말했다.
"가난하지만 비굴하게 아첨(諂)하지 않는 것(사람)과 부유하지만 교만하지 않는 것(사람)은 어떠합니까?"
공자가 말했다.
"그것도 좋다. 하나 가난하지만, 즐거이 살 줄 아는 것(사람)과 부유하지만 예를 좋아하는 것(사람)에는 비할 바가 못 된다."
자공이 말했다.
"『시경』에 '잘라내 문지르듯, 갈듯, 쪼고 다듬듯, 그리고 또 갈 듯[切磋琢磨]'이라 했으니 바로 그 스승님께서 말씀하시려는 바를 말하는 것입니다."
공자가 말했다.
"사(賜-자공)야! 비로소 (너와) 더불어 시를 말할 수 있게 됐구나! 이미 지나간 것을 일깨워

주자 앞으로 올 것도 아는구나!"

여기에 그 핵심이 들어 있다. 교만하지 않는 정도에 머물러서는 안 되고 예를 좋아하는 쪽[好禮]으로 나아가야 한다. 그것이 바로 겸(謙)으로 나아가는 것이다. 이렇게 나아가며 자신의 다움을 닦지[修德] 않는다면 『주역』의 이치와 형세를 아무리 머릿속으로 암기한다 한들 소용이 없다. 겸(謙)이라는 글자의 모양을 보자. 말[言]과 모자라다[兼]가 합쳐진 것으로, '말을 적게 하다'라는 뜻도 되고 '스스로 모자란 사람이라고 말하다'라는 뜻도 된다. 지산겸괘(地山謙卦, ䷎)는 간괘(☶)가 아래에 있고 곤괘(☷)가 위에 있어, 높은 산이 낮은 땅속에 들어가 있는 형상이다. 즉 높은 다움[高德]을 갖고서도 스스로 아주 낮은 곳에 처한다는 뜻이다. 당연히 이렇게만 한다면 좋을 수밖에 없다.

16. 예(豫) 17. 수(隨)

크게 소유하고서도 능히 겸손하면 반드시 즐겁다[豫]. 그래서 겸괘의 뒤를 예괘(豫卦)로 받았다. 즐거우면 반드시 따르는 사람들[隨]이 있다. 그래서 예괘의 뒤를 수괘(隨卦)로 받았다.
有大而能謙 必豫. 故受之以豫. 豫必有隨 故受之以隨.
유대 이 능겸 필예 고 수지 이예 예필 유수 고 수지 이수

◉

여기서의 예(豫)는 '미리'라는 뜻보다는 즐겁다, 기쁘다, 편안하다는 뜻이다. 그래서 임금이 몸이 편찮은 것을 불예(不豫)라고 했다. 겸손이 뒷받침되니 모든 것이 즐겁고 편안한 것이다. 뇌지예괘(雷地豫卦, ䷏)는 곤괘(☷)가 아래에 있고 진괘(☳)가 위에 있어 순리에 맞다. 그래서 편안하고 즐거운 것이다. 계절로는 봄철이다.

이런 사람들에게는 따르는 사람이 많다. 수(隨)라는 글자의 모양을 보자. 언덕[阝 = 阜]은 곧 기댄다는 뜻이고, 수(隨)는 따른다는 뜻이다. 즉 기대거나 따르는 사람들이 많아진다는 뜻이다. 택뢰수괘(澤雷隨卦, ䷐)는 진괘(☳)가 아래에 있고 태괘(☱)가 위에 있다. 태괘가 위에서 기뻐하니 진괘가 아래에서 움직이는 형상이다. 기뻐하며 따른다는 뜻이 녹아들어 있는 것이다.

18. 고(蠱) 19. 임(臨)

따르는 사람이 많다 보면 반드시 이런저런 일이 생겨난다. 그런데 일이 없으면 누가 제대로 일을 다스릴 수 있는지 없는지 가릴 수 없다. 난세(亂世)에 영웅이 나는 것도 그와 무관치 않다. 치세(治世)에는 누가 제대로 된 인물인지 가릴 방도가 없다. 따라서 일이 생겨나는 것이 반드시 나쁜 것은 아니라 하겠다.

기뻐하면서 다른 사람을 따르게 되면 반드시 일이 있게[有事] 마련이다. 그래서 수괘의 뒤를 고괘(蠱卦)로 받았다. 고(蠱)란 일[事]이다. 일이 있는 다음에야 커질 수 있다. 그래서 고괘의 뒤를 임괘(臨卦)로 받았다. 임(臨)이란 크다[大]라는 뜻이다.

以喜隨人者必有事. 故受之以蠱. 蠱者 事也. 有事而後可大. 故受之以臨. 臨者
大也.

●

고(蠱)란 원래 그릇 안에 있는 벌레들을 뜻한다. 그래서 독한 기운, 좋지 않은 기운, 의심 등의 뜻을 갖는다. 더불어 일[事]을 뜻하기도 한다. 산풍고괘(山風蠱卦, ䷑)는 손괘(☴)가 아래에 있고 간괘(☶)가 위에 있어 산 아래에 바람이 있는 모양이다. 정이는 "바람이 산 아래에 있다가 산을 만나 돌면 사물이 어지러워진다"라고 했고, 남동원은 "산은 부동(不動)을 의미하고 바람은 손순(巽順-고분고분함)을 의미한다. 산이 위에 있어 움직이지 않듯 상부의 위정자는 태만해서 노력하지 않고, 아래 백성은 거역하지 않고 손순할 뿐이다. 이런 사회는 점점 부패하게 된다. 태평성세가 오랫동안 계속되면 사람들은 "오로지 안이한 일락(逸樂)에 취하기 쉽다"라고 했다. 공통점은 둘 다 어지러워진다는 것이다.

위에 있는 군주는 게을러서는 안 된다. 무일(無逸)해야 하는 것이다. 처음부터 끝까지 조금도 게을러서는 안 된다는 말이다. 그러나 그것은 여간 어려운 일이 아니다. 원래 무일은 주나라 때 주공[3]이 섭정하다가 마치고 나서 조카인 성왕(成王)[4]에게 전권을 넘겨주면서 경계해야 할 딱 한 마디로 "게을러서는 안 된다[無逸]"는 뜻을 담아

쓴 글의 제목이다. 그런데 군주가 게으르다는 것은 과연 무슨 뜻일까? 백성의 삶이 얼마나 힘든지 진실로 안다면 군주는 게으를 수 없다는 뜻이다. 그래서 주공은 "군주는 늘 무일(無逸)을 마음 한가운데 오랫동안 두어야 합니다"라고 했던 것이다.

여기서 무일 못지않게 중요한 말이 "오랫동안"이다. 잠깐 하다 말면 무일이라고 할 수 없다. 그런 마음으로 시종일관할 때라야 제대로 된 군주가 될 수 있다.

바로 이런 점에서 당나라 때 명신(名臣) 위징(魏徵, 580~643)[5]이 당 태종에게 올린 「간태종십사소(諫太宗十思疏)」를 떠올릴 수밖에 없다. 태종에게 열 가지 반드시 명심해야 할 내용을 간언하는 상소라는 뜻이다. 그중에 무일(無逸)과 관련된 부분이 흥미롭고 상세하다.

처음에 시작을 잘하는 사람은 많지만, 능히 끝을 잘 마치는 자는 거의 없습니다.

---

3 이름은 단(旦)이고 성은 희(姬)다. 숙단(叔旦)으로도 불린다. 서주 왕조를 세운 문왕(文王)의 아들이자 무왕(武王)의 동생이다. 채읍(采邑)이 주(周)에 있었다. 무왕을 도와 주(紂)를 쳐서 상(商)나라를 멸했다. 무왕의 아들 성왕(成王)을 도와 주 왕조의 기초를 확립했다. 무왕이 죽은 뒤 나이 어린 성왕이 제위에 오르자 섭정(攝政)이 됐다. 은족(殷族)의 대표자 무경(武庚)과 녹부(祿夫), 주공의 동생 관숙(管叔)과 채숙(蔡叔) 등의 반란을 진압한 다음 동방(東方)으로 원정해 하남성 낙양(洛陽) 부근의 낙읍(洛邑, 成周)에 진(鎭)을 설치했다. 이후 멸망한 은족을 회유하기 위해 은(殷)의 옛 땅에 주왕(紂王)의 형 미자계(微子啓)를 봉해 송나라 칭하고, 아들 백금(伯禽)을 노(魯, 곡부(曲阜))나라에 봉하는 등 주 왕실의 일족과 공신들을 중원(中原)의 요지에 배치하는 대봉건제(大封建制)를 실시해 주나라 초기에 왕실의 기틀을 공고히 했다. 또 예악(禮樂) 제도를 제정하고 제후(諸侯)를 봉하는 등의 정책으로 주나라를 강하게 만들었다. 죽은 뒤 성왕이 노나라에 천자의 예악을 하사해 그 덕에 보답했다. 저서에 『주례(周禮)』가 있다.

4 중국 주나라 제2대 왕이다. 아버지 무왕이 죽었을 때 어렸으므로 무왕의 아우 주공 단이 섭정이 됐다. 동이(東夷) 원정에서 귀환한 뒤 기초를 다지고 주공 단과 소공 석의 보좌를 받아 치세에 힘썼고, 이에 그로부터 강왕 시대에 걸쳐 주나라의 성시가 실현됐다고 한다.

5 수나라 말 혼란기에 무양군승(武陽郡丞) 원보장(元寶藏)의 전서기(典書記)가 됐다가 원보장을 따라 이밀(李密)에게 귀순했다. 다시 이밀을 따라 당고조(唐高祖)에게 귀순해 고조의 장자 이건성(李建成)의 측근이 됐다. 비서승(秘書丞)이 돼 여양(黎陽)에서 이적(李勣) 등에게 항복을 권했다. 두건덕(竇建德)에게 포로로 잡혔다가 두건덕이 패한 뒤 당나라로 돌아와 태자세마(太子洗馬)가 됐다. 황태자 이건성이 동생 이세민(李世民)과의 경쟁에서 패했지만, 그의 인격에 끌린 태종의 부름을 받아 간의대부(諫議大夫) 등의 요직을 역임한 뒤 나중에 재상으로 중용됐다. 평소 담력과 지략을 지녀 굽힐 줄 모르고 직간(直諫)을 거듭해 황제의 분노를 샀지만 조금도 흔들림이 없었다. 당 태종 16년(642) 태자태사(太子太師)가 되고, 문하사(門下事) 일도 그대로 맡았다. 병으로 죽자 황제가 "무릇 구리로 거울을 만들면 의관을 단정히 할 수 있고, 옛날로 거울을 삼으면 흥망을 알 수 있으며, 사람으로 거울을 삼으면 득실을 밝힐 수 있다. 짐은 일찍이 이 세 가지를 가져 내 허물을 막을 수 있었다. 지금 위징이 세상을 떠나니 거울 하나를 잃어버렸도다"라며 애석해했다. 그가 한 말은 『정관정요(貞觀政要)』에 잘 나와 있다.

162

나태하고 게을러질까를 두려울 때는 반드시 일의 시작을 신중히 하고 일의 끝을 잘 삼가
야 한다[愼始而敬終]는 것을 떠올려야 합니다.
신시 이 경종

사람이 하는 일은 시작이 있으면 끝이 있게 마련이다. 그렇기에 신시경종(愼始敬
終)은 작은 조직이든 큰 조직이든 사람을 부리는 자리에 있는 사람이라면 잠시도 잊어
서는 안 되는 경구라 할 수 있다.

윗사람이 게으르거나 잘못을 저질렀을 때 가만히 따르기만 한다면 그것은 아랫사
람의 도리가 아니다. 『논어』「자로」편에 나오는 노나라 임금 정공(定公)과 공자의 대화
는 이 점을 명확하게 보여준다.

정공이 물었다.
"한마디 말로써 나라를 흥하게 할 수 있다고 했는데 그런 일이 있을 수 있는가?"
공자가 말했다.
"말은 이와 같이 기약[幾]할 수 없거니와, 사람들의 말 중에는 '임금 노릇 하기가 어렵고 신
기
하 노릇 하기가 쉽지 않다'고 했으니 만일 임금 노릇 하기의 어려움을 안다면 한마디 말로
나라를 흥하게 하는 것을 기약할 수 없겠습니까?"
다시 정공이 물었다.
"한마디 말로써 나라를 망하게 할 수 있다 하니 그런 일이 있을 수 있는가?"
이에 공자는 말했다.
"말은 이와 같이 기약할 수 없거니와, 사람들의 말 중에는 '나는 군주 된 것은 즐거울 것이
없고, 오로지 내가 말을 하면 어기지 않는 것이 즐겁다'는 것이 있습니다. 만일 군주의 말
이 선한데 어기는 이가 없다면 이 또한 좋지 않겠습니까? 만일 군주의 말이 선하지 못한데
어기는 이가 없다면 한마디 말로 나라를 망하게 함을 기약할 수 없겠습니까?"

일[蠱=事]은 시련이다. 시련은 사람들을 위험에 빠트릴 수도 있지만, 단련시키기도
고 사
한다. 고괘(蠱卦)를 임괘(臨卦)가 이어받는 것은 그런 점에서 의미심장하다. 임(臨)이란
눈[臣=目]으로 위에서 내려다보면서 분별한다[品=品評]는 뜻이다. 다스린다는 뜻이
신 목   품 품평
대표적인 것이다. 그런데 여기서는 그 뜻을 크다[大]라고 했다. 일이 커지거나 인물이
대

크게 자란다는 뜻을 다 포함하고 있다. 지택림괘(地澤臨卦, ䷒)는 태괘(☱)가 아래에 있고 곤괘(☷)가 위에 있어, 땅에서 아래에 있는 연못을 내려다보는 모양이다. 즉 임금이 백성에게 임(臨)하고 일에 임하는 것이다. 대업(大業)은 결국 일에서 생겨난다. 괘의 모양에서 성대하다는 뜻도 추출해낼 수 있다. 복괘(䷗)가 처음으로 양(陽)이 회복된 것이라면 임괘(䷒)는 아래에 두 양이 있어 성대하게 자라나는 모양을 상징한다. 역사적으로는 시대의 교체에 따른 격변기가 여기에 해당한다.

20. 관(觀) 21. 서합(噬嗑)

일이나 인물[物]이 커진 뒤라야 볼 만하다[可觀]. 그래서 임괘의 뒤를 관괘(觀卦)로 받았다. (그리고) 볼 만한 다음이라야 합쳐지는 바[所合]가 있다. 그래서 관괘의 뒤를 서합괘(噬嗑卦)로 받았다. 서(噬)란 합치는 것[合]이다.

物大然後 可觀. 故受之以觀. 可觀而後有所合. 故受之以噬嗑. 噬者 合也.
물 대 연후 가관 고 수지 이관 가관 이후 유 소합 고 수지 이 서합 서 자 합야

◉

그런데 여기서는 관(觀)의 의미부터 좀 더 자세히 살펴봐야 한다. 이는 임괘(臨卦)에 연결돼 위에서 아래를 두루 살핀다는 뜻도 있고, 아래에 보여준다는 뜻도 된다. 위에서 모범이 되는 모습을 보여 아래에서 우러러볼 만하게 된다는 뜻도 있다. 이 점을 염두에 두고서 괘상(卦象)을 살펴보자. 풍지관괘(風地觀卦, ䷓)는 임괘를 뒤집어놓은 모양을 하고 있다는 점에서 임괘와 종괘 관계다. 곤괘(☷)가 아래에 있고 손괘(☴)가 위에 있어, 바람이 위에서 땅에 있는 만물을 두루 살펴보는 모습이다. 괘의 모양으로 보자면 두 양이 높은 곳에 있어 나머지 네 음이 아래에서 우러러보는[仰觀] 형상이기도 하다. 관(觀)에는 그래서 우러러본다는 의미도 담긴다. 일에 임해서 그 일을 잘 해냄으로써 우러러보는 사람들이 나오게 되는 것이다.

이처럼 우러러볼 만한 인물들이 나오게 되면 그와 마음을 합쳐 일하고자 하는 사람들도 생겨나게 마련이다. "합쳐지는 바"란 우뚝 선 인물에게 찾아와서 따르며 뜻을 합치려는 사람들이 있다는 말이다. 흔히 역사에서 보게 되는 추종 세력이다. 이와 관

련해 「잡괘전」에는 임(臨)과 관(觀)의 관계를 대단히 의미심장하게 언급하고 있다.

> 임과 관의 뜻[義]은 혹은 내가 가서 구하거나[與] 혹은 남이 와서 나에게 구한다[求]는 뜻
> 이다.

즉 주희는 "내가 남에게 임하는 것을 여(與)라 하고 남이 와서 나를 보는 것을 구(求)라 한다"라고 했다. 『논어』 「학이」편에는 이를 보여주는 정확한 용례가 나온다. 자금(子禽)과 자공의 대화다.

> 자금이 자공에게 물었다.
> "공자께서는 찾아간 나라에 이르셔서 반드시 그 정사(政事)를 들으시니 그분이 (정치에 관심이 많아) 그렇게 하려고 구해서[求] 그런 것입니까, 아니면 제후가 먼저 공자에게 청해서[與] 그렇게 된 것입니까?"
> 자공은 이렇게 답했다.
> "공자께서는 온화하고 반듯하고 공손하고 검소하고[溫良恭儉] 양보하는 태도를 통해 그것, 즉 정치 참여의 기회나 지위를 얻은 것이니, 설사 공자께서 그것을 먼저 원해서 얻었다고 하더라도 다른 사람들이 그것을 구하는 것과는 근본적으로 다를 것이네."

즉 이 둘을 종합해보면 윗사람이 먼저 청하는 것이 여(與)이고 아랫사람이 먼저 찾아가는 것이 구(求)다. 예를 들면 조선 초 하륜(河崙)이 이방원을 찾아가 정변을 권유한 것은 전형적인 구(求)라고 할 수 있다.

이런 식으로 위아래가 만나 뜻을 합치는 것이 서합(噬嗑)이다. 원래의 뜻부터 알아보자. 정이가 말했다. "서(噬)는 '씹다' '깨물다'이고 합(嗑)은 '입을 다물다' '합치다'다. 입속에 물건이 있으면 그것을 깨문 뒤에 합치게 된다."

화뢰서합괘(䷔)는 진괘(☳)가 아래에 있고 이괘(☲)가 위에 있다. 그런데 서합괘에 대해서는 일반적으로 불이나 우레의 관계에서 뜻을 구하지 않고 괘의 모양에서 의미를 취한다. 맨 위와 맨 아래의 양효는 이빨[齒]을 상징하고 밑에서 네 번째 붙은 효는 일종의 입속의 방해물에 해당한다. 나머지 음효들은 입속의 빈 공간을 뜻한다. 결국

입속의 방해물을 씹어 없애야 위아래가 화합한다는 점에서 방해물을 처치하는 형벌을 상징하는 괘가 된다.

22. 비(賁) 23. 박(剝)

일[物]은 그저 합칠[苟合] 뿐이어서는 안 된다. 그래서 서합괘의 뒤를 비괘(賁卦)로 받았다. 비(賁)란 꾸민다[飾]는 뜻이다. 다 꾸민 다음에 형통하면 남김없이 다하게 된다[盡]. 그래서 비괘의 뒤를 박괘(剝卦)로 받았다. 박(剝)이란 깎아서 다 없어진다[剝]는 말이다.

物不可以苟合而已. 故受之以賁. 賁者 飾也. 致飾然後亨則盡矣. 故受之以剝. 剝者 剝也.

◉

화합을 통해 사회가 만들어지면 처음에는 질박할[質] 수밖에 없다. 여기서 구합(苟合)이란 말이 일의 형세[事勢]를 풀어가는 실마리가 된다. 구합은 그저 겨우 합쳐져 있기만 할 뿐이라는 뜻이다. 이래서는 오래갈 수 없다. 여기에 꾸민다는 뜻의 비(賁)가 오게 되는 것도 그 때문이다. 그것이 일의 형세다. 이는 고스란히 『논어』 「옹야」편에서의 문질빈빈(文質彬彬)과 직결된다. 공자가 말했다.

바탕[質]이 꾸밈[文]을 이기면 거칠고[野] 꾸밈이 바탕을 이기면 번지레하니[史], 바탕과 꾸밈이 잘 어우러진[文質彬彬] 뒤에야 군자가 될 수 있다.

이는 개인에게 적용될 뿐 아니라 국가의 역사에까지 적용될 수 있는 큰 개념이기도 하다. 『논어』 「위령공」편에서의 안회와 공자의 대화를 이해하려면 문질빈빈의 사전 이해는 필수다. 안회가 나라를 잘 다스리는 방책[爲邦=治邦]에 관해 묻자 공자는 이렇게 답했다.

하나라의 책력을 시행하고 은나라의 수레를 타고 주나라의 면류관을 써야 한다.

첫째, 하나라의 책력이 농사 주기에 딱 들어맞으니 책력은 하나라의 것을 시행해야 한다는 말이다. 지금 사용하는 음력 또한 하나라 책력이다. 그만큼 천체의 흐름과 딱 들어맞았다[衷=忠]. 둘째, 은나라는 수레뿐 아니라 그 밖의 다른 기술들도 뛰어났다는 의미로 읽힌다. 그것은 튼튼했다[質]는 말이다. 여기까지가 구합(苟合)이다. 셋째, 주나라의 문물제도[文]를 써야 한다는 말이다. 정확히 비괘(賁卦)의 '꾸민다'에 해당한다.

그런데 문질빈빈도 시간이 흐르면 내용은 사라지고 껍데기만 남게 된다. 주나라도 춘추 시대로 접어들자 문물이 쇠퇴해 겉치레만 남게 됐다.『논어』「선진(先進)」편에 나오는 공자의 말은 바로 그 폐단을 지적하고 있다.

옛사람들은 예악에 있어 촌스러운 사람들[野人]이고 요즘 사람들은 예악에 있어 빤질빤질한 사람들[君子=史人]이다. 만일 내가 예악을 쓸 일이 있으면 옛사람의 것을 따를 것이다.

옛사람들이란 곧 문물이 갖춰져 있을 때의 주나라 사람들을 말하고, 요즘 사람들이란 바로 모든 것이 허물어져 내린 춘추 시대 사람들을 말한다. 그래서 "다 꾸민 다음에 형통하면 남김없이 다하게 된다[盡]. 그래서 비괘의 뒤를 박괘(剝卦)로 받았다"라고 한 것이다.

산화비괘(山火賁卦, ䷕)는 이괘(☲)가 아래에 있고 간괘(☶)가 위에 있다. 산에는 온갖 나무와 풀이 자라고 있는데, 밑에서 불빛을 비추면 광채가 나게 된다[文飾]. 그러나 화려한 시절이 극에 이르면 곤궁이 찾아온다. 산지박괘(山地剝卦, ䷖)는 곤괘(☷)가 아래에 있고 간괘(☶)가 위에 있다. 박(剝)이란 깎여나가는 것이라고 했다. 마지막 하나 남은 맨 위의 양[上九]을 나머지 다섯 음이 내몰려[剝] 하는 모양이다. 군자의 도리는 쇠퇴하고 소인들이 득세한 시대다. 각 시대의 말세[季世]가 대체로 여기에 해당한다. 우리 역사에서는 고려 말, 구한말이 그러했다.

24. 복(復) 25. 무망(无妄)

일이란 (대체로 완전히 없어져버리는 것이 아니어서) 끝내 다 없어질[終盡=終末] 수가 없으니 깎여나가는 것이 위에서 끝에 이르게 되면 (다시) 아래로 돌아온다[反]. 그래서 박괘의 뒤를 복

괘(復卦)로 받았다. 회복되면 (뒤에 가서) 거짓됨이 없다[不妄]. 그래서 복괘의 뒤를 무망괘(无
妄卦)로 받았다.

物不可以終盡 剝窮上反下. 故受之以復. 復則不妄矣. 故受之以无妄.
물 불가이 종진 박 궁상 반하 고 수지 이복 복 즉 불망 의 고 수지 이 무망

◉

우리는 이 말만으로도 복괘의 모양을 그려낼 수 있다. 지뢰복괘(䷗)는 진괘(☳)가
아래에 있고 곤괘(☷)가 위에 있어, 마침내 음(陰)의 강성함을 뚫고 양(陽)이 맨 아래에
서 하나 생겨난다. 앞서 "복(復)은 다움의 근본[德之本]이다"라고 했다. 일양래복(一陽
來復)의 모양으로 본래의 이치를 회복한다는 뜻이기 때문이다. 주희는 "마음이 밖으
로 달리지 않고 좋은 마음이 보존되는 것"이라고 했다. 그래서 다움의 근본[德之本]이
라고 한 것이다.

신라 말에 왕건을 비롯한 신흥 세력들이 새롭게 일어나고, 고려 말에 이성계를 중
심으로 신진 사대부들이 새롭게 일어나는 것이 바로 여기에 해당한다.

천뢰무망괘(䷘)는 진괘(☳)가 아래에 있고 건괘(☰)가 위에 있으니, 복괘(復卦)와 비
교하면 상괘만 곤괘(☷)에서 건괘(☰)로 바뀐 것이다. 복괘에서 무망괘로 진행되는 것
이 어느 한순간일 수는 없다. 오랜 시간 꾸준하고 바른길을 걸어야만 위에서 양이 늘
어나 마침내 양이 음을 누르는 무망괘에 이르게 되는 것이다. 위가 건괘(☰)라는 것은
하늘과도 같은 이치[天理]에 따라 움직인다[雷=震]는 말이다. 그렇기 때문에 거짓됨이
없는 것이다. 동이천리(動以天理)란 이를 두고 하는 말이다.

26. 대축(大畜) 27. 이(頤)

거짓됨이 없는 마음이 있은 다음에야 (다움을) 쌓을 수 있다. 그래서 무망괘의 뒤를 대축괘(大
畜卦)로 받았다. 일이 쌓인 다음에야 기를[養] 수 있다. 그래서 대축괘의 뒤를 이괘(頤卦)로
받았다. 이(頤)란 기르다[養]라는 말이다.

有无妄然後可畜. 故受之以大畜. 物畜然後可養. 故受之以頤. 頤者 養也.
유 무망 연후 가축 고 수지 이 대축 물 축 연후 가양 고 수지 이이 이 자 양 야

무망(无妄)은 곧 『논어』「위정」편에 나오는 공자의 다음과 같은 말과 직결된다.

『시경』300수를 한마디 말로 덮을 수 있으니, 생각함에 그릇됨이 없다[思無邪].
　　　　　　　　　　　　　　　　　　　　　　　　　　　　　사무사

「위정」편의 테마 자체가 바로 다움을 쌓아가거나 닦는 것[崇德/修德]이다. 여기서
　　　　　　　　　　　　　　　　　　　　　　　　　　　　숭덕　　수덕
말하는 대축(大畜)과 그대로 통한다. 즉 다움을 쌓아가기 위한 출발점이 바로 생각함
에 있어 거짓됨이나 그릇됨이 없는 것이다. 정확히 문맥이 같다.

　산천대축괘(山天大畜卦, ䷙)는 건괘(☰)가 아래에 있고 간괘(☶)가 위에 있다. 무망
괘를 위아래로 뒤집은 모양이니 종괘 관계다. 괘상은 하늘과도 같은 도리[天理=乾卦]
　　　　　　　　　　　　　　　　　　　　　　　　　　　　　　　　　천리　건괘
를 오래 머무르게 한다[止=艮卦]는 뜻이다.
　　　　　　　　지　간괘

　일이 쌓이게 되면 사람이든 나라든 기를 수 있게 된다. 산뢰이괘(山雷頤卦, ䷚)는 진
괘(☳)가 아래에 있고 간괘(☶)가 위에 있다. 진괘는 움직임[動]이고 간괘는 머물러 있음
　　　　　　　　　　　　　　　　　　　　　　　동
[止]이다. 이(頤)는 위턱과 아래턱을 통칭하는 말인데, 위턱은 가만히 있고 아래턱이 움
　지
직여 음식물을 씹어 먹는다. 이괘는 바로 이 모양을 취한 것이다. 그래서 기르다[養]라
　　　　　　　　　　　　　　　　　　　　　　　　　　　　　　　　　　　　　　양
는 뜻을 갖는 것이다. 몸과 마음의 다움, 다른 사람을 길러주는 일까지 모두 포괄한다.

　그래서 이괘(頤卦)는 제왕학에서 임금이 뛰어난 신하를 길러내는 문제와 직결된
다. 『정조실록』4년 11월 19일에 『주역』에 정통한 봉상시 주부 차언보(車彦輔)가 정조
에게 올린 글에 이런 대목이 있다. 정확한 적용 사례라 하겠다.

삼가 살펴보건대 산 밑에 우레가 있는 것[山下有雷]이 이괘(頤卦)이니, 이괘는 기른다[養]는
　　　　　　　　　　　　　　　　　　산하　유뢰　　　　　　　　　　　　　　　　　　양
뜻입니다. 천지는 만물을 기르고 빼어난 임금[聖人]은 뛰어난 이를 길러서[養賢] 만민에게
　　　　　　　　　　　　　　　　　　　　성인　　　　　　　　　　　　　　양현
미치는 것입니다. 대체로 천지의 도리는 만물을 양육하여 생성(生成)을 이룩하는 것이며,
빼어난 임금의 도리는 뛰어난 인재를 길러내 천하를 다스리는 것입니다. 신은 감히 모르겠
습니다만 전하께서 뛰어난 인재를 길러서 등용한 것이 과연 산하유뢰(山下有雷)의 형상과
같이하셨습니까? 현재 묘당(廟堂-의정부)의 계획은 성대한 아름다움이 있고 경연에 출입하
는 이는 빛나는 신하의 아름다움이 많습니다. 그러나 문벌에 구애받고 과거로 제한받아 이

기(利器)를 지닌 인사가 초야에서 얼마나 많이 늙어 죽는지 알 수 없는데, 실지로도 등용했다는 말을 듣지 못했으니 때아닌 천둥이 어찌 경계를 보이지 않을 수 있겠습니까? 삼가 바라건대, 뛰어난 인재를 양성하는 산하유뢰의 형상을 본받아 오직 인재만 등용하소서. 그러면 뛰어난 인재가 무리로 떼 지어 함께 나아가는 길상(吉祥)을 이룩할 수 있을 것입니다.

28. 대과(大過) 29. 감(坎) 30. 이(離)

기르지 않으면 움직일 수 없다. 그래서 이괘(頤卦)의 뒤를 대과괘(大過卦)로 받았다. 일이란 끝내는 지나칠[過] 수 없다. 그래서 대과괘의 뒤를 감괘(坎卦)로 받았다. 감(坎)이란 (함정 등에) 빠진다[陷]는 말이다. 빠지면 반드시 걸리는 바[所麗]가 있다. 그래서 감괘의 뒤를 이괘(離卦)로 받았다. 이(離)란 걸리다, 붙다[麗]라는 말이다.

不養則不可動. 故受之以大過. 物不可以終過. 故受之以坎. 坎者 陷也. 陷必有
불양 즉 불가 동   고 수지 이 대과   물 불가이 종 과   고 수지 이감   감 자 함야   함 필유
所麗. 故受之以離. 離者 麗也.
소려   고 수지 이이   이 자 여야

◉

정이가 말했다. "모든 사물과 일[凡物＝凡事]이란 기른 다음에야 이뤄지고[成] 이뤄진 다음에야 능히 움직일 수 있는데[能動], 움직이게 되면 지나침[過]이 있게 된다." 이것은 모든 일의 자연스러운 흐름[事勢]이다. 택풍대과괘(澤風大過卦, ䷛)는 손괘(☴)가 아래에 있고 태괘(☱)가 위에 있는데, 이괘(離卦)와는 각각의 음양이 뒤바뀐 착괘의 관계다. 못[兌]이 나무[巽] 위에 있다는 것은 곧 나무를 없앤다[滅木]는 뜻이다. 즉 길러줌[養]과는 정반대다. 원래 못은 나무 아래에 있어 나무를 잘 자라게 해줘야 하는데, 위에 있어 오히려 나무를 없애버리니 지나침 중에서도 크게 지나침[大過]이 되는 것이다.

그런데 여기서 과(過)의 번역에 조심해야 한다. 흔히 그것을 허물이나 잘못이라고도 옮기는데 여기서는 그냥 '지나침'이다. 뒤에 다시 대과괘를 풀이할 때 보게 되겠지만 그 의미를 분명히 하기 위해 정이의 풀이를 살펴봐야 한다.

대과(大過)란 양(陽)이 지나친 것[過陽]이다. 그래서 (그 뜻은) 어떤 큰 것이 지나친 것[爲大
과양   위대

者過], 지나침이 큰 것[過之大], 큰일이 지나친 것[大事過]이다. (예를 들면) 빼어나거나 뛰어

난 이[聖賢]의 도리와 다움[道德], 공업(功業)이 다른 사람들에 비해 크게 지나친 것[大過]

과, 무릇 일이 일반적인 것보다 크게 지나친 것 등이 다 이것이다. 저 빼어난 이는 사람의

도리[人道]를 남김없이 다하니, (이는) 이치에 있어서 지나친 것이 아니고 그가 일할 때는

[制事=治事]⁶ 천하의 바른 이치[正理]를 갖고서 한다. (다만) 잘못이나 허물을 바로잡으려고

[矯失] 함에 있어서 적중된 도리에 조금 지나치게 하는[小過於中] 경우가 있다. 예를 들면

[如] 행동할 때 공손함을 (평소보다) 지나치게 하는 것, 상을 당했을 때 슬픔을 지나치게 하

는 것, 물건을 쓸 때 검소함을 지나치게 하는 것 등이 이것이다. 대개 어떤 것을 바로잡으려

할 때는 조금 지나치게 한[小過] 연후라야 능히 적중함[中]에 이를 수 있으니, 그것이 바로

적중함을 구하는[求中] 방법이다. 이른바 크게 지나치다[大過]라는 것은 평상시의 일 중에

서 큰 것이지 이치에 있어서 지나침이 있는 것은 아니다. 다만 그것이 크기 때문에 그래서

늘 볼 수 있는 것은 아니고, 또 늘 보는 것들에 비해 크기 때문에 크게 지나치다[大過]라고

한 것이다. 예를 들면 요(堯)임금이나 순(舜)임금의 선양(禪讓-선위)이나 (은나라를 세운) 탕

왕(湯王)과 (주나라를 세운) 무왕(武王)의 방벌(放伐)⁷은 모두 다 이런 도리에서 나온 것이

니, 도리는 적중하지 않은 것이 없고 늘 일정하지 않은 것이 없다. 다만 세상 사람들이 평상

시에 늘 볼 수 있는 것이 아니다 보니 (그것을 일러) 대과(大過-크게 지나침)라고 한 것이다.

　　그러나 정이가 말한 대로 아무나 크게 지나치게 하면 좋은 것은 아니다. 오히려 일

반적으로는 크게 지나치면 어려움에 봉착할 가능성이 높다. 그래서 대과괘 다음에 감

괘(坎卦)가 오게 되는 것이다. 감괘는 흔히 습감(習坎)이라고 부르는데, 이때의 습(習)

은 거듭되다[重]라는 뜻이다. 어려움이나 험난함이 그만큼 크다는 뜻이다. 그 거듭의

뜻은 괘상(卦象)에 그대로 나타난다. 그래서 이름도 감위수괘(坎爲水卦, ䷜)라고 하는

데 아래위 모두 물을 뜻하는 감괘(☵)다. 물의 본체[體]는 곧 빠진다[陷]다. 반면에 불

6　『예기』에서 공자는 "예(禮)란 일을 다스리는 것[治事]이다"라고 말했다. 이때의 예는 예법이라고 할 때의 예가 아니
　　라 바로 일의 이치로서의 예다.

7　인의(仁義)를 무시한 포악한 천자를 무력으로 방축(放逐)하고 정벌(征伐)한 것을 말한다. 은(殷)나라 탕왕이 하
　　(夏)의 걸왕(桀王)을 치고 주(周)나라 무왕이 은의 주왕(紂王)을 몰아낸 것이 그것이다. 중국 역사에는 선양의 형
　　식도 보이나 대부분의 왕조 교체는 농민 반란을 배경으로 하는 무력 혁명, 즉 방벌이었다고 할 수 있다.

의 본체는 없앰이나 비움[虛]이다.

어려움에 빠지면 거기서 벗어나려고 노력하게 마련이고, 이때 도움을 주는 것이 있다. 중요한 것은 반드시 노력이 선행돼야 한다는 점이다. 저절로 되는 것은 아니다. 걸리는 바 혹은 붙게 되는 바[所麗]란 바로 그것을 말한다.

이위화괘(離爲火卦, ䷝)는 아래위 모두 불을 뜻하는 이괘(☲)다. 앞서 「설괘전」에서 이(離)를 이렇게 말했다.

이(離-불)란 밝히는 것 혹은 밝음[明]이니 만물이 다 서로 만나보는 것이고 남쪽[南方]의 괘(卦)다. 빼어난 이가 임금이 돼[南面][8] 천하(의 일)를 들어[聽=聽斷=治][9] 밝은 곳을 향해 다스린다는 것[10]은 (그 밝음의 뜻을) 대개[蓋] 여기서 취한 것일 것이다.

즉 이(離)는 '붙음' '걸림' 이외에도 '밝히다'라는 뜻이 있다. 정리하자면 어려움에 빠지더라도 본인이 노력하면 누군가의 도움을 받아 상황이 좋아질 수 있다는 말이다. 괘의 모양과 관련해서 정이는 이렇게 덧붙였다.

이괘(☲)는 가운데가 비어 있으니[虛] 그 뜻을 취하면 밝다는 뜻이 된다. 이(離)는 불이니 불의 본체는 비어 있음이고 다른 물건에 붙어서[離=麗] 밝은 것이다.

31. 함(咸) 32. 항(恒)

하늘과 땅이 있은 다음에 만물이 있고, 만물이 있은 다음에 남자와 여자가 있고, 남자와 여자가 있은 다음에 부부가 있고, 부부가 있은 다음에 아버지와 자식이 있고, 아버지와 자식이 있은 다음에 임금과 신하가 있고, 임금과 신하가 있은 다음에 위아래가 있고, 위아래가 있은

---

8   남면(南面)은 임금이 돼 다스린다는 뜻이고 북면(北面)은 누구의 신하가 된다는 뜻이다.

9   천하의 일을 듣는다는 것을 잘 다스린다는 말이다.

10 공명정대하게 다스린다는 말이다.

다음에 예와 마땅함[禮義]이 둘 곳[所錯]¹¹이 있는 것이다. 부부의 도리는 오래 지속하지 않을 수 없다. 그래서 함괘의 뒤를 항괘(恒卦)로 받았다. 항(恒)이란 오래 지속한다[久]는 말이다.

有天地然後 有萬物 有萬物然後 有男女 有男女然後 有夫婦 有夫婦然後 有父子
유 천지 연후 유 만물 유 만물 연후 유 남녀 유 남녀 연후 유 부부 유 부부 연후 유 부자

有父子然後 有君臣 有君臣然後 有上下 有上下然後 禮義有所錯. 夫婦之道不可以
유 부자 연후 유 군신 유 군신 연후 유 상하 유 상하 연후 예의 유 소착 부부지도 불가이

不久也. 故受之以恒. 恒者 久也.
불구 야 고 수지 이항 항자 구야

●

하편 첫머리는 천지 만물을 말하고서 남녀 관계로 나아간 다음 인륜(人倫)을 이야기하고 예의(禮義)로 나아갔다. 여기까지가 함괘(咸卦)가 오게 되는 까닭에 대한 풀이다.

함(咸)은 '모두'라는 뜻 외에 '두루 미치다' '널리 미치다'라는 뜻이 있다. 문왕(文王)이 지었다는 단사(彖辭)는 그래서 "함(咸)은 마음으로 느끼다[感=感動]"라고 했다. 서로 붙고 타오르는 것[離=麗] 중에 남녀의 사랑만 한 것이 없다. 따라서 위에서 말한 것 중에 함괘와 특히 관련되는 부분은 "남자와 여자가 있고[有男女]"이다. 상편이 건괘와 곤괘를 출발로 삼았다면 하편은 남녀 관계를 상징하는 함괘를 출발로 삼고 있다.

그래서 『주역』이 상·하경으로 나뉘고 「서괘전」이 그에 따라 상·하편으로 나뉘게 된 것에 대해 내용적 의미를 부여하려는 시각도 있었다. 대체로 상경 혹은 상편은 하늘의 도리[天道]를 말한 것이고 하경 혹은 하편은 사람의 일[人事]을 말한 것이라는 견해다. 그리 틀린 말은 아닌 듯하다. 그저 이를 감안하는 수준에서 이야기를 계속해가자.

택산함괘(澤山咸卦, ䷞)는 간괘(☶)가 아래에 있고 태괘(☱)가 위에 있는데, 이 경우에 각각 간괘는 소남(少男), 태괘는 소녀(少女)의 뜻을 갖는다. 아직 결혼하지 않은 남녀를 말한다. 소녀가 위에 있고 소남이 아래에 있다는 것의 의미에 대해서는 흔히 "남자가 여자에게 낮춤으로써 남자와 여자가 서로 감동하게 된다"고 풀이한다. 인간 세상은 남녀의 느낌이 통하는 데서 시작된다는 것이다. 그런 관계가 오래 지속되는 것이 바로 제도로서의 결혼이자 부부(夫婦)다. 그래서 자연스럽게 부부의 도리를 오래 지속

---

11 시행될 영역을 말한다.

하는 것을 뜻하는 항괘(恒卦)로 이어진다.

뇌풍항괘(雷風恒卦, ䷟)는 손괘(☴)가 아래에 있고 진괘(☳)가 위에 있는데, 이 경우에 각각 손괘는 장녀(長女), 진괘는 장남(長男)의 뜻을 갖는다. 이는 결혼한 남녀를 말한다. 함괘와 달리 이번에는 장남이 위에 있고 장녀가 아래에 있다. 위에 있다는 것은 곧 밖[外卦=上卦]을 의미하니 남자는 밖에서 활동한다[震=動]는 것이고, 아래에 있다는 것은 곧 안[內卦=下卦]을 의미하니 여자는 집 안에서 고분고분 도리를 따른다[順=巽]는 뜻이다. 그래야만 오래갈 수 있다[恒=久]. 실마리는 부부의 오래감이지만 이는 다시 인간사 전반의 오래감의 문제로 나아간다. 따라서 다음 괘로 넘어가기에 앞서 『논어』를 중심으로 해서 이 오래감[久]의 문제를 체계적으로 정리해둘 필요가 있다. 이는 『주역』에 대한 올바른 접근, 즉 공자적인 접근의 핵심이기 때문이다. 「이인」편에 나오는 공자의 말이다.

> 어질지 못한 사람[不仁者]은 (인이나 예를 통해 자신을) 다잡는[約] 데 (잠시 처해 있을 수는 있어도) 오랫동안[久] 처해 있을 수 없고, 좋은 것을 즐기는[樂] 데도 (조금 지나면 극단으로 흘러) 오랫동안[長] 처해 있을 수 없다.

즉 어떤 일을 하든 오래 지속하는지의 여부가 어질지 못한 사람과 어진 사람 혹은 소인과 군자를 가르는 잣대라는 것이다. 「옹야」편에 나오는 공자의 발언 역시 오래 지속함[久]의 중요성을 알 때라야 정확히 이해할 수 있다.

> 안회는 그 마음이 3개월 동안 어짊[仁]을 떠나지 않고, 그 나머지 사람들은 하루나 한 달에 한 번 어짊에 이를 뿐이다.

오래 지속하지 않아서는 어질다고 할 수 없다는 말이다. 이 오래 지속함의 문제는 명명덕(明明德), 친민(親民 혹은 [新民])과 더불어 『대학』의 삼강령 중의 하나인 지어지선(止於至善)에서도 그대로 나타나 있다. 지(止)란 흔히 오역되듯이 '그치라'가 아니라 '오래 머물라'는 뜻이다. 이에 대해 많은 오해가 있어왔다. 흔히 이 구절은 '지극한 선함[至善]에 그침[止]에 있다[在]'고 번역된다. 이 역시 지선(至善)을 번역해야 하는데도 번역하지 않았고 지(止)를 그냥 '그침'이라고 해놓은 데 불과하다. '지극한 선함에 그침에 있다'라는 번역은 아직 번역하지 않은 것이다. 비문(非文)일 뿐이다.

내용상 우리는 지선(至善)을 먼저 풀어야 한다. 그중에서 지(至)는 '지극한' 정도로 옮기면 되지만 선(善)이 문제다. 선(善)에는 착하다(혹은 착함) 이외에 잘하다, 좋다, 훌륭하다, 옳게 여기다, 아끼다, 친하다 등의 뜻이 있다. 착하다는 도덕적 의미가 강한 반면 잘한다, 훌륭하다 등은 성취나 성과에 대한 평가적 의미다. 여기서도 도덕적 의미의 착함이 아니라 바람직함 정도로 풀이하면 문맥에 어울린다. 즉 지선(至善)을 '가장 바람직한 상태'로 옮기는 것이다. 그러면 주희의 풀이와 크게 다르지 않다. "지선(至善)은 사리의 당연한 표준이나 이치[極]다."
극

지선(至善)의 사례를 공자의 일상적인 모습을 통해 확인할 수 있다. 「이인」편이다.

공자께서는 상을 당한 사람의 곁에서 음식을 드실 때는 일찍이 배불리 들지 아니하셨다. 또 공자께서는 문상한 날 곡을 하셨을 경우에는 (온종일) 노래를 부르지 아니하셨다.

공자는 상을 당한 사람의 곁[側]에서 식사하게 될 경우 배부르게 먹은 적이 없었
측
다. 즉 먹는 것 하나에도 남을 배려하는 마음이 깔려 있었다는 뜻이다. 어짊[仁]의 실
인
천이다. 이날, 즉 상을 당한 날에는 곡을 했으면 노래는 부르지 않았다. 물론 노래를 부르지 않았다는 것은 상을 당한 집에서가 아니라 그 집을 나와서 종일 그렇게 했다는 뜻이다. 이는 우리가 다루는 지어지선(止於至善)과 통한다. 간단히 말해 어떤 불행한 사람이나 불쌍한 일을 보았을 때 그 순간에만 그치지 않고 돌아서서도 그 아파하는 마음[至善]이 그대로 오래 남아 있는 것[止]이다. 사람을 진심으로 사랑하는 마음, 즉
지선   지
어짊[仁]이다. 그래서 오래가는 마음이 곧 어짊과 통하는 것이다. 이처럼 『논어』에는
인
오래가는 것[久=恒]이 곧바로 어짊과 연결되는 사례들이 많다는 것만 지적해두고 다
구 항
음으로 넘어가자.

33. 돈(遯) 34. 대장(大壯)

일은 그 처해 있는 곳[所]에 (끝까지) 오래 머물러 있을 수 없다. 그래서 항괘의 뒤를 돈괘(遯
소

卦)로 받았다. 돈(遯)이란 물러나다[退]라는 말이다. 일이란 끝내는[終] 물러나 있을 수 없다. 그래서 돈괘의 뒤를 대장괘로 받았다.

物不可以久居其所. 故受之以遯. 遯者 退也. 物不可以終遯. 故受之以大壯.
물 불가이 구거 기소 고 수지 이돈 돈 자 퇴 야 물 불가이 종돈 고 수지 이 대장

◉

　　어떤 일이든 끝까지 머물러 있을 수는 없다. 언젠가는 떠나가게 되는 것이다.

　　천산돈괘(天山遯卦, ䷠)는 간괘(☶)가 아래에 있고 건괘(☰)가 위에 있으니, 하늘은 원래 위에 있는 것이고 또 양(陽)의 성질은 위로 올라가는 것이다. 반면에 산은 머물러 있는 성질이 있다. 즉 산은 위로 올라가려 하지 않고 머물러 있는데 하늘은 위로 올라가려 하니 서로 기피하고 멀어지는 상(象)이 된다. 아래에서 두 음(陰)이 점점 자라나니 위에 있는 양은 점점 그 상황을 피하게 된다. 그래서 정이는 이를 "소인이 점점 성대해지니 군자는 물러나 피한다"라고 했다.

　　그러나 이 또한 끝까지 물러나 있을 수는 없다. 머물러 있으며 다움을 닦아[修德] 다시 성대함으로 나아가게 된다. 여기서 중요한 것은 돈괘가 저절로 대장괘가 되는 것은 아니라는 점이다. 반드시 다움을 닦을 때라야 다시 군자는 성대함에 이를 수 있다.

　　뇌천대장괘(雷天大壯卦, ䷡)는 건괘(☰)가 아래에 있고 진괘(☳)가 위에 있어 돈괘와 종괘 관계다. 모양을 보면 이미 양(陽)의 군건함[剛健]이 아래로부터 자라나 밑에서 네 번째의 중(中)에까지 이르렀으니 큰 것[大]이 왕성하게 된 것[壯]이다. 혹은 크게 왕성하게 된 것[大壯]으로 볼 수도 있다. 나아가고 물러남[進退]은 반드시 도리에 맞게 해야 한다. 도리에 맞지 않게 하면 나아갈 때나 물러날 때나 재앙을 당할 우려가 있다. 이 점을 염두에 두면서 다음으로 넘어가자.

35. 진(晉) 36. 명이(明夷)

일이 끝까지 왕성할 수는 없다. 그래서 대장괘의 뒤를 진괘(晉卦)로 받았다. 진(晉)이란 나아간다[進]라는 말이다. 나아가게 되면 반드시 상처를 받는 바[所傷]가 있다. 그래서 진괘의 뒤를 명이괘(明夷卦)로 받았다. 이(夷)란 상처를 받는다[傷]는 말이다.

物不可以終壯. 故受之以晉. 晉者 進也. 進必有所傷. 故受之以明夷. 夷者 傷也.
물 불가이 종 장 고 수지 이진 진 자 진야 진 필유 소상 고 수지 이 명이 이 자 상야

◉

일이나 세력이 왕성해지면 앞으로 나아가려 한다. 화지진괘(火地晉卦, ䷢)는 곤괘(☷)가 아래에 있고 이괘(☲)가 위에 있어 해(☲)가 땅(☷)으로부터 올라와 더욱 밝은 모습이다.

그런데 나아가는 것에는 강도(强度)가 있기 마련이다. 급진도 있고 적절하게 나아감도 있고 점진(漸進)도 있다. 남동원의 말이다.

역서에는 삼진괘(三進卦)가 있다. 급진을 상징한 진괘(晉卦), 중진(中進)을 상징한 승괘(升卦), 점진을 상징한 점괘(漸卦)가 그것이다. 지풍승괘(地風升卦, ䷭)는 땅속에서 풀의 싹이 지상으로 돋아나는 괘상이니 곧 일년초를 상징하는 괘다. 풍산점괘(風山漸卦, ䷴)는 산 위의 나무가 점차 성장하여 수백 년 또는 수천 년을 장수하는 괘상이다. 진괘는 태양이 동천에 떠올라 서쪽 하늘에 넘어가는 것을 상징한 괘이니 곧 하루의 수명을 의미하고, 승괘는 일년초의 수명 곧 1년을 의미하며, 점괘는 100년, 1000년의 수명을 의미한다. 성대해서 급진하는 것은 급히 쇠하게 되고, 점진하는 것은 장구한 세월을 얻게 된다.

급진하게 되면 십중팔구 일을 그르치게 된다. 그래서 상처 입음[夷=痍]을 뜻하는 괘로 받은 것이다. 진괘(晉卦)를 위아래로 뒤집은 지화명이괘(地火明夷卦, ䷣)는 이괘(☲)가 아래에 있고 곤괘(☷)가 위에 있어 태양이 땅속에 들어가 버린 것이다. 이는 극쇠(極衰)함을 나타낸다. 위에 암군(☷)이 있어 아래에서 밝고 뛰어난 이(☲)가 피해를 입게 되는 시절을 나타낸다. 왕부(王符, ?~?)[12]의 『잠부론(潛夫論)』에 나오는 다음 구절

---

12 가문이 미천해 고향 사람들에게 천대를 받았지만 어려서부터 학문을 좋아했고, 마융(馬融)과 두장(竇章), 장형(張衡), 최원(崔瑗) 등과 가깝게 지냈다. 절개를 굳게 지켰고, 농민들의 반란이 계속되는 세속(世俗)에 분개해 숨어 살면서 30여 편의 책을 썼다. 평생 벼슬하지 않았다. 이름을 나타내기 싫어해 저서도 『잠부론』이라 했다. 이 책에서 당시의 득실(得失)을 지적하면서 치국부민(治國富民)의 방법을 논했다.

은 바로 이런 시절을 잘 묘사하고 있다.

말세(末世)에는 그렇지가 못해, (임금은) 헛되이 신분이 높은 사람[貴人]들이 교만함에서 시

기 질투하는 의견[驕妬之議]만을 믿고서 오로지 구차스럽게 아첨하고 호리고 미혹하는 말

[苟媚蠱惑之言]만 채용하니 사리에 맞게 일을 잘하는 사람은 허물을 덮어쓰고 다움과 마

땅함[德義]을 논하는 사람은 더욱 미움을 받았고, 이에 아첨하는 신하[諛臣][13]들은 나아가

저자(詆訾-비방)의 법으로 이들을 처리하고 의상(議上)[14]의 형벌을 덮어씌웠으니 이것이 뛰

어난 선비들[賢士]이 곤경에 빠지게 된 시초다. 무릇 저자(詆訾)의 법이란 뛰어난 이를 베

는 도끼이고, 교만함에서 시기 질투하는 것은 뛰어난 이를 물어뜯는[噬=嚙] 개다. 임금이

안으로는 뛰어난 이를 베는 도끼를 쥐고서 뛰어난 이를 물어뜯는 개를 데리고 있으면서 겉

으로는 뛰어난 이를 불러들여 그들이 찾아오기를 바라고 있으니 진실로 슬프지 아니한가!

어떻게 하면 이런 암울한 시절, 암담한 상황에서 벗어날 수 있을까? 이 점을 염두

에 두면서 다음으로 넘어가 보자.

37. 가인(家人) 38. 규(睽)

밖에서 상처를 입은 자는 반드시 자기 집으로 돌아간다. 그래서 명이괘의 뒤를 가인괘(家人

卦)로 받았다. 집안의 도리[家道]가 막히면[窮] 반드시 이지러진다[乖=違]. 그래서 가인괘의

뒤를 규괘(睽卦)로 받았다. 규(睽)란 이지러진다[乖]는 말이다.

傷於外者必反其家. 故受之以家人. 家道窮必乖. 故受之以睽. 睽者 乖也.
상 어 외 자 필 반 기 가   고 수 지 이 가 인   가 도 궁 필 괴   고 수 지 이 규   규 자 괴 야

●

---

13 『설원(說苑)』「신술(臣術)」편에서 이렇게 말했다. "구차스럽게 영합하고 구차스럽게 용모를 꾸며 임금에게 즐거움
   을 주려 하면서 그에 따르는 해악을 돌보지 않는 자들을 일러 유신(諛臣)이라 한다."

14 임금에 대해 이런저런 의견을 낸다는 말이다.

밖에서 상처를 입거나 곤경을 겪으면 안으로 돌아와 치유를 모색해야 한다. 풍화가인괘(風火家人卦, ䷤)는 이괘(☲)가 아래에 있고 손괘(☴)가 위에 있다. 손괘(巽卦)는 바람, 장녀이고 이괘(離卦)는 불, 중녀(中女)다. 위에 있어야 할 장녀가 위에 있고 아래에 있어야 할 중녀가 아래에 있는 것으로 보아 순리에 맞는 것으로 본다.

밖에서 상처를 입은 이유는 일의 이치[事理=禮]에 맞게 일을 처리하지 않고 성급하게 앞서 나갔기 때문이다. 그렇다면 다시 일의 이치를 점검해야 하는데, 그것은 밖이 아니라 안, 사회나 국가가 아니라 가정과 자기 자신에서부터 해야 한다. 그것은 곧 수신제가치국평천하(修身齊家治國平天下)의 차례를 순차적으로 따라가야 함을 말한다. 이 말은 물론 증자(曾子)가 지은 『대학』에 나오지만, 그와 같은 취지의 말을 공자는 『논어』「헌문」편에서 체계적으로 해놓았다.

자로가 군자가 되려면 어떻게 해야 하느냐고 물었다.

공자가 말했다.

"삼감으로 자신을 닦는 것이다[修己以敬]."

자로가 물었다.

"그렇게만 하면 됩니까?"

공자가 말했다.

"자신을 닦아 다른 사람들을 편안하게 해주는 것이다[修己以安人]."

자로가 물었다.

"그렇게만 하면 됩니까?"

공자가 말했다.

"자신을 닦아 백성을 편안하게 해주는 것이다[修己以安百姓]. (그런데) 자신을 닦아 백성을 편안하게 해주는 일은 요임금과 순임금도 오히려 부족하다고 여겼다."

그러나 가족 간의 화목 또한 쉽지 않은 일이다. 화택규괘(火澤睽卦, ䷥)는 태괘(☱)가 아래에 있고 이괘(☲)가 위에 있어 흔히 말하는 물과 불의 관계다. 여기서 중요한 것은 집안의 도리, 즉 가도(家道)가 막히는 데서 문제가 발생한다는 점이다. 불은 위로만 올라가고 연못의 물은 아래로만 내려가니 서로 어깃장을 놓는 모양이다. 규(睽)란 사시(斜視) 혹은 반목이라는 뜻을 갖고 있다. 가인괘는 불과 바람이 만나 합심해 서로를 돕는데, 규괘는 반목하는 모양이다. 이는 결국 큰 곤란으로 이어질 수밖에 없다. 물론 여기서 한 가지 짚어두고 가야 할 점은 집안의 도리를 바로 세우는 책임은 다름 아닌 가장에게 있다는 사실이다.

39. 건(蹇) 40. 해(解)

이지러지면 반드시 어려움[難]이 있게 된다. 그래서 규괘의 뒤를 건괘(蹇卦)로 받았다. 건(蹇)
이란 힘들다[難]는 말이다. 일이란 끝까지 어려울 수는 없다. 그래서 건괘의 뒤를 해괘(解卦)
로 받았다. 해(解)란 느슨해진다[緩]는 말이다.
乖必有難. 故受之以蹇. 蹇者 難也. 物不可以終難. 故受之以解. 解者 緩也.
괴 필유 난 고 수지 이건 건 자 난야 물 불가이 종 난 고 수지 이해 해 자 완 야

◉

어려움이란 모든 것이 막혀버린 곤경을 뜻한다. 수산건괘(水山蹇卦, ䷦)는 간괘(☶) 가 아래에 있고 감괘(☵)가 위에 있다. 감(坎)은 험난함[險=難]이고 간(艮)은 그침[止] 이다. 험난한 산이 앞을 가로막아 더 나아가지 못하는 상(象)이다.

그러나 어떤 어려움이라도 그것이 끝까지 계속될 수는 없다. 뇌수해괘(雷水解卦, ䷧) 는 건괘(蹇卦)를 그대로 뒤집은 종괘다. 얼음(☵) 위에서 우레(☳)가 쳐대니 얼음은 녹게 돼 있는 상(象)이다.

'끝까지 ~할 수 없다'는 말은 딱히 계기가 없더라도 시간이 흐르면 자연스럽게 그 상황을 벗어난다는 뜻이다. 여기서도 마찬가지다. 도저히 풀리지 않을 것 같은 어려움 도 시간이 흐르면 느슨해지고[緩] 흩어진다[散]. 따라서 이럴 때는 참아냄[忍]이 무엇 보다 중요하다. 어려움이 풀려갈 때 방심은 금물이다. 삼가는 마음[敬]을 잃어서는 안 된다는 뜻이다.

41. 손(損) 42. 익(益)

느슨해지면 반드시 잃는 바[所失]가 있다. 그래서 해괘의 뒤를 손괘(損卦)로 받았다. 잃어버리면서도[損=失] 그치지 않으면[不已] 반드시 더해진다[益]. 그래서 손괘의 뒤를 익괘(益卦)로 받았다.

緩必有所失. 故受之以損. 損而不已 必益. 故受之以益.
완 필유 소실 고 수지 이손 손 이 불이 필익 고 수지 이익

◉

사람의 일이란 뭐든지 그냥 풀어놓아 느슨해지면[縱緩] 반드시 잃는 바가 있게 마련이다. 산택손괘(山澤損卦, ䷨)는 태괘(☱)가 아래에 있고 간괘(☶)가 위에 있어 산은 높고 연못은 깊은 모양이다. 연못이 아래에 있어 그 기운이 위로 통해 윤택함이 풀·나무와 온갖 사물에 미치니 이는 아래를 덜어 위에 더하는 것이다.

잃어버림 혹은 덜어냄[損]이 극에 이르면 반드시 다시 더해지게 된다. 이는 이치가 본래 그러한 것[自然]이다. 풍뢰익괘(䷩)는 손괘(損卦)를 그대로 뒤집은 종괘다. 바람과 우레는 서로에게 도움을 주는 것이다. 바람이 빠르면 우레가 맹렬하고 우레가 거세면 바람이 더 거칠어진다. 이는 그 괘의 모양[象]을 근거로 풀어낸 것이다.

43. 쾌(夬) 44. 구(姤)

더해지면서도 그치지 않으면 반드시 (둑이 무너지듯) 터진다[決]. 그래서 익괘의 뒤를 쾌괘(夬卦)로 받았다. 쾌(夬)란 터진다[決]는 말이다. 터지면 반드시 만나는 일[所遇]이 있게 된다. 그래서 쾌괘의 뒤를 구괘(姤卦)로 받았다. 구(姤)란 만나다[遇]라는 말이다.

益而不已 必決 故受之以夬. 夬者 決也. 決必有所遇. 故受之以姤. 姤者 遇也.
익 이 불이 필결 고 수지 이쾌 쾌 자 결 야 결 필유 소우 고 수지 이구 구 자 우야

◉

더함이나 이익이 극에 이르게 되면 반드시 터지고 나서야 그친다. 택천쾌괘(䷪)는

건괘(☰)가 아래에 있고 태괘(☱)가 위에 있으니 모양을 보더라도 못의 물이 지극히 높은 곳에 있는 형상이라 터지게 되는 것이다. 정이는 맨 위에 음효 하나만 있고 나머지 5개는 모두 양효인 것에 대해 이렇게 풀이했다.

효로써 말하면 다섯 양이 아래에 있어 자라나 장차 지극하게 되고 한 음이 맨 위에 있어 사라져 장차 다하게 됐으니, 여러 양이 위로 나아가 한 음을 터서 없애[決去] 쾌(夬)가 되는
것이다. 쾌란 굳게 결단한다[剛決]는 뜻이다. 군자의 도리가 자라나고 소인이 사라지는 모양이다.

터져서 나눠지면[決=訣別] 반드시 만나게 된다. 이 또한 인간사의 스스로 그러한 이치다. 천풍구괘(天風姤卦, ☴)는 쾌괘를 그대로 뒤집은 종괘다. 하늘이 위에 있고 바람이 아래에 있으니 바람이 하늘 아래 만물을 접촉하고 다니는 것이다. 아래에서 음효(陰爻)가 처음 생겨났으니 비로소 음이 양을 만난 것이다.

45. 췌(萃) 46. 승(升)

일이나 사물이 서로 만난 이후에야 모인다[聚]. 그래서 구괘의 뒤를 췌괘(萃卦)로 받았다. 췌(萃)란 모인다[聚]는 말이다. 모여서 위로 올라가는 것[聚而上]을 일러 승(升)이라고 한다. 그래서 췌괘의 뒤를 승괘(升卦)로 받았다.

物相遇而後聚. 故受之以萃. 萃者 聚也. 聚而上者謂之升. 故受之以升.
물 상우 이후 취 고 수지 이췌 췌 자 취 야 취 이 상자 위지 승 고 수지 이승

◉

만남이 점점 많아지다 보면 모이게 된다. 택지췌괘(澤地萃卦, ䷬)는 아래가 곤괘(☷), 위가 태괘(☱)로, 못이 땅 위에 올라가 있는 것이다. 즉 땅 위의 못에 물이 모인 모양을 가리킨다. 일이나 사물은 모이면 쌓이고 쌓이면 올라가게 된다. 지풍승괘(地風升卦, ䷭)는 아래가 손괘(☴), 위가 곤괘(☷)로 췌괘와는 종괘 관계다. 일반적으로 땅속에서 나무가 자라나 올라오는 것으로 풀이한다.

47. 곤(困) 48. 정(井)

올라가면서도 그치지 않으면 반드시 지치고 피곤한 지경에 처한다[困]. 그래서 승괘의 뒤를 곤괘(困卦)로 받았다. 위에서 지치고 피곤하게 된 자는 반드시 아래로 돌아온다. 그래서 곤괘의 뒤를 정괘(井卦)로 받았다.

升而不已 必困. 故受之以困. 困乎上者必反下. 故受之以井.
승 이 불이 필 곤 고 수지 이곤 곤 호상 자 필 반하 고 수지 이정

◉

아래에서 위로 올라가려면 힘을 써야 한다. 그러나 계속 힘을 쓸 수는 없다. 그러니 올라가기만 하면 결국 지치고 피곤해진다. 택수곤괘(澤水困卦, ䷮)는 아래는 감괘(☵)이고 위는 태괘(☱)다. 원래 물은 못 안에 있어야 하는데 못 아래에 있다. 이는 곧 물이 다 빠져나가 못이 말라버렸다는 뜻이다. 곤핍(困乏)이다. 정이는 효의 배열에 주목해 이렇게 풀이했다.

상륙(上六)이 두 양의 위에 있고 구이(九二)가 두 음의 가운데 빠져 있다. 모두 음유(陰柔)가 양강(陽剛)을 가린 것이니 이 때문에 곤(困)이라고 한 것이다. 군자가 소인들에게 가림을 당하는 것이니 곤궁(困窮)한 때다.

지치고 피곤함이 극에 이르면 다시 아래로 내려간다. 아래에 있는 물건 중에 우물[井]만 한 것이 없다. 이는 조금 살펴볼 필요가 있다. 우물에서 과연 어떤 특성이나 성질을 잡아내야 하는가의 문제 때문이다. 앞에서 우리는 정괘(井卦)를 살펴본 바 있다.

정(井)은 수풍정괘(水風井卦, ䷯)다. 정괘는 곤괘 바로 다음에 이어지는데, 곤궁함을 겪은 자는 반드시 아래로 돌아온다고 해서 정괘가 곤괘를 잇는다고 했다. 감(坎, ☵)은 물이고 손(巽, ☴)은 바람이면서 나무다. 나무는 그릇의 상(象)이니, 나무가 물 아래로 들어가서 물을 퍼서 올리는 것은 우물물을 긷는 상이다. 우물은 대지처럼 한곳에 있으면서 오가는 모든 사람에게 물을 제공한다. 그래서 다움의 땅[德之地]이라고 한 것이다.
덕지지

정이는 우물의 성질을 이렇게 풀이했다.

잃음도 없고 얻음도 없음은 그 다움이 일정함[常]이요 오가는 이가 모두 우물을 쓴다는 것
은 그 쓰임이 골고루[周]이니, 바로 이 일정함과 골고루가 우물의 도리다.

49. 혁(革) 50. 정(鼎)

우물의 도리는 고칠[革] 수밖에 없다. 그래서 정괘의 뒤를 혁괘(革卦)로 받았다. 일이나 사물
을 고치는 것[革物] 중에서 쇠솥[鼎]만 한 것이 없다. 그래서 혁괘의 뒤를 정괘(鼎卦)로 받았다.
井道不可不革. 故受之以革. 革物者莫若鼎. 故受之以鼎.
정도 불가 불혁   고 수지 이혁   혁물 자 막약 정 고 수지 이정

◉

　　우물이란 그냥 두면 썩고 계속 고쳐야 깨끗함을 유지할 수 있다. 택화혁괘(澤火革
卦, ䷰)는 아래가 이괘(☲)이고 위가 태괘(☱)로 못 아래에 불이 있는 모양이다. 물과 불
은 상극이다. 물은 불을 끄고 불은 물을 말린다. 서로 갈등하는 모양이다.
　　이어지는 말이 흥미롭다. "일이나 사물을 고치는 것 중에서 쇠솥[鼎]만 한 것이 없
다." 이는 솥의 쓰임과 관련돼 있다. 솥에 날고기를 넣고 삶아서 익히면[烹飪] 단단했
던 것도 부드러워져 먹기가 편해진다. 화풍정괘(火風鼎卦, ䷱)는 혁괘와 종괘 관계다.

51. 진(震) 52. 간(艮)

종묘의 기물을 주관하는[主器] 자 중에 장자(長子)만 한 이가 없다. 그래서 정괘의 뒤를 진괘
(震卦)로 받았다. 진(震)이란 움직임[動]을 말한다. 일과 사물은 끝까지 움직일 수 없고 그치
게 된다[止]. 그래서 진괘의 뒤를 간괘(艮卦)가 받았다. 간(艮)이란 그치다[止]라는 뜻이다.
主器者莫若長子. 故受之以震. 震者 動也. 物不可以終動 止之. 故受之以艮. 艮者
주기 자 막약 장자   고 수지 이진   진자 동야   물 불가이 종동 지지   고 수지 이간   간자
止也.
지야

혁신만이 능사가 아니다. 그것을 오래 이어가려면 그에 어울리는 사람이 일을 이끌어야 한다. 장자(長子)를 뜻하는 진괘가 혁괘의 뒤를 이은 것은 그 때문이다. 진위뢰괘(震爲雷卦, ䷲)는 위아래 모두 진괘(☳)다. 두 번 겹쳐 있으니 움직임이 크다는 뜻이다. 즉 분발의 의미가 들어 있다.

그러나 움직임이 있으면 고요함[靜]도 있다. 그 어떤 일이나 사물도 계속 끝까지 움직일 수는 없고, 결국은 그쳐서 고요해진다. 진괘를 뒤집은 종괘인 간위산괘(艮爲山卦, ䷳)는 크게 그친다는 뜻이니, 그 그침을 편안하게 여긴다[安止]는 뜻이 들어 있다.

53. 점(漸) 54. 귀매(歸妹)

일이나 사물은 (아무리 좋은 상태라 하더라도 거기에) 끝까지 가만히 머물러 있을 수 없다. 그래서 간괘의 뒤를 점괘(漸卦)로 받았다. 점(漸)이란 꾸준히 나아감[進]이다. 나아가게 되면 반드시 돌아갈 곳[所歸]이 있게 마련이다. 그래서 점괘의 뒤를 귀매괘(歸妹卦)로 받았다.

物不可以終止. 故受之以漸. 漸者 進也. 進必有所歸. 故受之以歸妹.
물 불가이 종지 고 수지 이점 점 자 진야 진 필유 소귀 고 수지 이 귀매

그침은 나아감을 낳고 나아감은 그침을 낳는 것이 만물의 이치다. 앞서 본 대로 나아감에는 급진도 있고 적절하게 나아감도 있고 점진(漸進)도 있다. 여기서는 순차적으로[序] 나아가는 점(漸)이다. 풍산점괘(風山漸卦, ䷴)는 아래에 간괘(☶)가 있고 위에 손괘(☴)가 있어 산 위에 나무가 있는 모양이다. 산 위의 나무는 점점 잘 자라 오래 살아낸다. 매사 순서와 차례를 지키면 좋은 결과를 얻는다.

귀매란 여자가 시집간다는 뜻이다. 잠깐 살펴본 것처럼 64괘 중 남녀의 만남을 말하는 괘가 4개 있다. 함괘(咸卦), 항괘(恒卦), 점괘(漸卦), 귀매괘(歸妹卦)다. 뇌택귀매괘(雷澤歸妹卦, ䷵)는 아래가 소녀를 나타내는 태괘(☱)이고 위는 장남을 나타내는 진괘(☳)다. 정이의 풀이다.

남자가 위에 있고 여자가 아래에 있어, 여자가 남자를 따르고 소녀가 기뻐하는 뜻이 있다. 기뻐함으로써 움직인다. (그런데) 움직이기를 기뻐함으로써 하면 바름[正]을 얻지 못한다.
_정

반면 위에서 본 점괘는 남자가 여자에게 낮춰 각각 바른 자리[正位]를 얻은 것이
_{정위}
다. 또 함괘는 그치고 기뻐하는데 귀매괘는 기뻐함으로써 움직인다. 반면 항괘는 공손하고 움직이며 점괘는 그치고 공손하다. 그래서 항괘와 점괘는 부부의 도리고, 함괘와 귀매괘는 남녀의 정(情)이다.

55. 풍(豐) 56. 여(旅)

그 돌아갈 곳[所歸]을 얻은 자는 반드시 커진다[大]. 그래서 귀매괘의 뒤를 풍괘(豐卦)로 받
_{소귀}   _대
았다. 풍(豐)이란 크다[大]는 말이다. 커지는 것이 극에 이르면[窮大] 반드시 그 머물러야 할
_대   _{궁대}
곳[所居]을 잃게 된다. 그래서 풍괘의 뒤를 여괘(旅卦)로 받았다.
_{소거}
得其所歸者必大. 故受之以豐. 豐者 大也. 窮大者必失其居. 故受之以旅.
득 기 소귀 자 필 대   고 수지 이풍   풍 자 대야   궁대 자 필 실 기거   고 수지 이여

◉

돌아가서 잘 모이면[聚] 반드시 커진다. 뇌화풍괘(雷火豐卦, ䷶)는 아래가 이괘(☲)이
_취
고 위는 진괘(☳)로, 우레가 위에 있고 밝음[明]이 아래에 있는 모양이다. 밝음으로 움직
_명
이고 움직여서 밝으니 지극히 풍부하고 크다는 뜻이다. 번성하는 시기다.

지나치게 번성하면 '반드시' 본래 있어야 할 자리[所居]를 잃는다. 화산려괘(火山
_{소거}
旅卦, ䷷)는 아래가 간괘(☶)이고 위가 이괘(☲)로 풍괘와는 종괘 관계다. 아래의 산은
멈춰서 움직이지 않고 불은 활활 타올라 머물지 않으니[不居=不止] 거처를 떠나 떠돌
_{불거 부지}
아다니는[旅] 모양이 된다. 때로는 불이 밖[外卦]에 걸려 있으니[離=麗] 모양 자체가
_여   _{외괘}   _{이 이}
떠돌아다니는 나그네[旅]로 보기도 한다.
_여

57. 손(巽) 58. 태(兌)

떠돌아다니면 용납받을 곳이 없다. 그래서 여괘의 뒤를 손괘(巽卦)로 받았다. 손(巽)이란 들어간다[入]는 말이다. 들어간 이후라야 기뻐하게 된다. 그래서 손괘의 뒤를 태괘(兌卦)로 받았다. 태(兌)란 기뻐함[說]이다.

旅而无所容. 故受之以巽. 巽者 入也. 入而後說之. 故受之以兌. 兌者 說也.
여 이 무 소 용　고 수 지 이손　손 자 입야　입 이후 열지　고 수 지 이태　태 자 열야

◉

나그네로 떠돌면 가장 힘든 것이 받아주는 곳이 없다는 점이다. 상황이 어렵다. 이럴 때는 자신의 몸을 낮추는 것[巽=遜] 말고는 다른 방법이 없다. 손위풍괘(巽爲風卦, ䷸)는 아래위가 모두 손괘(☴)다. 겸손하고 또 겸손해야 한다는 말이다. 손괘(☴)만 보더라도 하나의 음이 두 양의 아래에 있으니 겸손하고 또 겸손해하는 모양이다.

겸손을 통해 용납함을 받아 어딘가로 들어갈 수 있게 되니 기쁜 상황이 찾아온다. 태위택괘(兌爲澤卦, ䷹)는 손괘와 종괘 관계로 서로 기뻐하는 것이다. 이는 곧 남을 기쁘게 해 자기도 기쁜 것이다. 그러나 남을 기쁘게 할 때는 일의 이치[事理=禮]에 맞게 해야지, 사욕을 목적으로 지나치게 할 경우 구차함[苟=偸]에 떨어지게 된다. 그것은 과공비례(過恭非禮)에서 보듯 손괘에서도 마찬가지다. 이런 맥락에서 『논어』「학이」편에 나오는 유자(有子)의 말은 지침이 된다.

개인적 차원의 약속이 (공적인 차원의) 마땅함[義]에 가까울 경우 약속했을 때의 말은 이행될 수 있다. 공손한 태도가 예에 가까우면 치욕을 당할 일은 멀어진다.

「자로」편에 나오는 공자의 말은 보다 상세한 지침을 준다.

군자는 섬기기는 쉬워도 기쁘게 하기는 어려우니, 기쁘게 하기를 도리로써 하지 않으면 기뻐하지 아니하고 사람을 부리면서도 그 그릇에 맞게 부린다[器之]. 소인은 섬기기는 어려워도 기쁘게 하기는 쉬우니, 기쁘게 하기를 비록 도리로써 하지 않아도 기뻐하고, 사람을 부

리면서도 한 사람에게 모든 능력이 완비되기를 요구한다[求備].

이에 대해 진덕수는 『대학연의』에서 이렇게 풀이했다.

군자의 마음은 평온하면서도 너그러우니[平恕] 섬기기가 쉬운 것이고, 그 태도가 바르고 크니[正大] 기쁘게 하기는 어려운 것입니다. 오직 평온하고 너그러움으로 일관하니 사람을 부림에 있어서도 각각이 가진 장점을 취합니다. 반면 소인의 마음은 모질고 각박하니[刻刻] 섬기기가 어려운 것이고, 그 태도가 치우치고 사사로우니[偏私] 기쁘게 하기는 쉬운 것입니다. 오직 모질고 각박함으로 일관하니 사람을 씀에 있어 반드시 그에게 모든 것이 갖춰져 있기를 요구합니다.

59. 환(渙) 60. 절(節)

기뻐한 이후에는 흩어지게 된다[散]. 그래서 태괘의 뒤를 환괘(渙卦)로 받았다. 환(渙)이란 헤어진다[離=離散]는 것이다. (그러나) 일이나 사물은 끝까지 흩어지거나 헤어져 있을 수는 없다. 그래서 환괘의 뒤를 절괘(節卦)로 받았다.

說而後散之. 故受之以渙. 渙者 離也. 物不可以終離. 故受之以節.
열 이후 산지 고 수지 이환 환자 이 야 물 불가이 종 이 고 수지 이절

◉

　기뻐함이 계속될 수는 없다. 그것이 풀어지면[舒=弛緩] 흩어지게 된다. 그것은 사람의 기운도 그렇고 일도 마찬가지다. 풍수환괘(風水渙卦, ䷺)는 아래가 감괘(☵)이고 위가 손괘(☴)로 손괘는 바람, 감괘는 물이다. 물 위로 바람이 불면 물은 흩어지게 된다.

　일에는 반드시 절도가 있어야 한다. 좋은 게 좋다는 식으로 마냥 가서는 안 된다. 수택절괘(水澤節卦, ䷻)는 환괘와 종괘 관계로, 아래는 못을 나타내는 태괘(☱)이고 위는 물을 나타내는 감괘(☵)다. 못은 한없이 물을 다 담아주지 못한다. 가득 차면 더 받으려야 받아줄 수 없다. 넘치지 않고 모자라지 않도록 적정함을 유지해야 한다[中=中節]. 환괘와 절괘를 함께 풀어내는 내용이 『논어』「학이」편에 나온다. 앞서 본 바 있

는 유자의 말이다.

예(禮)의 쓰임[用]은 화기(和氣)를 귀하게 여긴다. 옛 임금들의 도리도 바로 이런 예의 화기를 중요하게 생각했으니 위아래 신하가 이로 말미암아 잘 행했다. (그러나) 해서는 안 되는 일이 있다. 화기만을 알아서 조화나 화합에만 힘쓰고 예(體)로써 마디를 맺어주지[節之] 않는다면 그런 예는 진실로 제대로 행해질 수 없다.

61. 중부(中孚) 62. 소과(小過)

마디를 잘 맺어주면 사람들이 그 하는 일을 믿게 된다[信之]. 그래서 절괘의 뒤를 중부괘(中孚卦)로 받았다. 그 같은 신뢰를 가진 사람은 반드시 일을 잘 해낸다[行之]. 그래서 중부괘의 뒤를 소과괘(小過卦)로 받았다.

節而信之. 故受之以中孚. 有其信者 必行之. 故受之以小過.
절 이 신지   고 수지 이 중부   유 기신 자 필 행지   고 수지 이 소과

◉

당연히 사리와 절제[禮節]를 지키며 일을 해내는 사람이 있다면 사람들이 그를 믿게 된다. 부(孚)란 미더움이다. 풍택중부괘(風澤中孚卦, ䷼)의 아래는 태괘(☱)이고 위는 손괘(☴)다. 이 괘는 상(象)에서 그 뜻을 찾아낸다. 위아래 두 효는 양으로 꽉 차 있고[實] 가운데 3, 4효는 음이어서 가운데가 비어 있는 모양이다. 이를 허심(虛心)으로 읽어내는데, 사사로움이 없는 충신한 마음을 뜻한다. 이는 공자가 제자들에게 가르쳤다는 네 가지, 즉 문행충신(文行忠信) 중에서 충신(忠信)과 직결된다. 『논어』 「학이」편에서 공자는 군자가 되고자 하는 사람에게 세 가지를 익혀갈 것을 강조했다.

첫째, 자신에게 정직하고 남에게 믿음을 주는 일[忠信]을 위주로 하고 둘째, (다움[德]이) 자기보다 못한 사람과는 벗하지 말며 셋째, (자신에게) 허물이 있으면 고치기를 꺼려 해서는 안 된다.

그중에서 맨 먼저 스스로에게 정직해야 남에게도 믿음을 줄 수 있음을 강조한 점을 염두에 둬야 할 것이다.

믿음을 받는 사람은 일을 잘 해낸다. 따라서 큰 허물은 없기 때문에 소과로 받은 것이다. 뇌산소과괘(雷山小過卦, ䷽)는 중부괘와 비교할 때 여섯 효가 모두 음과 양이 바뀌어 있다. 착괘 혹은 이괘(裏卦) 관계다. 중부괘가 가운데가 비어 있다면[中虛] 소과괘는 가운데가 꽉 차 있다[中實]. 아래는 간괘(☶)로 산이고 위는 진괘(☳)로 우레다. 우레가 높은 곳에서 진동하면 산을 가볍게 넘는다. 소과란 오히려 허물이 적어 일이 이뤄질 가능성이 더 크다.

63. 기제(旣濟) 64. 미제(未濟)

일을 함에 있어 남보다 더 뛰어난[過] 바가 있는 자는 반드시 이뤄낸다[濟=成]. 그래서 소과괘의 뒤를 기제괘(旣濟卦)로 받았다. 일이나 사물은 끝이 있을 수가 없다[不可窮]. 그래서 기제괘의 뒤를 미제괘(未濟卦)로 받아 『서괘전』을 끝마친다.

有過物者 必濟. 故受之以旣濟. 物不可窮也. 故受之以未濟 終也.
유과 물 자 필 제 고 수지 이 기제 물 불가 궁야 고 수지 이 미제 종야

◉

절제하고 믿음을 주어 신임을 받게 돼 허물이 적은 사람 혹은 남보다 조금 뛰어난 사람은 그가 하고자 하는 일을 이루게 된다. 수화기제괘(水火旣濟卦, ䷾)는 아래가 이괘(☲)로 불이고 위는 감괘(☵)로 물이다. 물과 불은 상극(相剋)도 되고 상생(相生)도 된다. 여기서는 상생이다. 위에 있는 물은 아래로 흐르려 하고 아래의 불은 위로 오르려 하니 두 기운이 조화를 이뤄 만물을 길러주게 된다. 이미 다 이뤘다는 뜻에서 볼 수 있듯이 기제괘는 6효가 모두 각각 제자리에 있는[正位] 유일한 경우다.

역(易)이란 끊임없이 바뀌는 것이라 끝이 있을 수 없다. 화수미제괘(火水未濟卦, ䷿)는 기제괘와 음양이 바뀌면서 6효 모두가 바른 자리를 잃은[不正] 경우다. 이것은 불이 위에 있고 물이 아래에 있어 불은 위로 향하고 물은 밑으로 흘러 서로 반발하는 모양이다. 이제 모든 것을 다시 시작하지 않으면 안 된다. 궁즉통(窮則通)이다.

「잡괘전」

「잡괘전(雜卦傳)」은 「서괘전」과 달리 순서를 무시하고 괘를 간략히 풀이한 것이다. 흥미로운 것은 「잡괘전」에서는 착괘(錯卦)와 종괘(綜卦)를 착안점으로 삼아 주로 두 괘를 묶어서 설명하는 방식을 취하고 있다. 이는 대단히 중요한데, 괘를 하나하나 독립적으로 봐서는 안 되고 관계망 속에서 읽어낼 것을 요구하고 있기 때문이다. 모든 일에는 선후(先後)·본말(本末)·표리(表裏)·인과(因果) 등의 관계가 있다. 명칭은 「잡괘전」이지만 짝을 지었다는 의미에서의 잡(雜)이라고 봐야 한다. 여기에서는 한자(漢字) 하나하나의 깊은 의미를 읽어내려는 노력이 뒷받침돼야만 그 의미를 제대로 파악할 수 있다. 이 점을 염두에 두고서 하나씩 읽어내 보자.

1. 건(乾)·곤(坤), 비(比)·사(師), 임(臨)·관(觀)

건(乾)은 굳세고[剛] 곤(坤)은 부드러우며[柔] 비(比)는 즐겁고[樂] 사(師)는 근심한다[憂]. 임
(臨)과 관(觀)의 뜻[義]은 혹은 주어지거나[與] 혹은 요구하는 것[求]이다.
乾剛坤柔 比樂師憂 臨觀之義 或與或求.

◉

건괘(☰)와 곤괘(☷)는 곧 양(陽)과 음(陰)이며 각각 굳셈[剛=剛健]과 부드러움[柔=
柔順]의 성질[德]을 갖는다. 그러나 우리말로 굳세다, 부드럽다 정도로 새겨서는 그 뜻
을 제대로 알 수 없다.

『서경』「주서·홍범」편에는 기자(箕子)가 주나라 무왕(武王)에게 전해주었다는 홍
범구주가 실려 있다. 원래 홍범이란 하나라를 세운 우왕이 치수에 성공하자 하늘에서
낙서(洛書)를 내려주었는데 그것이 홍범이라고 했다. 훗날 기자가 이를 풀어내 무왕에
게 전해준 것이 홍범구주라고 한다. 즉 『주역』과도 긴밀하게 연결된 글이다. 구주(九
疇) 중에서 여섯 번째에 임금[君子]이 필요로 하는 세 가지 다움[三德]이 나온다.

첫째는 바르고 곧음[正直]이요, 둘째는 굳셈으로 다스림[剛克=剛治]이요, 셋째는 부드러움
으로 다스림[柔克=柔治]이다. 평강한 백성[平康]은 바르고 곧음으로 다스린다. 억세어 고분
고분하지 않는 자[彊弗友=强不順]는 굳셈으로 다스리고 화합해 고분고분 따르는 자[燮友=
和順]는 부드러움으로 다스리며, 뒤로 물러나려는 자[沈潛=不及]는 굳셈으로 다스리고 위
로 올라가려고 하는 자[高明=過]는 부드러움으로 다스린다.

이에 대해 채침은 다음과 같이 풀이했다.

뒤로 물러나려는 자는 적중함[中]에 미치지 못하는 자이고, 위로 올라가려고 하는 자는 남
보다 뛰어나고 머리나 재주가 좋아 적중함을 넘어서는 자로 습속이 편벽되고 기품이 지나
친 자다. 평강한 백성은 따로 바로잡아줄 일이 없으니 그냥 내버려둠으로써 다스린다[無爲

而治].[1] 억세어 고분고분하지 않는 자[彊弗友=强不順]를 굳셈으로 다스린다는 것은 굳셈으로 굳셈을 다스리는 것[以剛克剛]이고, 화합해 고분고분 따르는 자[燮友=和順]를 부드러움으로 다스린다는 것은 부드러움으로 부드러움을 다스리는 것[以柔克柔]이며, 뒤로 물러나려는 자[沈潛=不及]를 굳셈으로 다스린다는 것은 굳셈으로 부드러움을 다스리는 것[以剛克柔]이고, 위로 올라가려고 하는 자[高明=過]를 부드러움으로 다스린다는 것은 부드러움으로 굳셈을 다스리는 것[以柔克剛]이다. 바르고 곧음의 쓰임[用]은 하나인데 굳셈과 부드러움[剛柔]의 쓰임은 넷이다. 빼어난 이[聖人=聖君]가 세상을 어루만지고 일에 대처함에 있어[撫世酬物=撫世處事] 때에 맞춰 마땅함을 펴[因時制宜=時中] 세 가지 다움을 다스려 써서[乂用=治用] 양(陽)으로 펴주고[舒] 음(陰)으로 거두어[斂] 양 끝을 붙잡아 백성에게 적중함[中]을 쓴다.

한마디를 더하고 덜하고 할 것도 없이 그대로 건괘와 곤괘에 대한 풀이다.

비괘(比卦, ䷇)와 사괘(師卦, ䷆)는 서로 종괘 관계다. 비괘는 서로 가까이하며 아껴주다[親愛=親比]라는 뜻이고 사괘는 많은 사람이 몰려들다[衆]라는 뜻이라고 했다. 그런데 여기에서는 왜 "비(比)는 즐겁고[樂] 사(師)는 근심한다[憂]"라고 한 것일까?

즐겁다[樂]나 근심하다[憂]에는 여러 가지 뜻이 있다. 낙(樂)은 '즐겁다' 외에도 '즐기다'라는 뜻이 있다. 그러나 여기서는 다른 사람들과 더불어 함께하는 것이 즐겁다는 말이다. 이는 『논어』「학이」편에서 말한 "뜻을 같이하는 벗이 있어 먼 곳으로부터 오니 진정으로 즐겁지 아니한가?"라고 할 때의 즐거움과 정확히 통한다.

벗들과 함께한다고 해서 즐거운 것은 아니다. 벗을 사귀는 데도 도리가 있다. 『논어』「계씨(季氏)」편에 나오는 공자의 말이 그것이다.

유익한 세 가지 벗 삼음[三友]이 있고 손해 보는 세 가지 벗 삼음이 있다. 곧음을 벗 삼고[友直] 진실함을 벗 삼고[友諒] 견문이 넓음을 벗 삼는 것[友多聞]이 유익함 세 가지이고, 겉치레만 중시함을 벗 삼고[友便辟] 좋은 말만 하는 아첨을 벗 삼고[友善柔] 말만 번드레

---

1   이렇게 하는 것이 바로 바르고 곧음[正直]으로 다스리는 것이다.

하게 함을 벗 삼는 것[友便佞]이 손해 보는 세 가지다.

우(憂)에도 사사로운 근심 걱정 외에 공적인 문제를 걱정하는 좋은 의미의 우환 의식(憂患意識)이 있다. 여기서는 사사로운 근심보다는 공적인 우환 의식에 가깝다.

정리하자면 뜻을 같이하는 좋은 사람들과 잘 사귀니 즐거운 것이고 무리가 몰려들어 분쟁이나 갈등으로 이어지니 근심이 생겨나는 것이다.

임괘(臨卦, ䷒)와 관괘(觀卦, ䷓)도 서로 종괘 관계다. 여기서는 그 성질이나 속성[德]보다 그 뜻[義]을 말한다. 즉 "임(臨)과 관(觀)의 뜻[義]은 혹은 주어지거나[與] 혹은 요구하는 것[求]이다"라는 것이다. 임(臨)은 여(與)와, 관(觀)은 구(求)와 서로 조응한다. 그렇다면 여(與)와 구(求)는 무슨 뜻인가?

이에 대해 주희는 『주역본의(周易本義)』에서 "내가 남에게 임하는 것[臨物]을 여(與)라 하고, 남이 와서 나를 보는 것[觀我]을 구(求)라 한다. 어떤 사람은 두 괘 모두 여(與)나 구(求)의 뜻이 있다고 했다"라고 말했다. 그러나 『논어』「학이」편에 입각해서 보면 주희의 풀이는 정반대임을 알 수 있다.

자금(子禽)이 자공(子貢)에게 물었다.

"공자께서는 찾아간 나라에 이르셔서 반드시 그 정사(政事)를 들으시니, 그분이 (정치에 관심이 많아) 그렇게 하려고 구해서[求之] 그런 것입니까 아니면 제후가 먼저 공자에게 청해서[與之] 그렇게 된 것입니까?"

자공은 이렇게 답했다.

"공자께서는 온화하고 반듯하고 공손하고 검소한 다움[溫良恭儉]을 바탕으로 사양함을 통해 그것, 즉 정치 참여의 기회나 지위를 얻은 것이니, 설사 공자께서 그것을 먼저 원해서 얻었다고 하더라도 다른 사람들이 그것을 구하는 것[求之]과는 근본적으로 다를 것이네."

군이 주희처럼 정반대로 뜻을 이해할 필요는 없다는 말이다. 임괘와 관괘의 내용을 들여다보면 이 점은 더욱 분명해진다. 「서괘전」에서 본 바와 같이 "임(臨)이란 눈[臣=目]으로 위에서 내려다보며 분별한다[品=品評]"는 뜻이다. 즉 위에서 아래를 내려다보는 것[下瞰]이다. 반대로 관(觀)이란 위를 올려다보는 것[上仰]이다. 결국 임괘와 관괘는 서로 주고받는 관계로 이해할 수 있다.

2. 준(屯)·몽(蒙)

준(屯)은 나타나지만[見=現] 그 있어야 할 곳[其居=其所]을 잃지 않고, 몽(蒙)은 (정해진 바가
없어) 어지러운 가운데 (정해진 바가) 드러난다[雜而著].

屯見而不失其居 蒙 雜而著.

◉

준괘(屯卦, ䷂)와 몽괘(蒙卦, ䷃)는 서로 종괘 관계다. 「서괘전」에서는 준괘의 핵심
의미를 "이제 막 어렵사리 생겨남[始生]에 있음"이라고 했다. 그런데 「잡괘전」에서는
그 부분은 "나타나지만"이라고 압축하고서 "그 있어야 할 곳[其居]을 잃지 않는다"라
고 말한다. 이는 준괘의 괘상에서 그 뜻을 추출한 것으로 봐야 한다. 즉 진괘(☳)가 아
래에 있고 감괘(☵)가 위에 있는 진하감상(震下坎上)의 모양을 하고 있어 아래에서는
움직이니 겨우 나타나려 하지만 위는 감(坎)이니 험해서 갈 수 없다[不行]. 그래서 머
물러 지키는 것[駐=守=止]이다.

「서괘전」에서 몽괘는 "일이나 사물이 아직 어린 것[穉=幼]"이라고 했다. 어리다는
것은 아직 방향이 정해지지 않아 혼란스럽다[雜=混雜]는 말이다. 점차 방향이 정해지
면서 시야가 밝아지기 시작한다[明]. 몽괘(䷃)는 감괘(☵)가 아래에 있고 간괘(☶)가 위
에 있는 감하간상(坎下艮上)의 모양을 하고 있는데, 감괘는 어둡고[幽昧] 간괘는 빛나
고 밝음[光明]이다.

3. 진(震)·간(艮), 손(損)·익(益), 대축(大畜)·무망(无妄)

진(震)은 일어남[起]이요 간(艮)은 그침[止]이다. 손익(損益)은 번성하고 쇠퇴함의 시작[盛衰
之始]이다. 대축(大畜)은 때[時]요 무망(无妄)은 재난[災]이다.

震起也 艮止也. 損益盛衰之始也. 大畜時也 无妄災也.

진괘(震卦, ☳)와 간괘(艮卦, ☶)는 서로 종괘 관계다. 「서괘전」에서 진(震)이란 움직임[動]이고 간(艮)이란 그침[止]이라고 했다. 결국 여기서 진(震)의 일어남이란 움직임이 일어난다[起動]는 것이고 간(艮)은 그대로 그침[止]이다.

손괘(損卦, ☶)와 익괘(益卦, ☳)는 서로 종괘 관계다. 손(損)이 극에 이르면 익(益)이 되고, 익이 극에 이르면 손이 된다. 손은 번성함의 시작이고 익은 쇠퇴함의 시작이다. 손이 익의 원인이고 익이 손의 원인이듯이 번성함은 쇠퇴함의 원인이고 쇠퇴함은 번성함의 원인이다.

대축괘(大畜卦, ☶)와 무망괘(无妄卦, ☳)는 서로 종괘 관계다. 대축괘는 괘상이 하늘과도 같은 도리[天理=乾卦]를 오래 머무르게 한다[止=艮卦]는 뜻이고 무망괘는 괘상이 하늘과도 같은 이치[天理]에 따라 움직인다[雷=震]는 뜻이라고 했다. 그런데 왜 「잡괘전」에서 "대축(大畜)은 때[時]요 무망(无妄)은 재난[災]이다"라고 한 것일까? 때에 맞게[因時] 쌓으니 크게 될 수 있다는 뜻이요, 거짓됨이 없는[无妄] 데도 재난이 찾아오는 것은 주희에 따르면 "밖에서 찾아오는 것"이라고 했다. 때로는 아무런 잘못도 하지 않았는데 재앙이 찾아오는 것이 바로 여기에 해당한다. 이럴 때일수록 한결같은 마음을 갖는 것이 중요하다. 원망하는 마음에 만일 무망(无妄)이라는 본래의 마음을 잃어버리면 재앙이 계속 찾아오게 된다.

4. 췌(萃)·승(升), 겸(謙)·예(豫)

췌(萃)는 모이는 것[聚]이요 승(升)은 오지 않음[不來]이고, 겸(謙)은 (자신을) 가벼이 여기는 것[輕]이요 예(豫)는 게으름[怠]이다.
萃聚而升不來也 謙輕而豫怠也.
췌 취 이 승 불래 야 겸 경 이 예 태야

췌괘(萃卦, ☱)와 승괘(升卦, ☷)는 서로 종괘 관계다. 「서괘전」에서 "췌(萃)란 모인다

[聚]라는 말이다. 모여서 위로 올라가는 것[聚而上]을 일러 승(升)이라고 한다"라고 했고 췌(萃)는 그대로인데 승(升)은 여기서 왜 오지 않음[不來]이라고 한 것일까? 오지 않음이란 가서 돌아오지 않는다[不還]는 뜻이다. 즉 위로 올라가기만 하니 돌아오지 않는다는 말이다. 이때 자신을 낮추면 위에 오래 있을 수 있지만 교만하거나 게으르면 [驕逸] 곤경에 처할 수 있다.

겸괘(謙卦, ䷎)와 예괘(豫卦, ䷏)는 서로 종괘 관계다. 겸괘는 간괘(☶)가 아래에 있고 곤괘(☷)가 위에 있어 높은 산이 낮은 땅속에 들어가 있는 형상이다. 즉 높은 다움[高德]을 갖고서도 스스로 아주 낮은 곳에 처한다는 뜻이다. 즉 자신을 낮춘다[自輕=自謙=自下]는 뜻이다. 그런데 「서괘전」에서 예괘는 곤괘(☷)가 아래에 있고 진괘(☳)가 위에 있어 순리에 맞다고 했는데 왜 여기서는 게으름[怠]을 말한 것일까? 편안할 때 경계해야 할 것이 바로 나른함, 게으름이다.

5. 서합(噬嗑)·비(賁)

서합(噬嗑)은 먹는 것[食]이요 비(賁)는 색깔이 없는 것[无色]이다.

噬嗑食也 賁无色也.

⦿

서합괘(噬嗑卦, ䷔)와 비괘(賁卦, ䷕)는 서로 종괘 관계다. 서합괘는 입속의 방해물들을 씹어 먹어 화합을 이뤄내는 것이라고 했다. 그런데 비괘를 왜 색깔이 없는 것이라고 했을까? 원래 비괘는 "광채가 나는 것[文飾]"이라고 했다. 광채를 내려면 온갖 색을 다 모아야 한다. 색깔이 없다는 것은 딱히 정해진 색이 없다는 뜻이다. 즉 가장 화려한 색을 쓰게 된다는 말이다.

6. 태(兌)·손(巽)

태(兌)는 나타남[見]이요 손(巽)은 엎드림[伏]이다.

兌見而巽伏也.
태 현 이 손 복 야

◉

「서괘전」에서 말했다.

떠돌아다니면 용납받을 곳이 없다. 그래서 여괘의 뒤를 손괘(巽卦)로 받았다. 손(巽)이란 들어간다[入]는 말이다. 들어간 이후라야 기뻐하게 된다. 그래서 손괘의 뒤를 태괘(兌卦)로 받았다.

태괘(兌卦, ☱)와 손괘(巽卦, ☴)는 서로 종괘 관계다. 「서괘전」에서 태괘는 기쁨[悅]이라고 했고 손괘는 겸손[遜]이라고 했다. 주희는 괘상을 바탕으로 "태(兌)는 음이 밖으로 나타난 것이고 손(遜)은 음이 안에 엎드려 있는 것"이라고 풀이했다. 그러나 이 둘은 기쁨이 밖으로 표출된 것과 스스로를 낮춰 엎드리는 것으로 보면 될 듯하다.

7. 수(隨)·고(蠱)

수(隨)는 옛일에 얽매이지 않는 것[无故]이요 고(蠱)란 (일을 함에 있어) 삼가는 것[飭]이다.
無故

隨无故也 蠱則飭也.
수 무 고 야 고 즉 칙 야

◉

수괘(隨卦, ☱)와 고괘(蠱卦, ☶)는 서로 종괘 관계다. 「서괘전」에서 수괘는 서로 기뻐하며 다른 사람을 따르는 것이라고 했지만 여기서는 때와 사안의 마땅함을 따른다[隨=從]는 뜻이다. 또 고괘는 삼가고 조심하는 것이다. 주희는 이 두 괘를 연결해 이렇게 풀이했다. "일을 따르기 전에는 옛일에 얽매이는 바가 없고 일이 있은 다음에는 마땅히 삼가는 것이다." 다시 말해 일에 앞서서는 어떤 선입견이나 고정관념을 가지지 말고 그때그때의 일의 마땅함[事宜=義]을 따라야 한다는 뜻이고, 일하는 동안에는 삼
사의 의

감[敬]을 잃어서는 안 된다는 뜻이다.

이 둘은 각각 『논어』를 통해 더욱 구체화할 수 있다. 수괘는 공자가 말한 권도(權道)를 행하는 자세와 직결된다. 「자한」편에서 공자는 이렇게 말한다.

더불어 함께 울 수 있다[與共學]고 해서 (그 사람들 모두와) 더불어 도리를 행하는 데로 나아갈 수는[與適道] 없으며, 또 더불어 도리를 행하는 데 나아간다고 해서 (그 사람들 모두와) 더불어 함께 조정에 설 수는[與立] 없으며, 또 더불어 함께 조정에 선다고 해서 (그 사람들 모두와) 더불어 권도를 행할 수는[與權] 없다.

여기서 보듯 더불어 권도를 행할 수 있는 사람이 가장 높은 단계다. 그러면 권도를 행한다고 하는 것은 어떻게 하는 것인가? 「미자」편에서 공자는 스스로에 대해 "나는 가한 것도 없고 불가한 것도 없다"라고 말한다. 이는 바로 여기서 보듯이 "옛일에 얽매이지 않는 것[无故]"이라는 말이다. 대신 그때그때의 일마다 마땅함[義]을 따르겠다는 뜻이다. 이렇게 되면 「이인」편에 나오는 공자의 말을 명확하게 이해할 수 있다.

군자는 천하의 일에 나아갈 때 오로지 주장함도 없고 그렇게 하지 않음도 없으며 마땅함[義]을 잣대로 삼을 뿐이다.

이렇게 하는 것이 권도를 발휘하는 것이고, 그것이 바로 공자가 말하는 때에 맞춰 사안에 적중하는 것[時中]이다. 권도를 제대로 발휘하는 것이 곧 시중(時中)이다.

이어서 고괘는 일하는 자세와 직결된다. 「학이」편에서 공자는 이렇게 말했다.

삼가는 자세로 일을 함으로써 (백성에게) 신뢰를 주어라[敬事而信].

국내의 대부분 『논어』 번역서들은 경사(敬事)를 "일을 공경하라"라고 옮긴다. 이렇게 해서는 구체적으로 일에 임해서 어떻게 하는지에 관한 지혜를 얻을 수 없다. 이는 마치 책을 높인다고 해서 마냥 책을 머리 위에 들고 있는 것과 다를 바 없는 꼴이다. 책은 머릿속에 넣어야 하듯 일은 제대로 해야 한다. 제대로 하는 것이 바로 삼가는 마음으로 일을 하는 것이다. 흔히 일머리가 있다고 하는 것이 이에 해당한다고 하겠다. 일할 때의 마음가짐이 삼감[敬]임을 보여주는 구절은 또 있다. 「자로」편이다.
경

> 번지가 어짊[仁]에 관해 묻자 공자가 말했다. "평소 거처할 때 공손히 하고 일을 집행할 때
> 인
> 는 삼가며[執事敬] 남과 사귈 때 충성을 다하는 것은, 비록 오랑캐 땅에 갈지라도 이를 버
> 집사 경
> 릴 수 없다[居處恭 執事敬 與人忠 雖之夷狄不可棄也]."
> 거처 공 집사 경 여인 충 수지 이적 불가 기 야

이번에는 「계씨」편이다.

> 공자가 말했다. "군자는 아홉 가지 염두[九思]에 두어야 할 것이 있다. 볼 때는 밝음을 먼저
> 구사
> 생각하며, 들을 때는 귀 밝음을 먼저 생각하며, 얼굴빛은 온화함을 먼저 생각하며, 몸가짐
> 을 할 때는 공손함을 먼저 생각하며, 말할 때는 진실함을 먼저 생각하며, 일할 때는 삼감을
> 먼저 생각하며[事思敬], 의심스러울 때는 물음을 먼저 생각하며, 분할 때는 어려움을 먼저
> 사 사 경
> 생각하며, 얻음을 보면 의리를 먼저 생각해야 한다[視思明 聽思聰 色思溫 貌思恭 言思忠 事
> 시사 명 청사 총 색사 온 모사공 언사충 사
> 思敬 疑思問 忿思難 見得思義]."
> 사 경 의사문 분 사 난 견득 사의

이 아홉 가지는 말과 행동과 일 모두에 해당되는 지침이라서 대단히 중요하다.

일과 관련된 핵심적인 자세가 삼감[敬]이라는 것에 대해서는 의구심이 사라졌을
경
것이다. 그런데 경(敬)은 여전히 형이상이다. 이를 일단은 형이중으로라도 풀어야 한
다. 『논어』는 경사(敬事)를 한 번 더 밀고 나가서 「학이」편에서 구체화한다.

> 일은 민첩하게 하고 말은 신중하게 해야 한다[敏於事而愼於言].
> 민 어 사 이 신 어 언

즉 『논어』라는 책은 시작하는 데서부터 일을 민첩하게 잘 하되 말은 조심하는 사
람이 될 것을 요구하는 것이다. 경사(敬事)는 지사(祗事)라고도 한다. 경(敬)과 지(祗)
는 둘 다 삼가다는 뜻이다. 『명심보감(明心寶鑑)』에는 이런 말이 나온다.

> 일을 일으킴[作事]은 반드시 그 처음[始]을 잘 도모하는 데 있다.
> 작사 시

「입교(入敎)」편에 나오는 송나라 학자 장사숙(張思叔)의 말이다. 민첩하게 한다는 것은 빨리 한다는 말이 아니라 주도면밀(周到綿密)하게 한다는 뜻으로, 당연히 그 처음을 신중히 해야 한다. 그래야 빈틈이 없다. 빈틈이 없으려면 일을 시작하기에 앞서 전체적인 윤곽을 머리에 넣는 것이 필수적이다. 이쯤 되면 『논어』「술이」편에 나오는 다음 일화는 쉽게 이해할 수 있다.

자로가 말했다.

"만일 스승님께서 삼군(三軍)을 통솔하신다면 누구와 함께하시겠습니까?"

공자가 말했다.

"맨손으로 호랑이를 때려잡고 맨몸으로 강을 건너려 하여[暴虎馮河] 죽어도 후회할 줄 모
　　　　　　　　　　　　　　　　　　　　　　　　　　　　　　포호빙하
르는 사람과 나는 함께할 수 없을 것이니, 반드시 일에 임하여서는 두려워하고 계책을 잘
세워 일을 이뤄내는 사람과 함께할 것이다[暴虎馮河 死而無悔者 吾不與也 必也臨事而懼
　　　　　　　　　　　　　　　　　　　　포호빙하　　사 이 무회 자 오 불여 야　필야 임사 이 구
好謀而成者也]."
호모 이 성자 야

자로는 적어도 용맹을 갖춘 사람[勇者]이었다. 그런데 공자는 이때 일을 언급하면
　　　　　　　　　　　　　　　　　용자
서 계책을 잘 세워[好謀] 일을 성공으로 이끌 사람과 함께할 것임을 말하고 있다. 수제
　　　　　　　　　호모
자 안회를 염두에 둔 것이다.

결국 수괘와 고괘를 연결지어 풀이하면 일을 할 때는 시중(時中)하여 경사(敬事)
하라는 말이다.

8. 박(剝) · 복(復), 진(晉) · 명이(明夷)

박(剝)은 썩어 문드러짐[爛]이요 복(復)은 되돌아옴[反]이고, 진(晉)은 낮[晝]이요 명이(明夷)
　　　　　　　　　　난　　　　　　　　　　　　반　　　　　　　　　주
는 해침[誅=傷]이다.
　　　　주　상
剝爛也 復反也 晉晝也 明夷誅也.
박 난야　복 반야　진 주야　명이 주야

◉

202

박괘(剝卦, ䷖)와 복괘(復卦, ䷗)는 서로 종괘 관계다. 박괘는 모양 자체가 마지막 하나 남은 맨 위의 양[上九]을 나머지 다섯 음이 내몰려[剝] 하고 있다. 소인들이 득세한 썩어 문드러진 시절이다. 복괘는 반대로 마침내 음(陰)의 강성함을 뚫고 양(陽)이 맨 아래에서 하나 생겨났으니, "복(復)은 다움의 근본[德之本]이다"라고 했다. 두 괘는 한 시대가 가고 새로운 시대가 오는 것을 연결지어 말하는 것이다.

진괘(晉卦, ䷢)와 명이괘(明夷卦, ䷣)는 서로 종괘 관계다. 진괘는 곤괘(☷)가 아래에 있고 이괘(☲)가 위에 있어 해(☲)가 땅(☷)으로부터 올라와 더욱 밝은 모습이다. 그래서 낮[晝]이라고 했다. 그러나 일을 서두르면 망치거나 해친다. 그래서 명이괘는 해침[誅]이라고 한 것이다.

수괘와 고괘에서 시작된 일의 문맥이 여기까지 계속 이어지고 있다.

9. 정(井)·곤(困)

정(井)은 두루 통함[通]이요 곤(困)은 서로 만남[相遇]이다.

井通而困相遇也.
정 통 이 곤 상우 야

◉

정괘(井卦, ䷯)와 곤괘(困卦, ䷮)는 서로 종괘 관계다. 앞에서 "우물은 대지처럼 한곳에 있으면서 오가는 모든 사람에게 물을 제공한다"라고 했다. 그래서 두루 통하는 것이다. 그런데 곤(困)을 왜 "서로 만남"이라고 한 것일까? 앞에서 "지치고 피곤함이 극에 이르면 다시 아래로 내려간다"라고 했다. 즉 아래로 내려가서 서로 만나 조금씩 안정을 되찾기 시작한다는 뜻이다. 만남에 편안함을 느껴 서로 넘치지 않는다[不濫].

10. 함(咸)·항(恒)

함(咸)은 빠름[速]이요 항(恒)은 오래감[久]이다.

咸速也 恒久也.
함 속야 항 구야

함괘(咸卦, ䷞)와 항괘(恒卦, ䷟)는 서로 종괘 관계다. 「서괘전」에서는 함괘의 특성을 느끼다[感]에서 찾았는데 여기서는 빠름[速]을 말하고 있다. 물론 함괘는 결혼하지 않은 남녀 관계이기 때문에 이들의 신속한 사랑에서 빠름을 추출해낸 것일 수 있다. 공영달도 『주역정의』에서 "일이나 사물이 서로 응하는 것 중에 함(咸-감동)만큼 빠른 것은 없다"라고 했다. 항괘가 오래감[久=常]이라는 것은 「서괘전」에서 자세하게 살펴본 바 있다.

11. 환(渙)·절(節), 해(解)·건(蹇), 규(睽)·가인(家人), 비(否)·태(泰), 대장(大壯)·돈(遯)

환(渙)은 떠나감[離]이요 절(節)은 오래 머묾[止]이다. 해(解)는 누그러짐[緩]이요 건(蹇)은 어려움[難]이다. 규(睽)는 밖[外]이요 가인(家人)은 안[內]이다. 비태(否泰)는 그 무리를 뒤집어놓은 것[反其類]이다. 대장(大壯)은 오래 머묾[止]이요 돈(遯)은 뒤로 물러남[退]이다.

渙離也 節止也 解緩也 蹇難也 睽外也 家人內也 否泰反其類也 大壯則止 遯則退也.

환괘(渙卦, ䷺)와 절괘(節卦, ䷻)는 서로 종괘 관계다. 환괘는 아래가 감괘(☵)이고 위가 손괘(☴)로 손괘는 바람, 감괘는 물이다. 물 위로 바람이 불면 물은 흩어지게 된다[散]. 절괘는 아래는 못을 나타내는 태괘(☱)이고 위는 물을 나타내는 감괘(☵)다. 못은 한없이 물을 다 담아주지 못한다. 가득 차면 더 받으려야 받아줄 수 없다. 넘치지도 않고 모자라지도 않도록 적정함을 유지해야 한다[中=中節]. 즉 절괘의 지(止)는 그냥 그치는 것이 아니라 거기에 오래 머무는 것이다. 이는 『대학』 삼강령 중의 하나인 지어지선(止於至善)과 그대로 통한다. 지극히 좋은 상태[至善]에 오래 머무는 것이기 때문이다. 이런 상태에서 오래 머물 줄 알게 되면 그 후에 어떻게 되는지를 『대학』은 이렇게 열거하고 있다.

(가장 바람직한 상태에서) 오랫동안 머무를 줄 알게 된[知止] 후에야 (뜻이 나아갈 방향이) 정해짐이 있고, 뜻의 방향이 정해지고 난 이후에야 능히 흔들림이 없는 마음을 갖게 되고, 마음의 흔들림이 없어진 이후에야 능히 (어짊이나 도리를) 편안하게 여기게 되고, 어짊을 편안하게 여길 수[安仁] 있게 된 이후에야 능히 심모원려를 할 수 있고, 심모원려를 할 수 있게 된 이후에야 능히 (그에 어울리는 지위나 뜻했던 바를) 얻게 된다. 모든 일에는 근본과 곁가지가 있고 모든 일에는 끝과 시작이 있으니, 먼저 해야 할 것과 뒤에 해야 할 것을 잘 알고 있다면 도리에 보다 가까이 다가가게 될 것이다.

이 큰 그림은 고스란히 『주역』의 흐름과도 일치한다.

해괘(解卦, ䷧)와 건괘(蹇卦, ䷦)는 서로 종괘 관계다. 이 둘에 대한 풀이는 「서괘전」과 그대로 일치한다. 별도의 풀이가 필요 없다.

규괘(睽卦, ䷥)와 가인괘(家人卦, ䷤)는 서로 종괘 관계다. 여기서 규괘를 밖[外]이라고 한 것은 서로를 외면한다는 뜻이고, 가인괘를 안[內]이라고 한 것은 서로를 제 몸처럼 여긴다[親]는 말이다. 둘 다 일단은 가정의 불화와 친목을 뜻한다.

비괘(否卦, ䷋)와 태괘(泰卦, ䷊)는 서로 종괘 관계임과 동시에 음양이 각각 다 바뀌어 있는 착괘(錯卦) 관계이기도 하다. 비괘는 하늘과 땅이 각기 자기 자리에 머물러 있어 서로 막혀 있고, 태괘는 하늘과 땅이 서로 기운을 사귀어 화합을 이루고 있다. 태괘와 비괘는 결국 흥망성쇠의 자취라고 했다.

대장괘(大壯卦, ䷡)와 돈괘(遯卦, ䷠)는 서로 종괘 관계다. 대장은 앞의 절괘와 마찬가지로 도리에 오래 머묾[止=不進]이다. 돈괘는 「서괘전」에서와 같이 물러남[退]이다.

12. 대유(大有)·동인(同人), 혁(革)·정(鼎), 소과(小過)·중부(中孚), 풍(豊)·여(旅)

대유(大有)는 많음 혹은 풍부함[衆=富]이요 동인(同人)은 친밀함[親]이다. 혁(革)은 옛것을 버림[去故]이요 정(鼎)은 새로운 것을 취함[取新]이다. 소과(小過)는 낫다 혹은 지나침[過]이요 중부(中孚)는 믿음[信]이다. 풍(豊)은 오랜 벗이 많음[多故]이요, 친한 사람이 적음[親寡]이 여(旅)다.

大有衆也 同人親也 革去故也 鼎取新也 小過過也 中孚信也 豊多故 親寡旅也.

대유괘(大有卦, ䷍)와 동인괘(同人卦, ䷌)는 서로 종괘 관계다. 대유괘는 하나의 음 육오(六五)가 나머지 다섯 양을 거느리고 있는 형상이어서 많이 소유하고 있다는 뜻 이라고 했다. 동인괘는 상괘와 하괘에 각각 중정(中正)이 있어 서로 뜻이 맞아떨어진다 고 했다. 그래서 친밀한 것이다.

혁괘(革卦, ䷰)와 정괘(鼎卦, ䷱)는 서로 종괘 관계다. 혁괘는 옛것을 고치는 것이라고 했다. 거기에는 버리는 것[去故] 또한 포함된다. 문제는 정괘다. 새로운 것을 취함[取新] 이란 무엇일까? 혁괘와 정괘는 『논어』 「위정」편에 나오는 공자의 말과 정확히 통한다.

옛것에 따뜻한 온기를 불어넣어 새것을 알아낸다면[溫故而知新] 얼마든지 다른 사람의 스 승이 될 수 있다.

온고이지신(溫故而知新)은 두 가지 해석이 가능하다. '한편으로는 옛것을 익히면 서 다른 한편으로는 새것을 배운다'라고 볼 수 있고, '옛것을 깊이 파고들어 가면서 그 안에서 새로운 이치를 찾아내 배운다'라고 볼 수도 있다. 온고이지신만 놓고 보면 분명 두 가지 해석이 다 가능하다. 그러나 뒤에 나오는 '다른 사람을 가르칠 수 있는 스승' 의 자질이라는 측면에서 보면 후자의 해석만 가능하다. '한편으로는 옛것을 익히면서 다른 한편으로는 새것을 배운다'라는 것은 누구나 할 수 있는 반면, '옛것을 깊이 파고 들어 가면서 그 안에서 새로운 이치를 찾아내 배운다'라는 것은 다른 사람을 능가하 는 자질[德]을 필요로 하기 때문이다. 이때의 사(師)를 꼭 스승이라고 옮기기보다 군 자(君子)의 맥락에서 볼 필요가 있다. 군자란 다움[德]을 몸에 익혀 결국 남을 가르칠 수 있는 인물이기 때문이다. 과거의 답습이 아니라는 점에서 옛것을 익힌다는 것은 원 문 그대로 '옛것에 따뜻한 온기를 불어넣어'라고 새길 때 '옛것을 버림[去故]'과도 통하 게 된다. 그렇다고 옛것을 모두 버린다는 뜻도 아니다. 버릴 것은 버리고 취할 것은 취 한다는 뜻이 들어 있기 때문이다.

소과괘(小過卦, ䷽)와 중부괘(中孚卦, ䷼)는 서로 종괘 관계다. 소과괘는 남보다 낮 다는 뜻이고 중부괘는 신뢰를 받는다는 뜻이다. 이 둘에 대한 풀이는 「서괘전」과 그대로 일치한다. 별도의 풀이가 필요 없다.

풍괘(豊卦, ䷶)와 여괘(旅卦, ䷷)는 서로 종괘 관계다. 풍괘는 「서괘전」에서 '커진다[大]'고 했는데 여기서는 '오랜 벗이 많음[多故]'이라고 했다. 뜻이 서로 통한다. 여괘는 「서괘전」에서 '그 머물러야 할 곳을 잃게 된다'고 했는데 여기서는 '친한 사람이 적음[親寡]'이라고 했다. 이 역시 뜻이 서로 통한다.

13. 이(離)·감(坎)

이(離)는 올라감[上]이요 감(坎)은 내려감[下]이다.

離上而坎下也.
이 상 이 감 하 야

◉

이괘(離卦, ䷝)와 감괘(坎卦, ䷜)는 서로 착괘(錯卦) 관계다. 주희가 말했다. "불은 타서 올라가고[炎上] 물은 적셔주며 내려간다[潤下]."

14. 소축(小畜)·이(履)

소축(小畜)은 적음[寡]이요 이(履)는 일정한 거처가 없는 것[不處=行進]이다.

小畜寡也 履不處也.
소축 과야 이 불처 야

◉

소축괘(小畜卦, ䷈)와 이괘(履卦, ䷉)는 서로 종괘 관계다. 이때 소축괘가 적다[寡]는 것은 아직 그 세력이 적다는 것이다. 이괘가 일정한 거처가 없다는 것은 오히려 도리를 밟아 계속 나아간다[行進]는 뜻이다.

15. 수(需)·송(訟)

수(需)는 나아가지 않음[不進]이요 송(訟)은 친하지 않음[不親]이다.
需不進也 訟不親也.

◉

수괘(需卦, ䷄)와 송괘(訟卦, ䷅)는 서로 종괘 관계다. 수괘는 나아가지 않음[不進]이
라고 했으니 이는 기다림[待=俟]이다. 필요로 하는 것들을 간절히 기다린다는 말이다.
송괘는 원래 싸우는 것이니 당연히 친할 수 없다[不親].

기존의 고문에는 아래의 글부터 순서가 맞지 않는다. 종괘도 착괘도 아니기 때문
이다. 그래서 주희도 글이 엉클어진 것[錯簡]으로 의심했다. 이에 송나라 학자 채연(蔡
淵-호는 절재(節齋))의 정정 작업을 바탕으로 순서를 바로잡았음을 밝혀둔다. 그렇게
되면 다시 종괘나 착괘 관계가 성립한다.

16. 대과(大過)·이(頤)

대과(大過)는 뒤엎어지는 것[顚]이요 이(頤)는 바른 것을 길러준다[養正]는 것이다.
大過顚也 頤養正也.

◉

대과괘(大過卦, ䷛)와 이괘(頤卦, ䷚)는 서로 착괘 관계다. 원래 대과(大過)는 그 자
체가 큰 잘못이나 허물은 아니었고 '크게 지나치다'라는 뜻이었다. 그러나 여기서는 그
랬을 경우 뒤엎어질 수 있음을 경계하고 있다. 이괘는 「서괘전」에서와 마찬가지로 바
른 사람을 길러낸다는 뜻이다.

17. 기제(既濟)·미제(未濟)

기제(既濟)는 정해진 것[定]이요 미제(未濟)는 남자의 궁함[男之窮]이다.

既濟定也 未濟男之窮也.

◉

기제괘(既濟卦, ䷾)와 미제괘(未濟卦, ䷿)는 비태(否泰)와 마찬가지로 서로 종괘 관계임과 동시에 음양이 각각 다 바뀌어 있는 착괘 관계이기도 하다. 기제괘에서 정해진 것[定]이란 6효가 모두 각각 제자리에 있는[正位] 유일한 경우임을 염두에 둔 표현이니, 자리가 정해졌다[定位]는 뜻이다. 미제괘는 기제괘와 음양이 바뀌면서 6효 모두가 바른 자리를 잃은[不正] 경우다. 그런데 남자, 즉 양(陽)만을 염두에 두고서 모두 바른 자리를 얻지 못했으니 남자가 궁해졌다고 한 것이다. 책임이 음보다는 양에 있음을 밝힌 것이다.

풀이상으로는 이어지는 귀매괘(歸妹卦)의 여자의 끝마침[女之終]과 연결된다. 그래서 원래의 글에는 귀매괘와 미제괘가 나란히 있다.

18. 귀매(歸妹)·점(漸)

귀매(歸妹)는 여자의 끝마침[女之終]이요, 점(漸)은 여자가 시집감이니 남자를 기다려서 (시집을) 가는 것[女歸待男行]이다.

歸妹女之終也 漸女歸待男行也.

◉

귀매괘(䷵)와 점괘(漸卦, ䷴)는 서로 종괘 관계다. 귀매괘에서 여자의 끝마침이란 시집을 갔다는 뜻이다. 점괘는 남자가 예를 갖추기를 기다려서 혼인한다는 것이다.

19. 구(姤)·쾌(夬)

구(姤)는 만남[遇]이니 부드러움이 굳셈을 만나는 것[柔遇剛也]이다. (이렇게 되면 소인의 도리가 자라나고 군자의 도리는 근심하게 된다.) 쾌(夬)는 터지는 것[決]이니 굳셈이 부드러움을 만나는 것[剛遇柔也]이다. (이렇게 되면) 군자의 도리가 자라나고[君子道長] 소인의 도리는 근심하게 된다[小人道憂].

姤遇也柔遇剛也 夬決也 剛遇柔也. 君子道長 小人道憂也.

◉

구괘(姤卦, ䷫)와 쾌괘(夬卦, ䷪)는 서로 종괘 관계다. 구괘는 괘상 그대로 음[柔]이 와서 여러 양[剛]을 만나보는 것이니, 남자들이 한 여자를 차지하려고 다투게 된다. 반대로 쾌괘는 여러 양이 마침내 마지막 남은 하나의 음까지 터서 없애는[決去] 것이다. 64괘의 시작인 건괘(䷀), 즉 순건(純乾)을 바로 눈앞에 둔 형세다.

이로써 우리는 공자가 『주역』을 공부하고서 후세의 군자들을 위해 지은 『주역』으로 들어가는 10가지 관문[十翼] 중에서 「계사전」상하 2편, 「설괘전」 「서괘전」 「잡괘전」의 5편에 대한 풀이를 끝마쳤다.

이제 나머지 「단전」상하 2편, 64괘 및 384효를 풀이한 「상전(象傳-「대상전」과 「소상전」) 상하 2편과 「문언전」 등 모두 5편은 직접 64괘를 풀어낼 다음 단계에서 만나볼 것이다.

「단전」이란 문왕(文王)이 달았다[繫]고 하는 단사(彖辭)에 대한 풀이다. 예를 들면 건괘(䷀)에 대해 '원형이정(元亨利貞)'이라고 한 것이 단사다. 이에 대해 공자가 자세하게 풀이한 것이 「단전」이다. 원문에서 '단왈(彖曰)'로 시작하는 것이 바로 공자의 「단전」이다. 괘 하나하나에 대한 공자의 총체적 풀이며, 일의 형세[事勢]를 판단하는 데 큰 도움을 준다.

「상전」에는 두 종류가 있다. 「대상전」과 「소상전」이 그것이다. 「대상전」이란 괘에 대한 총평으로, 건괘(䷀)에 대한 단사의 끝부분에 다시 '상왈(象曰)'이라고 해서 "하늘의 운행은 튼튼하니 군자는 그것을 갖고서[以]² 스스로 힘쓰기를 조금도 쉬지 않는다[天行健 君子以 自彊不息]"라고 한 말이 그것이다. 「소상전」이란 효(爻) 하나하나에 대해 주공이 단 글[爻辭]을 공자가 풀이한 것이다. 「상전」은 「대상전」과 「소상전」을 통칭하는 것이며, 편으로 나눈 것은 『주역』 64괘의 상하를 따라서 나눈 것이다.

끝으로 「문언전」은 오직 건괘와 곤괘에 대해서만 「단전」과 「상전」에 이어 다시 한 번 더 그 뜻을 풀어낸 것이다. 이제 64개 봉우리 탐험에 나서보자.

---

2 좀 더 풀면 '군자는 그런 것을 보았을 경우'라고 옮길 수 있다.

KI신서 9350

이한우의 주역 입문

1판 1쇄 발행 2020년 9월 23일
1판 2쇄 발행 2021년 11월 22일

지은이 이한우
펴낸이 김영곤
펴낸곳 (주)북이십일 21세기북스

출판사업부문 이사 정지은
인문기획팀 양으녕 최유진 **디자인** 제이알컴
출판마케팅영업본부장 민안기
마케팅2팀 엄재욱 이정인 나은경 정유진 이다솔 김경은
출판영업팀 김수현 이광호 최명열
제작팀 이영민 권경민

출판등록 2000년 5월 6일 제406-2003-061호
주소 (10881) 경기도 파주시 회동길 201(문발동)
대표전화 031-955-2100 **팩스** 031-955-2151 **이메일** book21@book21.co.kr

(주)북이십일 경계를 허무는 콘텐츠 리더

21세기북스 채널에서 도서 정보와 다양한 영상자료, 이벤트를 만나세요!
페이스북 facebook.com/jiinpill21   **포스트** post.naver.com/21c_editors
인스타그램 instagram.com/jiinpill21 **홈페이지** www.book21.com
유튜브 youtube.com/book21pub

서울대 가지 않아도 들을 수 있는 **명강**의! 〈서가명강〉
유튜브, 네이버, 팟캐스트에서 **'서가명강'**을 검색해보세요!

ISBN 978-89-509-9192-0 04900
         978-89-509-9195-1 (세트)